ŒUVRES

DE

MACHIAVEL.

TOME SIXIEME.

ŒUVRES

DE

MACHIAVEL.

NOUVELLE ÉDITION.

CONTENANT les deux derniers Livres de l'HISTOIRE DE FLORENCE, & les deux premiers de L'ART DE LA GUERRE.

TOME SIXIEME.

A PARIS,

Chez VOLLAND, Imprimeur-Libraire, quai des Augustins, N°. 25.

1793.

HISTOIRE

DE

FLORENCE.

LIVRE SEPTIEME.

IL semblera peut-être à ceux qui liront le livre précédent, que je m'y suis trop étendu sur les affaires du royaume de Naples et de la Lombardie, m'étant proposé dans cet ouvrage d'écrire seulement ce qui regarde la république de Florence. Cette pensée ne m'a pourtant pas empêché, ou ne m'enpêchera pas à l'avenir de faire de ces sortes de récits; car quoique je ne me sois pas engagé d'écrire l'histoire d'Italie, il me semble néanmoins que je ne dois pas oublier les choses les plus considérables qui regardent cette partie de l'Europe, parce que n'en parlant point, notre

histoire en seroit moins intelligible et plus désagréable, puisque la conduite des autres peuples
et des autres Etats d'Italie a souvent fait naître
des guerres, où les Florentins ont été obligés
d'entrer; comme par exemple, la guerre d'entre
Jean duc d'Anjou, et le roi Ferrand, a produit
ces grandes animosités et cette haine violente,
qui survint entre Ferrand et la maison de Médicis
en particulier : car le roi se plaignant, que bien
loin de le secourir dans cette guerre, l'on avoit
favorisé son ennemi, cette mésintelligence fut
la source de plusieurs grands maux, comme nous
l'allons voir dans la suite.

Mais parce qu'en parlant des affaires étrangeres
je suis parvenu jusqu'à l'année mil quatre-cent
soixante-trois, et que j'ai dessein de décrire toutes
les brouilleries intestines de la république, arrivées pendant ces tems-là, il faut que je remonte
bien des années au-dessus. Cependant avant de
le faire je donnerai, selon ma coutume, un petit
discours en forme de prélude, par lequel je montrerai, que ceux qui se flattent de voir une république dans une parfaite union se trompent
beaucoup dans leur espérance.

Il est vrai qu'il y a des divisions qui sont préjudiciables aux républiques, et d'autres qui leur
sont utiles. Celles-là leur sont avantageuses, qui

ne font ni corps ni parti, et qui ne laissent pas
de subsister. Au contraire les divisions sont pernicieuses, lorsqu'elles forment un corps de partisans. Ceux donc qui voudront fonder un Etat
républicain, ne pouvant pas empêcher qu'il n'y
régne des mésintelligences, doivent au moins
faire ensorte qu'il n'y ait point de factions. Il
faut pour cela savoir que les citoyens acquierent
du crédit dans une république en deux manieres;
ou par les voies publiques, ou par les particulieres. Les moyens publics de se mettre en autorité, c'est lorsqu'on gagne une bataille; qu'on
prend des places; qu'on s'acquitte d'une ambassade avec soin et avec prudence; que l'on donne
des conseils sages pour la conduite de l'Etat, et
qui sont suivis d'un heureux succès. Les moyens
particuliers de se mettre en réputation, c'est pré-
mierement de faire beaucoup de bien à plusieurs
particuliers; de défendre l'un de l'oppression
du magistrat; d'aider l'autre de son bien; de
faire parvenir l'autre aux charges par son crédit;
et de gagner le peuple par des spectacles et par
des largesses publiques. Ce sont-là les moyens
qui font naître des factions et des partis différens; et un crédit, acquis par de semblables voies,
est aussi pernicieux à l'Etat, qu'une réputation
extraordinaire d'un particulier lui est avantageuse

lorsqu'elle n'est point appuyée par un parti formé; parce qu'alors elle ne regarde que ce particulier-là. Et quoiqu'il soit impossible d'éteindre l'envie qui regne d'ordinaire entre des citoyens de ce caractère, cependant comme ils n'ont point de partisans qui s'attachent à eux par leur propre intérêt, il faut nécessairement que ces particuliers-là servent à l'Etat, bien loin de lui nuire : car pour se faire valoir, ils sont obligés d'en procurer la grandeur, et sur-tout de s'entre-observer, et d'éclairer les démarches les uns des autres, pour que pas un d'eux ne sorte des termes d'un bon citoyen.

Mais les mésintelligences qu'il y a dans Florence ont toujours fait naître des factions; voilà pourquoi elles ont toujours été pernicieuses à l'Etat; et une faction qui se trouvoit la plus puissante, n'étoit unie avec elle-même qu'autant de tems que le parti opposé avoit encore des forces : car si-tôt qu'il avoit entiérement succombé, la faction qui avoit eu le dessus, n'étant plus retenue par aucune crainte, et ne se soumettant plus aux réglemens qu'elle observoit auparavant pour sa conservation, il arrivoit qu'elle se subdivisoit elle-même en d'autres factions. Le parti de Cosme de Médicis fut le parti regnant dans l'année mil quatre-cent trente-quatre. Mais comme l'autre ne laissoit pas d'être considérable et rempli de gens de très-grande conséquence, Médicis et les siens, n'étant point délivrés de de la crainte des autres, conserverent entre eux une grande union, et se conduisirent avec beaucoup de douceur et de modestie ; ensorte qu'ils ne firent aucune faute préjudiciable à leur faction, et éviterent toujours de se rendre odieux au peuple par quelque action qu'on eut pu mal expliquer. Ainsi toutes les fois que dans leur gouvernement ils avoient besoin du peuple, ils le trouverent toujours fort disposé à accorder à leurs chefs les conseils extraordinaires et toute l'autorité qui leur étoit nécessaire. Pendant donc vingt-un ans qui s'écoulerent depuis mil quatre-cent trente-quatre jusqu'en cinquante-cinq, ils obtinrent six fois l'autorité des conseils extraordinaires par le moyen des parlemens. (1)

Il y avoit dans ces temps-là à Florence deux citoyens très-puissans, comme nous l'avons remarqué bien des fois, qui étoient Cosme de Médicis & Neri Caponi. Ce dernier avoit acquis toute son autorité par des moyens publics, en sorte qu'il avoit beaucoup d'amis & peu de partisans. Mais l'autre s'étant acquis du crédit par les voies publiques & par les particu-

____

(1) Ce sont les assemblées générales du Peuple

A 5

lieres, il avoit beaucoup d'amis & beaucoup
de partisans. Etant donc unis tous deux tant
qu'ils vécurent ensemble, ils obtinrent toujours
du peuple tout ce qu'ils souhaitoient & sans
aucune peine , parce que leur puissance étoit
appuyée d'une bienveillance générale. Mais dans
l'année mil quatre-cent cinquante-cinq, où après
la mort de Neri de Caponi , le parti opposé
se trouva éteint. Ce gouvernement-là trouva des
difficultés quand il voulut reprendre son autorité ordinaire, & ceux qui en furent cause étoient
les propres amis de Médicis et les plus puissans de
l'Etat, parce qu'ils ne craignoient plus le parti
éteint, et qu'ils étoient bien aises de diminuer
le pouvoir de Médicis. L'envie qu'ils en avoient
fut la source des divisions qui parurent ensuite
dans l'an soixante-six ; car ceux qui étoient dans le
gouvernement conseilloient toujours, dans toutes
les assemblées publiques où l'on traitoit de l'ad-
ministration de la république, de ne point remettre sur pied des conseils extraordinaires, de
faire fermer les bourses, & de créer les Magistrats
au sort, selon l'usage des anciens scrutins. (1)

––––––––––––––––––––

(1) Ce sont les assemblées publiques , où l'on fait
les magistrats.

Si Médicis vouloit prévenir les effets de ces changemens, il falloit qu'il suivît l'une de ces deux voies : « ou de semparer du gouvernement » par force avec les partisans qu'il avoit encore, » et par ce moyen persécuter tous les autres : ou » de laisser les choses aller leur train, & avec » le tems faire sentir à ses amis, que ce n'étoit » pas lui , mais eux - mêmes , qui restoient » sans crédit & sans autorité. » Ainsi de ces deux expédiens il prit le dernier, parce qu'il savoit bien qu'il ne couroit aucun risque dans cette sorte de gouvernement, puisque les bourses étoient encore pleines des noms de ses amis, & qu'ainsi il reprendroit toujours, quand il voudroit, sa premiere autorité. La coutume de faire les magistrats au sort ayant été rétablie, la plupart des citoyens la regardoient comme le rétablissement de leur liberté, & les magistrats eux-mêmes ne jugeoient plus selon le caprice des plus puissans, mais selon qu'il leur sembloit raisonnable; de sorte que tantôt les créateurs d'un grand, & tantôt celles d'un autre avoient du dessous; & les maisons qui auparavant étoient remplies de solliciteurs & de présens, se trouvoient incontinent vides des uns et des autres. Ces mêmes citoyens plus puissans se voyoient encore devenus égaux à ceux qui étoient avant cela extrêmement au-dessous d'eux, & ils se voyoient quelquefois soumis à ceux qui n'étoient que leurs égaux. Ils n'étoient plus respectés ni considérés ; souvent même ils étoient moqués et raillés ; & l'on parloit d'eux et de l'Etat par les rues & par les places publiques, sans aucune retenue ni aucuns égards. Tout cela leur fit bientôt connoître que ce n'étoit pas Médicis, mais eux-mêmes, qui étoient dépossédés du govuernement.

Médicis feignoit de n'en rien appercevoir ; & sitôt qu'il s'agissoit de quelque chose qui plaisoit au peuple, il étoit le premier à l'appuyer.

Mais ce qui épouvanta davantage les grands, & qui donna le plus de lieu à Cosme de Médicis de leur faire sentir la faute qu'ils avoient faite, c'est que l'on remit sur pied la manière d'imposer les droits selon les régles et la disposition des loix, et non pas à la discrétion des hommes. Ce réglement avoit déjà été établi en l'an mil quatre-cent vingt - sept. Sitôt que la résolution en fut prise, et que l'on eut créé un magistrat pour en venir à l'éxécution, les grands se réunirent encore plus qu'ils n'étoient et allerent trouver Médicis, le suppliant de les vouloir tirer et lui aussi des mains de la populace, et de rétablir le gouvernement de maniere qu'ils pussent regagner l'estime et la considéra-tion où ils étoient auparavant et lui sa prémiere puissance.

Médicis répondit, « qu'il le vouloit bien, mais » qu'il entendoit que les loix qu'on établiroit » pour cela, fussent faites dans l'ordre, et du » consentement du peuple, et non pas par vio-» lence, dont il ne prétendoit pas même en-» tendre parler. » L'on chercha donc dans les conseils les moyens de faire un nouveau con-seil extraordinaire ; mais on ne put l'obtenir : desorte que ces grands revinrent trouver Médicis, le suppliant avec la derniere soumission de vou-loir bien consentir à un Parlement. Mais il le refusa nettement, parce que son dessein étoit de les matter et de leur faire sentir vivement la faute qu'ils avoient faite. Et parce que Donato Coqui, étant fait gonfalonier de justice , crut que de son chef, il pouvoit entreprendre de faire un parlement, Médicis le fit tellement jouer et mo-quer par les seigneurs qui étoient en magis-trature avec lui, qu'il en devint fou, & fut renvoyé chez lui comme hébêté.

Cependant comme il ne faut pas laisser aller les choses si avant, qu'on ne puisse plus après cela en être le maître, Médicis crut que Luc Pitti, homme entreprenant et hardi, étant parvenu à être gonfalonier de justice, il étoit tems de le laisser agir suivant le dessein de rétablir l'autorité des grands; afin que si la chose étoit désaprouvée, ce fut sur Pitti, et non pas sur lui que le blâme en tombât. Ce gonfalonier, dès le commencement de sa magistrature, proposa bien des fois de remettre sur pied le conseil extraordinaire; & comme on ne lui accordoit point sa demande, il menaça ceux qui entroient dans les conseils, et leur dit, avec un orgueil extrême mille paroles outrageuses; & peu après il y joignit les effets: car au mois d'août de l'an mil quatre cent cinquante-trois, à la veille de Saint Laurent, ayant rempli le palais de gens armés, il appella le peuple dans la place; & les armes à la main il le fit consentir par force à ce qu'il n'avoit pu en obtenir de bonne volonté.

Après qu'ils eurent repris l'autorité, & qu'ils eurent fait le conseil extraordinaire; qu'ensuite ils eurent créé les principaux magistrats, selon le bon plaisir d'un petit nombre de personnes, ils voulurent affermir par la crainte, une autorité qu'ils avoient usurpée par la force: c'est ce qui leur fit d'abord reléguer Jérôme Machiavel avec quelques autres, & dépouiller beaucoup d'autres citoyens de leurs charges. Ce Machiaval se rendit par la suite rebelle, parce qu'il ne garda pas les bornes de son exil; et comme il couroit par toute l'Italie pour en exciter les princes à faire la guerre à sa patrie, il fut pris à Lunigiane par la trahison d'un des seigneurs du lieu; & delà il fut conduit à Florence, où l'on le fit mourir peu après en prison.

Cette maniere de gouvernement dura huit ans dans une terrible violence & dans une tyrannie insupportable, parce que Cosme de Médicis étant déjà vieux & fort cassé, & de plus affoibli par les indispositions qu'il souffroit, il ne pouvoit pas être présent comme à l'ordinaire, au gouvernement de la république : desorte qu'elle étoit exposée au pillage d'un petit nombre de ses citoyens. Luc Pitti fut fait chevalier par l'Etat en reconnoissance des grands services qu'il venoit de lui rendre: et lui, pour montrer qu'il n'étoit pas méconnoissant des honneurs qu'il en recevoit, il fit établir que désormais les prieurs des métiers seroient appelés les prieurs de la liberté, afin qu'ils conservassent au moins le nom de la chose qu'ils avoient perdue. Il fit encore rétablir qu'à l'avenir le gonfalonier seroit assis au milieu des seigneurs; car jusque-là il avoit été seulement assis à leur droite. Afin aussi qu'il semblât que Dieu s'intéressoit dans ce changement, il fit

faire des processions publiques et des services
solemnels pour le remercier du rétablissement
du gouvernement.

Pitti reçut de riches présens de Médicis & de
la seigneurie, & tous les autres à l'envie lui
en firent aussi ; desorte qu'on croit que tout ce
qu'il reçut montoit bien à la somme de vingt-
mille ducats. Son crédit même devint si grand,
que ce n'étoit plus Médicis, mais Pitti qui gou-
vernoit désormais la république. Cela lui donna
une telle assurance qu'il commença à bâtir deux
palais; l'un à Ruciano qui est éloigné d'un mille, &
l'autre dans la ville, & tous deux superbes & dignes
de la grandeur d'un pince : mais le dernier (1) prin-
cipalement fut le plus grand & le plus magnifique
qu'aucun particulier eût entrepris jusques alors.
Il n'étoit point de moyens qu'il n'employât pour
le faire achever ; car non-seulement les citoyens
& les particuliers lui faisoient présent des ma-
tériaux dont il avoit besoin, mais même les peuples & des communautés entieres lui fournis-
soient les ouvriers. De plus il avoit donné un
azile dans ce lieu - là à tous ceux qui étoient

---

(1) C'est celui où logent à présent les grands ducs,
et qui n'est pas encore achevé depuis ce tems-là.

bannis, ou qui craignoient la justice pour avoir tué ou volé; & ces gens-là étoient les bien venus dans ce lieu-là, pourvu qu'ils fussent propres à y travailler.

Pour les autres citoyens qui avoient aussi part au gouvernement, s'ils ne bâtissoient pas comme Pitti, ils ne faisoient pas moins de violences & d'extorsions que lui, desorte que si Florence n'avoit point de guerre étrangere qui la mangeât, elle l'étoit suffisamment par ses propres citoyens.

Nous avons déjà dit que les guerres de Naples survinrent dans ces tems-là, & que le pape en fit aussi dans la Romagne aux Malatesti, ayant dessein de les dépouiller de Rimini et de Cesene dont ils étoient souverains. Ainsi le pape Pie II consuma tout le tems de son pontificat dans ces dessins & dans ceux de faire une croisade contre les Turcs. Pour Florence, elle continua toujours dans ses mouvemens & dans ses dissensions. Celle qui se mit dans le parti de Médicis commença en l'an cinquante-cinq, par les raisons que nous avons dites; & il en arrêta alors les mauvais effets par sa prudence. Mais dans l'an soixante-quatre, ses maux augmentans, il mourut. Ses amis & ses ennemis furent affligés à sa mort; car ceux qui ne l'aimoient pas à cause du gouvernement, voyant néanmoins que le respect qu'on avoit pour lui retenoit un peu la rapacité des citoyens qui étoient en autorité, ses ennemis, dis - je, craignoient qu'après sa mort ces mêmes citoyens ne les ruinassent entièrement; car ils ne faisoient pas grand fond sur Pierre de Médicis son fils, qui, bien qu'il fût honnête homme, seroit obligé d'avoir de grands égards pour ces gens-là, parce qu'il étoit mal sain & d'ailleurs nouveau venu dans le maniement des affaires : desorte que les tyrans ne voyant personne qui put leur tenir la bride haute, se donneroient carriere dans la licence qu'ils avoient déjà prise, de piller impunément le peuple. Chacun donc regretta fort le défunt.

Cosme de Médicis fut, pour un homme de robe, le citoyen le plus illustre & le plus estimé qui ait jamais été à Florence, ni même dans aucune république qui soit parvenue à notre connoissance. Il fut dans son tems le premier en autorité & en richesses aussi bien qu'en prudence & en libéralité; car les principales qualités qui l'éleverent à être comme le prince dans sa patrie, furent sa magnificence & ses largesses. Ce dernier caractère devint encore plus remarquable après sa mort, lorsque Pierre de Médicis, son fils, voulut entrer en connoissance des biens qu'il pouvoit avoir; car il se trouva que dans tout l'Etat il n'y avoit aucun citoyen distingué à qui Cosme n'eût prêté de grosses sommes : souvent méme il n'attendoit pas qu'on vint lui en demander ; mais si tôt qu'il avoit reconnu le besoin de quelque personne de condition, il lui ouvroit sa bourse. Sa magnificence parut aussi dans la quantité de bâtimens qu'il fit; car dans Florence, il releva dès les fondemens les couvens et les églises de Saint-Marc et de Saint-Laurent & le Monastère de Saint-Verdiano ; & dans les Montagnes de Fiesole, il fit la même chose à Saint-Jérôme & à l'abbaye, aussi-bien que dans le Mugel à une église de Minimes. Il fit de plus faire dans Sainte-Croix aux Servites (1), à Agnoli, & dans Saint-Miniat des autels & des chapelles très-superbes ; & après avoir bâti toutes ces églises et toutes ces chapelles, il les remplit de paremens et de tout ce qui est nécessaire pour les ornemens du service. Outre tous ces édifices de dévotion, il bâtit encore des maisons pour lui dont l'une qui est dans la ville, est fort proportionnée à la grandeur d'un si puissant ci-

---

(1) C'est un ordre de moines, qui se sont dédiés, plus particulierement que les autres, au service de la Sainte Vierge. Le fameux *Frà Paolo* étoit de cet ordre.

toyen, & les quatre qu'il bâtit dehors sont plutôt
des palais de princes, que des maisons de particuliers. Mais parce qu'il ne trouvoit pas que ce
fut assez d'acquérir de la réputation en Italie par
la quantité & la magnificence des beaux édifices
qu'il y faisoit, il fit encore bâtir à Jérusalem une
retraite pour les pauvres pélerins qui seroient
malades. Enfin l'argent qu'il mit à tous ces édifices monta à des sommes immenses. Au-reste,
quoique ses bâtimens, ses actions, & ses manieres, eussent quelque chose de la grandeur
royale; que d'ailleurs il fût dans Florence comme
le prince; il fut néanmoins si modéré et si prudent, qu'il ne s'éloigna jamais de la modestie
républicaine: car dans sa manière de vivre, dans
ses voyages, dans sa conversation, & dans ses
alliances, il demeura toujours dans les bornes
d'un simple bourgeois, sachant bien que les choses
extraordinaires, & qui paroissent à tout moment aux yeux de tout le monde, attirent plus
d'envie de la part des hommes qu'elles ne le méritent dans le fond; & c'est toujours une marque
d'honnêteté d'éviter l'éclat. C'est pourquoi quand
il fut question de marier ses fils, il ne rechercha
point des alliances de princes, mais il donna à *Jean
de Médicis Cornelie d'Alessandri*, & à *Pierre,
Lucrece de Tornabuoni*. Pour les petites-filles qu'il

eut

eut de son fils Pierre de Médicis, il maria *Blanche de Médicis à Guillaume de Pazzi, & Nannine à Bernard de Rucellai*. Il ne se trouva personne dans son tems, ni entre les princes ni dans les républiques, qui eut autant d'esprit que lui ; c'est ce qui fut cause que nonobstant tous les changemens de la fortune, les divisions de la république & l'humeur légere & changeante des citoyens, il fut maître du gouvernement & de l'autorité publique pendant trente-un ans : car comme il étoit d'une prudence consommée, il prévoyoit les maux de loin, ce qui faisoit qu'il avoit toujours le tems d'en prévenir la violence, ou de se préparer si bien contr'eux, qu'ils ne lui apportoient aucun préjudice. Par ce moyen il reprima l'ambition des citoyens qui vouloient opprimer la liberté de leur patrie, & sçut si bien mettre des bornes à celle des princes étrangers, que les Etats qui étoient ligués avec lui & avec la république, étoient assurés de dompter leurs ennemis, ou du moins d'en soutenir tous les efforts sans aucun désavantage ; & tous ceux qui lui étoient opposés perdoient leur tems ou leur argent, & souvent leurs Etats. Les Vénitiens en sont de bons témoins : car tant qu'ils furent unis avec Cosme de Médicis contre Philippe, Duc de Milan, ils eurent toujours l'avantage, mais dès qu'ils en furent séparés , ils furent d'abord battus par le même duc , & ensuite par son successeur François Sforce. Quand les mêmes Vénitiens se liguerent avec Alfonse, roi de Naples , contre la république de Florence, Cosme vint à bout par son crédit d'épuiser Naples & Venise de finances; ensorte que ces deux Etats furent contraints d'accepter la paix qu'on voulut bien leur accorder. Cosme donc eut toujours une issue glorieuse de toutes les difficultés qu'il rencontra pendant son gouvernement & dehors & dedans l'Etat ; & ceux qui les firent naître n'en remporterent jamais que de la confusion: desorte que toutes les dissentions intestines ne servirent qu'à l'affermir dans l'autorité qu'il avoit à Florence, & les guerres étrangeres augmenterent sa puissance et sa réputation; car il soumit au pouvoir de la république *Borgo San Sopolcro* , *Monte Doglio* , *le Casentin* , & *le Val di Bagno* .Enfin il vint à bout de tous ses ennemis, & éleva tous ses amis.

Ce grand homme naquit en mil trois cent quatre-vingt-neuf, le jour de Saint Cosme & de Saint Damien. D'abord qu'il commença à faire figure dans le monde, il essuya mille traverses, comme l'exil, la prison, le risque qu'il y courut d'être condamné à la mort; & lorsqu'il

alla au concile de Constance avec le pape Jean,
(1) il fut obligé à son retour de se déguiser,
pour éviter d'etre assassiné. Mais quand il eut
passé l'âge de quarante ans, sa vie fut très-heu-
reuse, & son bonheur alla jusque-là, que de
se communiquer à tous ceux qui entrerent dans
ses intérêts pour le gouvernement de l'Etat, &
même jusqu'à ses facteurs qui avoient le maniement de ses trésors dans plusieurs endroits de
l'Europe : c'est ce qui enrichit si extraordinaire-
ment tant de familles Florentines, comme celle
des Tornabuoni, celles des Benci, celle des
Portinari, & celle des Sassetti. Outre tous ces
gens-là, ceux encore qui suivoient ses avis, ou
qui dépendoient de lui, devinrent si opulens,
que quoiqu'il dépensât continuellement en aumônes & en bâtimens d'église, il se plaignoit
quelquefois à ses amis, » que jamais il n'avoit
» pu venir à bout de dépenser tant pour Dieu,
» qu'il ne se vît toujours sur ses livres être son
» redevable de sommes infinies, que ce bon
» pere lui rendoit incessamment par une espèce

---

(1) C'étoit *Jean* **XXIII**, Napolitain, qui fut un de
ceux que le concile de Constance déposa, quoiqu'il eût
tenu le *siege* un peu plus de cinq ans. Cela arriva l'an 1417

» de prodigalité. » Cosme de Médicis étoit
d'une taille médiocre, d'un teint basané, &
d'un air à s'attirer le respect. Il n'avoit pas
d'étude ; mais il étoit trés-éloquent & rempli
d'une prudence naturelle. Il étoit officieux envers ses amis, pitoyable envers les pauvres,
utile dans la conversation, pénétrant dans les
conseils, prompt dans l'exécution, grave dans
le discours, & vif dans les reparties. Un jour
Renaud d'Albizi, étant encore au commencement de son exil, lui envoya dire que la poule
couvoit. Cosme lui répondit, *qu'elle ne seroit*
pas une bonne couvée étant hors de son nid. Il
y eut quelques autres rebelles qui lui donnerent
à entendre, qu'ils ne dormoient pas. Je le crois
bien, dit-il, puisque j'ai troublé leur repos. Il
dit un jour en parlant du pape Pie, qui se
mettoit fort en peine d'unir & d'animer les princes
chrétiens à faire la guerre au Turc, que ce
bon veillard faisoit une entreprise de jeune
homme. Comme les ambassadeurs de Venise
furent venus à Florence avec ceux du roi Alfonse,
pour faire des plaintes de la république, il
leur montra sa téte, & demanda à ces Vénitiens,
de quelle couleur étoient ses cheveux. Ils lui
dirent, *qu'ils étoient blancs.* Hé bien, dit-il, *avant*
qu'il soit peu, je ferai ensorte que vos maîtres les

auront comme moi. Comme sa femme lui demandoit quelques heures devant sa mort, pourquoi il tenoit les yeux fermés ; il répondit, c'est pour les y accoutumer. Quelques citoyens lui disant au retour de son exil, » que c'étoit gâter la » république , & agir contre la conscience, » que d'en chasser tant de gens de bien ; il ré- » pondit, qu'une république gâtée valoit mieux » qu'une république perdue ; qu'il ne falloit qu'un » bel habit pour faire croire qu'un homme est » un homme de bien ; & qu'enfin les Etats ne » se gouvernoient pas en disant son chapelet. « Ce discours donna lieu à ses ennemis de le faire passer pour un homme qui s'aimoit plus lui-même que la patrie , & ce monde - ici que l'autre.

L'on pourroit rapporter encore une grande quantité de bons mots qu'il a dit ; mais comme cela n'est pas nécessaire ici, l'on n'en dira pas davantage. Cosme de Médicis eut encore la belle qualité d'aimer & d'élever les savans ; car ce fut lui qui fit venir à Florence Argiropole , grec de naissance, & l'un des grands hommes de ce tems-là, & il l'y établit pour enseigner le grec & les belles-lettres à la jeunesse de la ré-publique. Il entretint aussi chez lui Marsilio Ficino , restaurateur de la philosophie de Platon ,

& il eut pour lui uné estime & une amitié très-particuliere, desorte qu'il lui donna une terre auprès de Carregge, l'une de ses maisons de campagne; & lui procura par-là les moyens de pouvoir vaquer avec moins de distraction, & plus de commodités, à l'étude & à la méditation. Sa prudence donc, ses grandes richesses, & ses manieres, le firent craindre & aimer à Florence, & estimer au-delà de ce qu'on peut s'imaginer, de tous les princes d'Italie & d'ailleurs : desorte qu'il posa de si solides fondemens pour l'établissement de ses descendans, qu'après l'avoir égalé en mérite, ils l'ont fort surpassé en fortune, jusque - là qu'ils ont eu, dans toute la chrétienté, la même autorité & le même crédit que le grand Cosme avoit à Florence. (1) Cependant, il eut de grands sujets de chagrin dans les dernieres années de sa vie, parce que des deux fils qu'il eut, Pierre & Jean de Médicis, le dernier mourut, & c'étoit sur -ui qu'il comptoit le plus. L'autre étoit valétudinaire, ensorte que sa foiblesse le rendoit incapable des soins de l'Etat & de sa maison. Cosme

─────────────────────

(1) Cela est particulierement vrai à l'égard de *Leon* **X.** et de *Clément VII.*, tous deux descendus de *Cosme*, qui ont eu l'un et l'autre un grand pouvoir en Europe.

donc se faisant porter dans les appartemens de
son palais, après la mort de son fils, il disoit
en soupirant : » cette maison est trop grande
» pour une famille si peu nombreuse.» C'étoit
encore une sensible douleur à un cœur aussi
grand que le sien, quand il pensoit qu'il n'avoit
point étendu les bornes de l'Etat de Florence
par quelque conquête considérable ; & il s'en
plaignoit avec encore plus d'amertume quand
il se représentoit que François Sforce l'avoit
trompé, en lui promettant, pendant qu'il n'étoit
que comte , » que si-tôt qu'il seroit duc de
» Milan, il employeroit sa puissance à rendre
» les Florentins maîtres de Luques. « Mais, il
ne lui tint pas parole, parce que changeant de
fortune, il changea d'inclination ; & étant devenu
duc, il voulut jouir en paix d'un Etat qu'il
avoit acquis par les armes : c'est pourquoi il ne
donna, ni à Cosme, ni à aucun autre, la satisfaction qu'ils attendoient de lui par quelque entreprise en leur faveur ; & depuis qu'il fut duc,
il ne fit point d'autres guerres que celles qui
lui étoient absolument nécessaires pour se maintenir. Cette conduite donna à Cosme des chagrins mortels, faisant réflexion qu'il avoit tant
fait de dépense, & tant pris de peine, pour
élever un ingrat & un infidèle. De plus les in-

dispositions de sa vieillesse l'empêchoient de vaquer, avec ses soins & avec son activité ordinaires, à la conduite de l'Etat & de ses affaires particulieres ; ensorte que l'un & l'autre en recevoient un grand préjudice. Ses affaires domestiques étoient mal gouvernées, & ses biens dissipés par ses enfans & par les gens qui les avoient sous leur conduite ; & la république étoit mangée par ses propres citoyens. Tout cela lui fit passer les derniers tems de sa vie dans l'inquiétude. Il ne laissa pas de mourir dans une grande réputation, & comblé de gloire. Tous les citoyens & tous les princes chrétiens, marquerent à son fils Pierre de Médicis de la douleur de cette perte. Toute la ville assista à ses funérailles, l'église de Saint Laurent ayant été choisie pour le lieu de sa sépulture : & par l'ordre de l'Etat, il fut dans son épitaphe, nommé le pere de la patrie.

Si en écrivant les actions du grand Gosme, j'ai fait comme ceux qui écrivent les vies des princes, & non pas comme un homme qui écrit une histoire, que personne n'en soit surpris ; parce que, comme c'étoit un homme fort extraordinaire dans notre république, je me suis senti obligé d'en faire aussi un éloge extraordinaire.

Dans ces tems-là que Florence & l'Italie se trouvoient dans les dispositions que nous avons marquées, Louis XI, roi de France, avoit sur les bras une guerre (1) très-considérable, qui lui étoit suscitée par les grands de son royaume, secourus par François, duc de Bretagne, & par Charles, duc de Bourgogne. Cette guerre fut de si grande conséquence pour le roi, qu'il ne fut pas en état d'appuyer Jean, duc d'Anjou, dans ses entreprises sur la république de Génes & sur le royaume de Naples. Au contraire comme il se voyoit en état d'avoir besoin de tout le monde, il donna la ville de Savone, que les François avoient conservée, au duc de Milan, & lui fit même entendre, » que s'il vouloit se » rendre maître de Gênes, il le favoriseroit dans » ce dessein. « Le duc accepta ces offres, & avec le crédit que lui donnoit l'alliance du roi, joint à l'intelligence qu'il avoit avec les Adorni, il se rendit maître de cette république ; & pour en marquer sa reconnoissance à ce monarque, il lui envoya un secours de quinze cens che-

---

(1) C'est celle que l'on appelloit la guerre pour le bien public, quoique ceux qui la lui firent n'eussent en vue que leur intérêt et leur ambition particuliere.

vaux, sous la conduite du prince Galeas, son fils ainé.

Ferrand d'Arragon étant donc demeuré roi de tout le royaume de Naples, & François Sforce duc de Milan & prince de Gênes ; comme ils avoient déjà marié leurs enfans ensemble, ils penserent aux moyens d'affermir leur autorité, afin de jouir en paix de leurs Etats pendant leur vie, & de les transmettre libres & indépendans à leur postérité. Ces deux princes jugerent que pour cet effet il étoit à propos que Ferrand s'assurât de ses barons qui avoient pris le parti du duc d'Anjou contre lui , & que Sforce fît ensorte de dissiper les armes des Braccio , ennemis naturels de sa maison. Elles étoient alors sous la conduite de Jacques Piccinino, qui les avoit portées à une haute réputation , parce qu'il étoit demeuré le premier & le plus grand capitaine d'Italie : & n'ayant point d'Etats, il se rendoit redoutable à tous ceux qui en possédoient, mais sur-tout au duc de Milan, qui jugeant des autres par lui-même, ne pouvoit se promettre de jouir de ses pays en paix, & de les laisser surement à ses enfans , tant que Piccinino seroit au monde. Sur ce projet, le roi Ferrand rechercha tous les moyens de faire un accord avec ses barons rebelles, n'oubliant

aucun artifice pour leur ôter tout sujet de défiance. Il y réussit fort heureusement, parce que
ces seigneurs se voyoient perdus très - assurément, en demeurant en guerre avec leur roi ;
au lieu que faisant un traité avec lui, leur perte
ne leur paroissoit que douteuse : & parce que
les hommes évitent avec plus de soin les maux
assurés, que les incertains, il arrive de-là que
les princes perfides ont de grandes facilités pour
tromper les particuliers. Ceux-ci donc se con-
fierent à la paix que leur roi leur accorda,
parce qu'ils ne voyoient que des périls inévita-
bles dans la continuation de la guerre ; & s'étant
remis entre ses mains, ce prince trouva moyen
de les exterminer tous, en différentes manieres
& sous divers prétextes.

Ce coup étonna Jacques Piccinino, qui étoit
à Solmone avec les troupes ; & voulant ôter au
roi les moyens de le perdre, il entra en négocia-
tion avec le duc de Milan, par le moyen de
ses amis, afin de se remettre dans ses bonnes-
grâces : & le duc lui ayant fait toutes les offres
imaginables, ce général résolut de se remettre
entre ses mains ; desorte qu'il alla le trouver à
Milan, accompagné seulement de cent chevaux.
Jacques Piccinino avoit long-tems fait la guerre,
& sous son pere, & avec son frere, premiere

ment pour le duc Philippe , & ensuite pour le peuple de Milan : & ce long usage lui avoit fait beaucoup d'amis dans Milan , & lui avoit attiré une bienveillance générale, que l'état présent des affaires avoit encore augmentée considérablement , parce que le bonheur & la grande puissance des Sforces leur avoit fait beaucoup d'envieux, & les malheurs de Piccinino , avec sa longue absence avoient fait naître une très-grande compassion pour lui dans le peuple de Milan, & une grande passion de le voir encore. Tout cela parut fort à sa venue , s'étant trouvé fort peu de personnes de qualité qui n'allassent pas au-devant de lui , & les rues étoient remplies de gens , qui le regardoient passer avec un plaisir singulier , & qui remplissoient l'air du nom de sa maison.

Tous ces honneurs hâterent sa perte , le duc joignant , au dessein qu'il avoit formé de s'en défaire , la jalousie & les soupçons que lui causa cette tendresse générale que l'on avoit pour lui. Mais afin de le faire d'une maniere cachée , le duc voulut qu'on célébrât les nôces de Drusiane , sa fille naturelle , qu'il avoit accordée il y avoit long-tems avec Piccinino. Ensuite, il demeura d'accord avec le roi Ferrand , » qu'il » le prendroit à sa solde avec le titre de géné-

» ral de ses armées, & une pension de cent
» mille florins par an. « Après la conclusion
de ce traité, Piccinino s'en alla à Naples avec
un ambassadeur du duc de Milan & avec Drusiane sa femme. Le roi le reçut avec beaucoup
de marques d'honneur & de joie, & le traita
pendant plusieurs jours avec beaucoup de magnificence, accompagnée de plusieurs divertissemens : mais comme il eut demandé permission
de s'en retourner à Solmone, où il avoit ses
troupes, le roi l'invita au château avec son fils
François; & après le festin, on les emprisonna
tous deux, & l'on s'en défit peu de tems après.
Voilà comme nos princes Italiens redoutoient,
en la personne des autres, le mérite dont eux-
mêmes se voyoient dépourvus; desorte que
l'étouffant de cette manière, & ne se trouvant
plus ensuite aucune personne de valeur, ils expo-
serent toute l'Italie aux miseres qui la désole-
rent peu de tems après.

Dans ces tems-là, le pape Pie II. avoit mis
en bon ordre les affaires de la Romagne; ainsi
il jugea que dans une paix si générale il étoit
tems de faire agir toute la chrétienté contre
le Turc, & il remit sur pied tout ce que ses
prédécesseurs avoient fait pour cela; desorte
que tous les princes promirent, les uns du monde,

les autres de l'argent : & en particulier , Matthias , roi de Hongrie , & Charles , duc de Bourgogne , promirent de servir en personne,
desorte que le pape les fit chefs de cette entreprise ; & ce pontife conçut de si grandes espérances du succès de cette grande affaire , qu'il
partit de Rome , & s'en alla à Ancone, qui
étoit le rendez-vous de toute l'armée. Les Vénitiens avoient aussi promis assez de bâtimens pour
passer les troupes en Esclavonie. Il se fit donc
un si grand concours de gens à Ancone après
que le pape y fut arrivé, que toutes les provi-
visions de la ville & des lieux voisins furent bien-
tôt consumées ; & la disette y devint si grande,
que plusieurs en souffroient beaucoup. De plus
il ne se trouva point d'argent pour en fournir
à ceux qui en manquoient , & le roi Matthias
& le duc Charles ne parurent point. Les Vénitiens de leur côté , y envoyerent un de leurs
chefs avec quelques galères , plutôt par une
espèce d'ostentation & pour faire voir qu'ils
tenoient leur parole, que pour fournir aux besoins
du passage. Le pape donc étant vieux & infirme ,
mourut au milieu de toutes ces traverses & de
tous ces troubles ; après sa mort chacun retourna chez soi.

Ce pape mourut l'an mil quatre cent soixante

cinq, & Paul II, Vénitien, fut élu en sa place.
Mais afin que toutes les principautés d'Italie
changeassent de maîtres, François Sforce, duc
de Milan, mourut aussi l'année suivante., seize
ans après s'être rendu maître de ce duché, &
Galeas son fils fut reconnu duc en sa place.

La mort de ce prince fut cause que les divisions s'augmenterent à Florence, & firent paroître plus promptement leurs mauvaises suites.
Après que Cosme de Médicis fut mort, Pierre
son fils étant demeuré maître de ses biens &
de son autorité, attira auprès de lui Dioti Salvi
Neroni, homme d'un grand pouvoir & d'un grand
crédit auprès de tous les autres citoyens; &
Cosme avoit tant da confiance en lui, qu'en
mourant il ordonna à son fils de suivre entièrement les conseils de cet homme dans le maniement de son bien & dans la conduite & le ména-
gement du pouvoir qu'il lui laissoit dans l'Etat.
Pierre de Médicis donc eut pour Neroni toute
la confiance que Cosme avoit en lui; & comme
ce fils vouloit s'assujettir aux ordres de son pere
après sa mort même, aussi bien qu'il l'avoit fait
pendant sa vie, il ne vouloit rien faire ni pour
le maniement de ses affaires particulieres, ni pour
le gouvernement de l'Etat, que par les avis de
Neroni. Pour commencer par son bien, il or-

donna qu'on lui remit entre les mains tous les comptes de toutes les facultés; afin qu'il en pût reconnoître le bon & le mauvais état, & lui donner ses avis la-dessus. Dioti Salvi Neroni promit d'agir dans ce ministere avec diligence & avec fidélité. Mais quand tous les comptes furent venus, il trouva qu'il y avoit bien du désordre; & comme il se conduisoit bien plus par sa propre ambition, que par l'amitié qu'il marquoit à Pierre de Médicis, ou par les obligations qu'il avoit à feu son pere, il crut avoir trouvé les moyens de lui faire perdre toute la confiance que les citoyens avoient en lui, & qu'enfin il le dépouilleroit de l'autorité dans le gouvernement, que Cosme lui avoit laissée comme héréditaire.

Neroni ayant cette pensée, vint trouver Médicis, & lui donna un conseil qui paroissoit fort honnête & fort raisonnable, mais qui sous cette belle apparence, cachoit la ruine de celui à qui il le donnoit. Il fit donc voir à Médicis le mauvais ordre de ses affaires, & quelles dépenses il étoit obligé de faire, s'il ne vouloit pas perdre son crédit & la réputation d'être opulent & puissant dans l'Etat. C'est pourquoi il lui dit, » qu'il ne pouvoit apporter aucun remede » plus honnête à ce désordre, qu'en se préva-
» lant

» lant des sommes qui étoient dues à feu son
» pere, tant par les citoyens que par les étrangers ;
» car Cosme de Médicis, se voulant acquérir
» des partisans dans l'Etat, & des amis chez
» les étrangers, avoit été très-libéral de son bien;
» desorte qu'il se trouvoit par ce moyen, créan-
» cier de plusieurs sommes très-considérables. «
Pierre de Médicis approuva cet avis comme
bon & honnête, trouvant qu'il devoit remédier
aux désordres de son bien avec son bien même.
Mais il n'eut pas plutôt donné l'ordre d'exiger
ces dettes, que les citoyens en eurent autant de
ressentiment, que s'il leur eût ravi leur bien au
lieu de leur demander ce qui lui étoit dû ; &
là-dessus ils faisoient mille médisances de lui,
sans garder aucunes mesures, & le traitoient
d'ingrat & d'avare.

Neroni voyant que par ses conseils il avoit
fait perdre à Médicis le crédit qu'il avoit aussi-
bien que la faveur du peuple, il complotta avec
Luc Pitti, Agnolo Acciaiuoli, & Nicolas Soderini, pour le dépouiller de la puissance & de
l'autorité qu'il avoit. Chacun dans ce parti avoit
ses vues. Luc Pitti souhaitoit de succéder à
Cosme de Médicis dans le pouvoir qu'il avoit
eu ; car désormais il étoit devenu assez puissant
lui-même, pour ne se croire plus obligé d'avoir

aucuns égards pour Pierre de Médicis. Neroni qui voyoit que Pitti n'étoit pas propre à être le chef dans un Etat, s'imaginoit qu'étant délivré de Médicis, il falloit de nécessité que toute l'autorité lui tombât bien-tôt entre les mains. Soderini vouloit que la république jouît d'une plus grande liberté, & qu'elle fût gouvernée par l'autorité des magistrats. Agnolo Acciaiuoli haïssoit en son particulier les Médicis, par la raison suivante. Son fils Raphël avoit épousé long-tems auparavant Alexandrine de Bardi, qui lui avoit apporté une très-grande dot. Cette jeune femme étoit maltraitée de son mari & de son beau-pere, ou par leur mauvaise humeur, ou parce qu'elle-même s'attiroit ces mauvais traitemens ; quoiqu'il en soit, Laurent d'Iliarone, son parent, touché des souffrances d'une si jeune personne, alla de nuit en armes avec ses amis la tirer de la maison de son mari. Tous les Acciaiuoli firent de grandes plaintes d'une telle insulte de la part des Bardi ; & le différent étant remis au jugement de Cosme de Médicis, il ordonna, » que le mari rendroit » la dot à Alexandrine ; & qu'ensuite elle re- » tourneroit avec lui, si bon lui semblait. » Agnolo Acciaiuoli ne trouva pas que Cosme l'eût traité en ami dans cette occasion, & ne

Pouvant s'en venger sur lui, il résolut de le faire sur son fils.

Cependant, quoique tous ces conjurés eussent chacun leur but, ils prenoient tous le même prétexte, disant » qu'ils vouloient que l'Etat » fût gouverné par l'autorité des magistrats, & » non pas selon le bon plaisir d'un petit nombre » de gens. « Ce qui augmenta encore beaucoup la haine qu'on avoit déjà contre Médicis, & les médisances qu'on faisoit de lui, c'est que plusieurs marchands firent Banqueroute en ce tems-là. On l'en chargeoit publiquement, & l'on disoit, » qu'ayant voulu sans délai retirer les » sommes qui lui étoient dues, il avoit réduit » ces marchands à faire banqueroute, au grand » préjudice & au grand deshonneur de la ré-» publique. L'on joignit à tout cela, » *qu'il* *cherchoit les moyens de faire marier son fils* *Laurent de Médicis avec Clarice des Ursins; &* cela donna plus ample matiere à chacun de faire des médisances de lui, disant, » qu'on voyoit » très-clairement qu'il se trouvoit trop grand » seigneur pour entrer dans une alliance Flo-» rentine, & que la république lui paroissant » trop petite pour en être un des citoyens, il » vouloit se disposer à s'en rendre le souverain, » parce qu'un bourgeois, qui ne veut point avoir

» ses égaux pour parens, veut les avoir pour
» ses sujets; que donc il n'est pas raisonnable
» qu'ils soient davantage ses amis «.

Les chefs de ce complot se croyoient déjà
assurés du succès de leurs desseins, parce que
la plus grande partie des citoyens le suivoient,
étant charmés de ce beau nom de liberté, dont
ces gens-là couvroient leurs intentions. Comme
tous ces mouvemens commençoient à beaucoup
brouiller la république, il y eut des particuliers, qui, étant fâchés d'y voir tant de dissensions, voulurent essayer si l'on pourroit les
appaiser par quelques divertissemens nouveaux,
parce que souvent les peuples oisifs sont le sujet
& la matiere dont les brouillons se servent pour
troubler l'Etat. Pour donc faire cesser cette oisiveté, & occuper l'esprit des gens à d'autres
choses, qu'aux affaires du gouvernement, ces
bons citoyens crurent qu'il seroit à propos de
faire des rejouissances dans la ville; & comme
l'année de la mort de Cosme de Médicis étoit
passé, ils prirent l'occasion de relever le deuil
de cette mort, & ordonnerent deux fétes publiques des plus superbes qui se seroient jamais
vues dans Florence. L'une d'elles représentoit
l'histoire des trois sages, venans d'Orient, sous
la conduite de l'Astre qui leur montroit le lieu

de la naissance de Jésus Christ. Cette fête étoit
si pompeuse & si magnifique, qu'elle occupa
toute la ville pendant plusieurs mois à en faire
les préparatifs. L'autre fête fut un tournoi, où
ces plus considérables jeunes hommes de la république coururent contre les plus illustres cavaliers d'Italie. Celui de tous ceux qui parurent
davantage, en cette rencontre, parmi les Florentins, fut Laurent de Médicis, fils aîne de
Pierre; de sorte que ,sans aucune faveur, i
remporta le prix par son seul mérite.

Après ces spectacles, les citoyens reprirent
tous leurs intrigues, et chacun parut plus attaché
à son dessein. Toutes ses différentes pensées
furent cause de beaucoup de troubles, qui augmenterent extrêmement, par deux accidens. Le premier fut, que l'autorité du conseil général (1)
se trouva terminée ; l'autre fut la mort de
François, duc de Milan. Galeas donc, successeur de François envoya des ambassadeurs à
Florence pour confirmer l'alliance que son pere
avoit eue avec la république; & entre les articles de ce traité, il y en avoit un, par lequel
l'Etat s'étoit obligé de payer tous les ans une

____

(1) Della Balìa.

certaine somme à ce duc. Mais les principaux
de ceux qui étoient contraires à la maison de
Médicis, prenant occasion de cet article, s'opposerent à la conclusion, disant, » que l'alliance
» avoit été faite avec François Sforce, & non
» pas avec Galeas. Le premier donc étant mort,
» ils n'étoient plus obligés à ce qu'ils avoient
» fait avec lui; & il n'étoit pas à propos de
» faire revivre un tel engagement, parce que
» Galeas n'avoit point hérité de la valeur de
» son pere, & que, par conséquent, il ne
» falloit pas s'en promettre le même avan-
» tage : que si l'on avoit eu peu de secours
» de François, il y en avoit encore moins à
» espérer de Galeas : qu'enfin, si quelqu'un des
» bourgeois de la république avoit envie de
» donner des gages & des pensions à ce prince,
» afin de se maintenir par-là dans l'autorité &
» d'augmenter son pouvoir particulier, ce pro-
» cédé étoit contraire aux devoirs d'un véri-
» table citoyen, & ruineux pour la liberté de
» la république «.

Pierre de Médicis, d'autre part, soutenoit
» qu'il n'étoit pas à propos de perdre l'amitié
» du duc de Milan par de simples raisons
» d'intérêt, & que rien n'étoit plus avantageux
» à l'État aussi bien qu'au reste de l'Italie, que

» de s'entretenir toujours en bonne union avec
» ce prince, afin que les Vénitiens, le voyant
» toujours en alliance perpétuelle avec les
» Florentins, ne pussent jamais s'emparer de
» ses Etats par une guerre ouverte, ou par des
» alliances suspectes ; car ils ne sauront pas
» plutôt la rupture entre la république & ce
» prince, qu'ils prendront les armes contre lui ;
» & comme il est jeune, nouvellement établi
» dans son Etat, & destitué d'alliés, ils trou-
» veront aisément les moyens de se rendre
» maîtres de ce duché par la force ou par
» l'artifice ; & de quelque maniere que cela
» arrive, l'on y voyoit la ruine inévitable de
» Florence ».

Ces raisons ne furent point approuvées ; de
sorte que la division commença à éclater, chacun
des partis s'assemblant en différens endroits ; car
les partisans de Médicis s'assembloient dans la
Crocetta, & les autres dans la Piété ; & comme
ces derniers souhaitoient fort la perte de Médicis,
ils avoient engagé plusieurs citoyens à signer leur
entreprise. Mais une fois entre les autres qu'ils
se trouverent ensemble, ils tinrent conseil touchant ce qu'ils avoient à faire ; & tous demeuroient d'accord d'abaisser le pouvoir de Médicis ;
mais ils ne convenoient pas de la maniere. Une

partie d'entr'eux, qui étoient les plus modérés,
vouloient que, puisque le pouvoir du conseil
général étoit fini, l'on fît en sorte qu'il ne le
reprît plus. Par ce moyen-là chacun trouvoit
son compte, parce que la république seroit
gouvernée par les magistrats & par les conseils
ordinaires, ce qui feroit peu-à-peu tomber
l'autorité de Médicis ; & perdant le pouvoir &
la réputation, il perdroit aussi le crédit dans sa
marchandise, parce que ses affaires étoient en
tel état, que si l'on pouvoit faire en sorte qu'il
ne pût se prévaloir des deniers du public, il
seroit obligé de faire banqueroute ; & si-tôt que
cela seroit arrivé il ne seroit plus à craindre :
que par cet expédient l'on recouvroit la liberté
sans répandre de sang, & sans bannir personne,
ce qui devoit être le but & l'intention de tous
les bons citoyens. Mais, au contraire, si l'on
vouloit se servir de la force, l'on s'exposoit à
mille inconvéniens & à mille risques, parce qu'on
laisse souvent tomber un homme, lorsqu'il tombe
de lui-même ; mais lorsqu'un autre le veut
renverser on le soutient. De plus, ne faisant
rien d'extraordinaire contre lui, il n'auroit aucun
lieu de prendre les armes ; & quand même il
en viendroit-là, ce ne pourroit être qu'à sa
ruine, par le soupçon qu'il feroit naître dans

l'esprit de tout le monde, donnant par-là plus de facilités de le perdre.

Plusieurs des autres, qui se trouvoient dans cette assemblée, n'approuvoient pas ces longueurs, disant : » que ce seroit à Médicis & non pas à
» eux, qu'elles seroient avantageuses, parce que,
» si l'on prenoit le parti de se contenter des
» choses ordinaires, cet homme ne couroit aucun
» risque ; & pour eux ils en couroient beaucoup,
» puisque les magistrats, qui seroient de ses enne-
» mis, ne le chasseroient pas du gouvernement,
» & ses amis ne manqueroient pas de le faire
» prince, comme il arriva dans l'année cinquante-
» huit ; que donc, si le premier avis étoit l'avis
» des gens de bien, ce dernier étoit celui de
» la prudence ; qu'ainsi il falloit se défaire de
» Médicis pendant qu'on étoit animé contre lui.
» Le moyen d'y parvenir, c'étoit de s'armer
» au-dedans, & de prendre au-dehors le marquis
» de Ferrare aux gages de l'Etat, afin de n'être
» pas surpris au dépourvu ; & si-tôt qu'on seroit
» assez heureux pour avoir une seigneurie bien
» intentionnée, il falloit prendre ces mesures-là «.
L'avis général fut donc qu'on attendît la nouvelle seigneurie, afin de se conduire selon la disposition où elle se trouveroit.

Entre ces conjurés, il s'y en trouva un qui

s'appelloit Nicolas Fédini, qui faisoit entr'eux la fonction de chancelier. Cet homme, poussé par une espérance qui lui paroissoit plus solide, découvrit à Médicis toute la trâme de cette conjuration, & lui porta la liste de tous ceux qui y étoient engagés, & qui l'avoient signée. Médicis fut fort surpris de voir le nombre & la qualité des citoyens ligués contre lui ; & ayant pris conseil avec ses amis, il prit aussi le parti de faire signer tous ceux qui lui étoient favorables. Ayant donc commis ce soin à l'un de ses plus intimes, il trouva tant de mollesse & de legereté dans la plupart des citoyens, qu'un grand nombre de ceux qui avoient signé contre lui signerent aussi pour lui.

Pendant que toutes ces intrigues se conduisoient avec tant de variété, le tems vint qu'il fallut renouveller le premier magistrat, & Nicolas Soderini fut fait gonfalonier de justice. Ce fut une chose étonnante avec quel concours de gens distingués & du peuple il fut conduit au palais. Sur le chemin on le couronna d'une couronne d'olivier, pour faire entendre que c'étoit de lui qu'on devoit attendre le repos & la liberté de la patrie. Cet exemple & une infinité d'autres ont toujours fait voir qu'il n'est pas avantageux d'entrer dans une charge ou dans un gouvernement, avec une réputation extraordinaire, parce que, comme il est impossible d'y répondre par des effets qui y soient proportionnés , les hommes voulant obtenir plus qu'ils ne doivent espérer, cette grande réputation ne produit à la fin que du blâme & du deshonneur. Thomas & Nicolas Soderini étoient freres. Ce dernier étoit le plus emporté & le plus courageux, & Thomas étoit plus prudent. Celui - ci, qui étoit intime de Médicis, connoissant l'humeur de son frere , qui ne desiroit que la liberté de son pays, & que le gouvernement se fixât sans chagriner personne, exhorta le Gonfalonier à faire un nouveau scrutin (1), afin de pouvoir emplir les bourses des noms de ceux qui aimoient la liberté ; ce qui étant une fois fait, le gouvernement s'établiroit & s'affermiroit, sans faire tort à personne, & sans exciter de tumulte.

Nicolas Soderini suivit sans difficulté les avis de son frere , & consuma tout le tems de sa magistrature dans ce projet vain & inutile. Les chefs des conjurés mêmes, qui étoient ses amis, lui laisserent perdre tout ce tems-là, parce que, par envie & par jalousie, ils ne vouloient pas

---

(1) C'est l'assemblée qui fait les magistrats.

que l'Etat se reformât par son autorité, espérant
pouvoir y parvenir aisément sous un autre Gonfalonier. Cependant la fin de la magistrature de
Soderini vint ; & ayant entamé bien des affaires
sans en finir aucune, il sortit de sa charge avec
plus de honte, qu'il n'avoit eu d'honneur &
d'applaudissement en y entrant.

Cet exemple fortifia beaucoup le parti de
Médicis, & donna de plus grandes espérances
à ses amis, faisant même entrer dans ses intérêts
ceux qui jusque-là s'étoient tenus dans la neu-
tralité : de sorte que, les choses étant devenues
égales de part & d'autre, il se passa plusieurs
mois sans aucune entreprise. Cependant le parti
de Médicis se fortifioit de plus en plus ; de
sorte que ses ennemis s'en appercevant, ils
s'unirent plus particulierement, & conclurent
de faire par la force ce qu'ils n'avoient pu faire
par la voie du magistrat, ayant résolu de faire
assassiner Médicis, qui étoit pour lors malade
à Carrege. Pour cet effet ils formerent le dessein
de faire approcher de la ville le marquis de
Ferrare avec ses troupes ; & après la mort de
Médicis ils résolurent de venir en armes dans
la place, afin d'obliger la seigneurie à former le
gouvernement selon leur volonté ; car, quoique
tous les seigneurs ne fussent pas de leurs amis,

Ils espéroient qu'ils feroient consentir, par la crainte, ceux d'entr'eux qui leur étoient contraires.

Dioti Salvini Neroni, afin de mieux cacher ses mauvaises intentions, visitoit souvent Médicis, & l'entretenoit de l'union de la république, en lui donnant ses avis là-dessus. Mais toutes ces menées lui avoient été découvertes. De plus, Dominique Marteille lui fit savoir que François Neroni, frere de Dioti Salvini, l'avoit sollicité d'entrer dans leur parti, en lui faisant voir une victoire certaine & le parti opposé vaincu. Sur cela Médicis se résolut à prévenir les ennemis, & prit pour prétexte de son armement les in-telligences qu'ils entretenoient avec le marquis de Ferrare. Il feignit donc d'avoir reçu une lettre de Jean Bentivoglio, prince de Boulogne, par laquelle il donnoit avis que le marquis de Ferrare étoit avec ses troupes sur la riviere d'Albo, & qu'on disoit tout haut qu'il venoit à Florence : de sorte que sur cet avis Médicis prit les armes, & vint à Florence fort bien accompagné. Ensuite tous ceux qui étoient dans ses intérêts s'armerent aussi ; & le parti contraire en fit autant : mais il y eut plus d'ordre du côté de Médicis, parce qu'il avoit eu le tems de se précautionner, au lieu que les autres n'avoient

pas encore disposé leurs affaires comme. ils
avoient résolu de faire. Dioti Salvi étant voisin
de Médicis, ne se trouvoit pas en sureté dans
sa maison ; mais tantôt il alloit au palais solliciter
la seigneurie de faire quitter les armes.à Médicis,
& tantôt il alloit chez Luc Pitti, afin de l'affer nir
de plus en plus dans leur parti. Mais Nicolas
Soderini fut le plus vigoureux de tous ; car il
prit les armes ; & fut suivi de presque tout le
menu peuple de son quartier ; & s'en allant chez
Pitti, » il le pressa de monter à cheval, & de
» venir dans la place pour appuyer la seigneurie,
» qui étoit dans leurs intérêts, & qu'assurément
» ils remporteroient l'avantage ; au lieu qu'en
» demeurant dans sa maison, il seroit honteu-
» sement accablé de ses ennemis armés, ou
» vilainement trompé par ceux qui ne le seroient
» pas, & qu'il auroit tout le tems de se repentir
» de n'avoir pas fait ce qu'il ne seroit plus tems
» de faire s'il tardoit davantage; que s'il vouloit
» remporter la victoire en perdant Médicis, rien
» ne lui seroit plus facile ; que s'il vouloit la
» paix, il falloit se mettre en état d'en prescrire
» les conditions, & non pas de les recevoir d'un
» ennemi victorieux «.

Ce discours n'ébranla point Pitti, parce qu'il
nétoit plus animé contre Médicis, qui l'avoit

adouci par de nouvelles alliances & par de nouvelles promesses, ayant déjà pris sa niece pour
la marier à Jean Tornabuani. Pitti donc, ayant
d'autres vues, conseilla à Soderini » de mettre
» bas les armes & de retourner dans sa maison
» parce qu'il devoit être satisfait de ce que la
» république seroit gouvernée par les magistrats;
» qu'ainsi il arriveroit que tout le monde desar-
» meroit, & que la seigneurie, qui étoit plus
» dans leurs intérêts que dans ceux de leurs en-
» nemis, seroit pourtant juge des différens des
» uns & des autres «.

Soderini donc, ne pouvant pas le persuader
s'en retourna chez lui ; mais devant que de
partir, il lui parla ainsi : » Je ne peux pas moi
» seul faire le bonheur de la patrie ; mais je
» veux bien lui prédire ses malheurs. Le parti
» que vous prenez fera perdre la liberté à la
» république, vous fera dépouiller de votre
» autorité, moi de tous mes biens, & jettera
» les autres dans l'exil «.

Pendant tout ce désordre la seigneurie avoit
fermé le palais, & s'étoit renfermée avec tous
ses magistrats, sans prendre le parti de personne.
Les citoyens, & particulierement ceux du parti
de Pitti, voyant Médicis armé & ses ennemis
sans armes, commencerent à penser aux moyens

de se faire de ses amis, ne voyant plus d'espérance
de lui nuire : de sorte que les plus considérables
de la ville, qui étoient les chefs des factions,
s'assemblerent au palais en présence des Seigneurs,
où l'on parla beaucoup de l'état présent de la
république, & des moyens d'y ramener l'union
& la bonne intelligence ; & parce que l'indisposition de Médicis l'empêchoit de s'y trouver
aussi, ils demeurerent d'accord d'aller le trouver
chez lui. Il n'y eut que Soderini qui ne voulut
pas être de la partie, & qui après avoir recom-
mandé ses enfans & ses maisons à son frere
Thomas Soderini, il se retira à la campagne,
afin d'y attendre la fin de toutes choses, se
mettant dans l'esprit qu'elle seroit malheureuse
pour lui, & ruineuse à la république.

Quand les autres citoyens furent arrivés chez
Médicis, celui d'entr'eux qui étoit chargé de
porter la parole commença d'abord à se plaindre
des troubles survenus dans la ville, faisant voir,
» que ceux qui étoient les plus blâmables dans
» cette affaire étoient ceux qui avoient commencé
» à prendre les armes ; & que ne sachant pas
» ce que Médicis vouloit, lui qui avoit été le
» premier à s'armer, ils étoient venus pour
» apprendre de lui ses intentions, & pour les
                                    » suivre

» suivre , pourvu qu'elles ne fussent point
» contraires au bien de l'Etat «.

Médicis répondit à ce discours, » que ce n'est
» pas celui qui prend le premier les armes qui
» est la cause des désordres, mais que ce sont
» ceux qui mettent les autres en nécessité de les
» prendre : que s'ils vouloient bien examiner
» leur conduite à son égard, ils s'étonneroient
» moins de ce qu'il avoit fait pour sa juste
» défense, puisqu'ils verroient par-là, que leurs
» assemblées nocturnes ; leurs complots où ils
» s'étoient engagés par leurs signatures ; leurs
» trames pour le dépouiller de son autorité &
» lui ôter la vie; que tout cela l'avoit obligé à
» recourir aux armes; mais ne les ayant point
» portées plus loin que sa maison, cette conduite
» justifioit assez la droiture de son cœur, &
» faisoit voir clairement qu'il n'avoit eu inten-
» tion que de se défendre sans attaquer personne:
» qu'il ne vouloit & ne désiroit que sa sureté
» & son repos, & que jamais il n'avoit marqué
» souhaiter autre chose, parce que depuis que
» le pouvoir du conseil extraordinaire étoit fini
» il n'avoit point eu recours à aucune intrigue
» pour le faire continuer, & qu'il étoit fort con-
» tent que la république fût gouvernée par les
» magistrats, pourvu qu'ils en fussent conten

Tome VI.

» aussi : qu'ils devoient bien se souvenir que
» Cosme de Médicis & ses enfans se savoient faire
» respecter & aimer dans la république, & pen-
» dant que le conseil extraordinaire subsiste, &
» pendant qu'il n'y en a point : que c'étoit
» eux & non pas sa maison qui l'avoit remis en
» l'an cinquante-huit; & qu'à present, s'ils n'en
» vouloient point, il n'en vouloit point aussi :
» mais que ce n'étoit pas assez pour eux, par-
» ce qu'il s'étoit apprçu qu'ils ne croyoient pas
» être en sureté à Florence tant qu'il y seroit :
» que véritablement il n'auroit jamais pu croire
» ni même s'imaginer, que des gens qui étoient
» de ses amis, & qui l'avoient été de son pere,
» ne se crussent pas en sureté avec un ami qui
» n'a jamais paru aimer autre chose que la paix
» & le repos. » Ensuite il adressa la parole à
Dioti Salvi Neroni & à ses freres qui étoient
présens & il leur reprocha en termes forts &
accompagnés de colere, tous les bienfaits qu'ils
avoient reçus de Cosme son pere, la confiance
qu'il avoit eue en eux & leur extreme ingratitude,
& ce qu'il leur dit toucha si vivement quelques-
uns de ceux qui étoient là, que si Médicis ne
les eût retenu, ils les auroient tué. Enfin la
conclusion de son discours fut, *qu'il approuve-*
roit tout ce que la Seigneurie & eux régleroient;

*& que pour lui il ne demandoit rien , que de finir
ses jours en sureté & en repos.* L'on parla beaucoup sur toutes ces affaires; mais pour lors, il
ne fut rien arrêté, si-non qu'il étoit nécessaire
de réformer l'Etat & de changer le gouvernement.

Bernard Lotti étoit alors gonfalonier de justice ; & comme Médicis savoit qu'il n'étoit pas
de ses amis, il crut qu'il ne devoit rien entreprendre pendant que cet homme-là étoit dans la
magistrature ; ce qui ne pouvoit pas être de conséquence, puisqu'il en devoit bientôt sortis. Mais
le tems de l'élection des Seigneurs qui gouver-
nent dans les mois de septembre & d'octobre
étant venu, Robert Lion fut élu pour la premiere charge de la magistrature (1); & ayant
disposé toutes choses, il convoqua le peuple
dans la place, & fit faire un nouveau conseil extraordinaire qui n'étoit composé que des partisans de Médicis; & peu de temps après ce conseil
fit des magistrats entièrement conformes aux vo-
lontés de la nouvelle régence.

Ce changement qui arriva dans l'an mil quatre-

____

(1) C'est-à-dire *Gonfalonier.*

D

cent soixante-six, épouvanta les chefs de la fac-
t n opposée ; desorte qu'Agnolo Acciaiuoli se
retira à Naples ; Dioti Salvi Neroni & Nicolas
Soderini allerent à Venise ; Pitti resta à Florence , se confiant aux promesses que Médicis
lui avoit faites & dans la nouvelle alliance qui
étoit entreeux. Ceux qui s'étoient enfuis furent
déclarés rebelles : toute la famille des Neroni
fut dispersée ; & messire Jean Neroni , archevêque de Florence, se bannit lui-même à Rome ,
pour éviter un plus mauvais traitement. Plusieurs
autres citoyens, qui s'enfuirent d'abord, furent
ensuite relégués en différens endroits. Mais on
n'en demeura pas-là ; car on ordonna une pro-
cession pour remercier Dieu de la conservation
de l'Etat & de la réunion des citoyens ; & pendant cette cérémonie , il fut pris un nombre de
particuliers , que l'on tortura : ensuite, l'on en
fit mourir une partie ; l'autre fut condamnée au
bannissement.

Dans tous les changemens qui arriverent, il
n'y en eut point de si étonnant, que celui où
se trouva Luc Pitti , parce qu'on connut aussi-
tôt par-là combien il y a de différence entre la
victoire & la défaite , entre l'élévation & l'ab-
baissement. Son palais, qui avoit accoutumé
d'être rempli d'une grande quantité de citoyens

devint d'abord comme un désert. Dans les
rues, ses parens & ses amis, bien loin de l'ac-
compagner & de lui faire la cour, appréhen-
doient même de le saluer, parce que les uns
avoient perdu leurs charges, les autres leurs
biens, & tous étoient menacés. Les bât'mens
somptueux, qu'il avoit commencé, furent d'a-
bord l'aissés-là par les onvriers. Au lieu des
gratifications qu'il recevoit auparavant, il étoit
exposé à l'injustice & aux mauvais traitemens.
Le respect & l'honneur, qu'on lui rendoit dans
sa prospérité furent convertis en insultes & en
mépris : desorte que plusieurs de ceux qui lui
avoient autrefois fait présent de quelque chose
précieuse, le lui redemandoient, comme s'ils
n'avoient eu intention que de la lui prêter ; &
les autres, qui dans leurs discours l'avoient
toujours élevé jusqu'aux cieux, commencerent
alors à le traiter d'ingrat & d'homme emporté.
Il se repentit donc bien de n'avoir pas cru
Nicolas Soderini, & de n'avoir pas préféré
une mort glorieuse à une vie si indigne & si
triste. Ceux qui étoient chassés firent ce qu'ils
purent entre'eux pour regagner l'Etat, où
ils n'avoient pas eu la prudence de se conserver. Agnolo Acciaiuoli, qui étoit à Naples,

ne voulut pourtant point faire aucune entreprise,
qu'il n'eût tâché premierement de se remettre
bien avec Médicis ; & pour cet effet, il lui écrivit
en ces termes :

» Je me ris de tous les caprices de la fortune,
» voyant comment elle fait, selon qu'il lui plait,
» les amis ennemis, & les ennemis amis. Vous
» pouvez vous souvenir que lorsque votre
» pere fut banni, je m'attirai l'exil à moi-même :
» & je me mis sur le point de perdre la vie,
» étant plus touché de l'injustice qu'on lui fai-
» soit, que du soin de moi-même ; & tant que
» j'ai vécu, je n'ai jamais manqué d'honorer &
» de servir votre maison dans la personne de
» Cosme de Médicis, & depuis sa mort je n'ai
» jamais eu intention de vous faire de tort. Il
» est vrai, que votre peu de santé & le bas âge
» de vos enfans, m'ont tellement effrayé, que
» j'ai cru qu'il étoit nécessaire de mettre la
» république en état de ne pas être boulever-
» sée lorsque vous viendriez à mourir. C'est-là
» l'origine de tous les mouvemens que vous
» avez vus, & qui n'étoient point faits pour vous
» perdre, mais pour conserver l'Etat. Si enfin,
» c'est-là une faute, il me semble que mes bonnes
» intentions & ma conduite précédente la doi-
» vient bien faire oublier ; car je ne peux pas

» m'imaginer que vous puissiez être implacable
» envers moi, après que votre maison y a trouvé
» si long-tems une si grande fidélité, & que
» vous puissiez oublier tous mes services pour
» une seule faute que j'ai faite «.

Médicis, après avoir reçu cette lettre, y fit
la réponse qui suit :

» Si vous riez à Naples, je ne pleure pas ici ;
» & si vous étiez en état de rire à Florence
» il faudroit apparemment que je pleurasse au
» lieu où vous êtes. Je confesse que vous avez
» aimé mon pere ; mais confessez aussi qu'il
» vous a fait du bien : desorte que l'obliga-
» tion que vous nous aviez étoit d'autant plus
» grande, qu'il y avoit de différence entre la parole
» & l'effet. Puis donc que vos services ont
» été reconnus, vous ne devez pas être sur-
» pris si à présent vous recevez le châtiment
» des fautes que vous avez faites. Au reste, ne
» vous excusez point sur l'amour que vous avez
» pour la patrie, parce que personne ne croira
» jamais que Florence ait reçu plus de grandeur
» & plus de marques d'attachement de la part
» de votre maison, que de la mienne. Vivez donc
» à Naples dans votre infâmie, puisque vous
» n'ayez pas sçu vous maintenir dans l'honneur
» que vous aviez acquis ici «.

Acciaiuoli, voyant qu'il n'y avoit point de
grâce à espérer, vint à Rome, & se joignit à
l'Archevêque & aux autres exilés. Là ils em.
ployerent les moyens les plus forts qu'ils purent
pour faire perdre à Médicis le crédit qu'il y
avoit, & il eut bien de la peine à l'empêcher.
Cependant comme ses amis l'aiderent, il fit
échouer le dessein de ses ennemis. D'autre part,
Neroni & Nicolas Soderini mirent toute pierre
en œuvre pour obliger le Sénat de Venise à
déclarer la guerre à leur patrie, se figurant que
si elle étoit attaquée d'une nouvelle guerre, elle
ne pourroit la soutenir, à cause que le gouvernement n'étoit pas encore bien affermi, &
même qu'il s'étoit rendu odieux.

Dans ce tems-là il y avoit à Ferrare un Jean
François Strozzi, fils de feu Palla Strozzi, qui
avoit été banni avec son pere, dans le changement qui arriva à Florence en l'année mil quatre
cent trente-quatre. Ce Jean François avoit un
grand crédit, & les autres marchands le croyoient
très-riche. Les rebelles donc lui firent entendre
la facilité qu'il y avoit de rentrer dans leur
patrie, pourvu que les Vénitiens l'entrepris-
sent ; & ils se persuadoient aisément que cette
république le feroit, pourvu qu'on contribuât
un peu aux frais de la guerre ; si-non, ils dou-

toient qu'elle s'y résolût. Strozzi, qui souhaittoit fort de satisfaire le ressentiment qu'il avoit
contre Florence, se laissa aisément persuader
par les avis de ces gens-là : & promit de concourir de tout son pouvoir à cette entreprise.
Les exilés, là-dessus, allerent trouver le Doge,
lui firent des plaintes de leurs malheurs, qui
ne leur étoient arrivés, disoient-ils, » que pour
» avoir voulu que leur patrie fût gouvernée
» selon la disposition des loix, & que ce fussent
» les magistrats, & non pas un petit nombre
» de particuliers, qui disposassent de toutes
» choses : que cette résolution avoit porté
» Médicis & ses adhérents, gens accoutumés
» à vivre tyranniquement, à prendre les armes
» par fourberie, à nous les faire quitter par un
» trait de surprise & de trahison, & enfin à
» nous faire bannir de notre patrie avec la même
» perfidie. Mais sans se contenter de cela, ils
» ont attenté de rendre Dieu complice dans le
» dessein qu'ils avoient d'opprimer plusieurs
» honnétes gens qui étoient restés dans la ville,
» sous l'assurance de la foi & de la parole qu'on
» leur avoit données; car, abusant des saintes
» cérémonies de la religion & des prieres les
» plus solemnelles, dans l'imagination sans dout
» d'intéresser aussi la divinité dans leurs infidé-

» lités, ils ont arrété & fait mourir inhumaine-
» ment un bon nombre de citoyens; ce qui est un
» exemple outré d'impiété & de barbarie : que
» pour en tirer vengeance, ils ne pouvoient
» avoir un recours plus raisonnable, qu'à ce
» vénérable Sénat, qui ayant toujours joui de
» sa liberté, devoit avoir compassion de ceux qui
» l'avoient perdue : qu'ils vouloient donc animer
» à la destruction des tyrans un Etat libre, &
» à la punition des impies un peuple rempli de
» zèle : qu'au-reste, ils devoient se souvenir
» que les Médicis leur avoient arraché l'Etat
» de Lombardie, lorsque Cosme, contre l'avis
» des autres citoyens, prit le parti de François
» Sforce, & le secourut contre les intérêts de
» cette république ; desorte que, si elle n'étoit
» pas émue par les justes plaintes de tant de
» malheureux, elle devoit au moins l'être
» par un sujet de ressentiment & de vengeance,
» aussi bien fondé & aussi raisonnable qu'étoit
» celui que la faction des Médicis lui avoit
» donné «.

Ces dernieres paroles acheverent d'émouvoir
le Sénat, & il résolut que Barthelemi Coleone,
leur général, attaqueroit l'Etat de Florence. Sans
donc perdre un moment, l'on assembla les troupes, auxquelles se joignit Hercule d'Este, en-

voyé pour cela par Barso, duc de Ferrare. Cette armée brûla d'abord le bourg de Doadóla, & fit encore quelques autres hostilités dans le Pays circonvoisin, parce que les Florentins n'avoient pas encore fait leurs préparatifs. Mais dès que la faction contraire à Médicis ne fut plus dans Florence, la république avoit fait une nouvelle ligue avec Galeas, duc de Milan, & avec Ferrand, roi de Naples, ayant outre cela pris le comte d'Urbin pour leur général : desorte qu'étant bien amis, ils ne firent pas grand compte de leurs ennemis; car Ferrand envoya son fils Alfonse, & Galeas vint en personne; & l'un & l'autre étoient accompagnés de forces suffisantes. Leur quartier d'assemblée fut à Castracaro, qui est un château appartenant aux Florentins, & situé au pied des Montagnes par où l'on descend de Toscane dans la Romagne.

Cependant, les ennemis s'étoient retirés vers Imola, desorte qu'il se faisoit quelques escarmouches entre les deux armées, selon l'usage de ces tems-là, & pas une d'elles n'attaqua ni n'assiégea de places, ni ne donna occasion à l'ennemi de lui livrer bataille; mais l'une & l'autre demeurant dans ses retranchemens, elles donnerent des marques d'une lâcheté étonnante. Tout cela déplaisoit beaucoup aux Florentins, qui se voyoient accablés d'une guerre, où la dépense étoit grande, & les espérances petites : ainsi, les magistrats en firent des plaintes aux commissaires à qui ils en avoient commis la conduite. Ceux-ci répondirent, » que le duc » Galeas étoit la seule cause de tout ce désor- » dre, parce que, comme il avoit beaucoup » d'autorité & peu d'expérience, il n'avoit pas » le jugement de prendre bien son parti, & ne » vouloit pas suivre le sentiment de ceux qui » en savoient plus que lui : qu'enfin il étoit » impossible de faire rien d'utile & de glorieux, » tant que ce prince commanderoit l'armée «.

Les Florentins firent donc entendre au duc de Milan , » qu'il leur étoit fort avantageux » qu'il fût venu en personne à leur secours, » parce que la seule réputation d'un si grand » prince étoit capable de faire perdre cœur » à leurs ennemis : que cependant ils estimoient » plus sa conservation & celle de ses Etats , que » leurs propres intérêts, parce que, tant qu'il » seroit heureux, ils n'avoient rien à craindre; » mais qu'ils devoient fort appréhender, s'il » lui arrivoit quelque malheur : qu'ils ne trou- » voient donc pas qu'il dût être si long-tems » éloigné de Milan, étant nouvellement élevé » à la souveraine puissance, & étant environné

» d'ennemis puissans & suspects; desorte que
» ceux qui voudroient trâmer quelque chose
» contre lui pourroient aisément y réussir :
» qu'ainsi, ils lui conseilloient de s'en retourner
» dans ses Etats, & de laisser une partie de
» ses gens pour la défense de leur républi-
» que «. La proposition plut à Galeas, qui
sans en pénétrer les motifs, s'en retourna à
Milan.

Les chefs des Florentins étant délivrés de cet
obstacle, ils voulurent faire voir que c'étoit la
seule cause de leur inutilité & de leurs lenteurs;
c'est ce qui les fit serrer de plus près l'ennemi :
desorte qu'ils en vinrent enfin à un combat en
forme, & il dura un demi jour sans qu'aucun
des partis pliât. Cependant, il n'y mourut pas un
seul homme, & il n'y eut que quelques chevaux
blessés & quelques prisonniers faits de part &
d'autre. Comme on étoit déjà en hiver, & que
par conséquent, la saison de se retirer, & de
mettre les armées dans les quartiers étoit venue,
Coleone se retira vers Ravenne, les troupes
Florentines allerent en Toscane, & celle du duc
de Milan & du roi de Naples firent route les
unes & les autres vers les terres de leurs souverains. Mais comme cette entreprise n'avoit
fait naître aucun mouvement à Florence, ainsi

que les rebelles l'avoient promis, d'ailleurs les finances nécessaires pour payer les troupes étant épuissées, l'on parla de paix; & après quelques négociations, elle fut bien-tôt conclue.

Les rebelles de Florence se voyant par la paix destitués de toute espérance, ils se retirerent chacun en différens endroits. Dioti Salvi Neroni alla à Ferrare, où le prince le reçut & l'entretint. Nicolas Soderini alla à Ravenne, &-là il passa sa vie avec une petite pension que les Vénitiens lui donnerent. Cet homme étoit en réputation d'être équitable & courageux, mais lent & irrésolu a prendre parti. Cela fut cause qu'étant Gonfalonier, il perdit l'occasion d'une entiere victoire sur Médicis, qu'ensuite il voulut inutilement remporter, lorsqu'il n'étoit plus qu'un particulier.

La paix étant conclue, le parti qui demeura le maître dans Florence crut n'avoit rien fait, s'il ne détruisoit pas par toutes sortes de voies, non-seulement les gens qui lui étoient opposés, mais même ceux qui lui étoient le moins du monde suspects: ainsi ils porterent Bardo Altoviti, qui étoit Gonfalonier de justice, à ôter les charges aux uns, & à bannir les autres. Ce procédé augmenta leur autorité, & imprima davantage de terreur aux autres. Ils exerçoient donc

leur puissance et leur domination avec si peu d'é-
gard, qu'il sembloit que le ciel & leur bonne
fortune leur eussent donné la république en proie.
La plupart de ces désordres étoient inconnus à
Médicis, & l'accablement où le réduisoit son
peu de santé ne lui permettoit pas de remédier à
ceux qui venoient à sa connoissance ; car, il étoit
dans une telle extrémité, qu'il n'avoit plus de libre, que l'usage de sa langue. Cependant, il voulut réjouir la ville, & pour cet effet il résolut de
faire de magnifiques noces à Laurent de Médicis, qu'il avoit marié avec Clarice des Ursins.
Il y eut dans cette rencontre des pompes & des
magnificences véritablement dignes de la grandeur de celui qui les faisoit. L'on employa plusieurs jours à faire des bals de différentes manieres, des festins & des représentations de l'antiquité. A tout cela on joignit deux spectacles
militaires, afin de faire mieux voir la grandeur
de la maison de Médicis, & le pouvoir qu'elle
avoit. L'un de ces spectacles étoit de la cavalerie, qui représentoit un combat en rase
campagne ; & l'autre étoit un siége de place. Le
tout fut exécuté avec tout l'ordre & toute
l'adresse qu'on pouvoit souhaiter.

Pendant que ces choses se passoient à Florence, le reste de l'Italie étoit en tranquillité,

mais pourtant épouvantée de la puissance for-
midable des Turs, qui, continuant leurs conquêtes, continuoient à battre les chrétiens, ayant
pris Negrepont à la grande infâmie & au grand
préjudice de la chrétienté. Dans le même tems,
Barso d'Este, marquis de Ferrare, mourut, &
Hercule son frere lui succéda. Cet Hercule devint ensuite le plus grand capitaine de toute
l'Italie. Le pape Paul mourut aussi, & il eut
pour successeur Sixte IV., qui avoit nom auparavant François de Savone. C'étoit un homme
de la plus basse & de la plus abjecte naissance
du monde : mais son rare mérite l'avoit d'abord
élevé à la charge de général des Cordeliers, &
ensuite à la dignité de cardinal. Il fut le premier à faire voir jusqu'où peut aller la puissance d'un pape, & il montra bien, que beaucoup de choses, qu'on avoit crues jusqu'alors
des abus & des crimes, changeoient de nom
& de nature sous l'autorité pontificale. Il avoit
dans sa famille un nommé Pierre & un nommé
Jérôme, que tout le monde savoit être ses enfans;
mais on leur donnoit un nom plus honnête. Comme
Pierre étoit moine, il le fit cardinal, sous le
titre de Saint-Sixte, & il donna à Jérôme la ville
de Fourli, dont il dépouilla Antoine Ordelaffi,
de qui la maison avoit depuis long-tems regné

da

dans cette ville-là. Ces traits d'ambition le firent respecter par les princes d'Italie, desorte qu'ils recherchoient tous son amitié ; & pour cet effet, le duc de Milan donna Catherine, sa fille naturelle, à Jérôme, & pour dot la ville d'Imola, dont il avoit dépouillé Tadée Alidossi. Il se fit encore une nouvelle alliance entre le roi de Naples & le duc de Milan, qui maria Jean Galeas, son aîné, avec Isabelle, fille d'Alfonse, qui étoit le fils aîné du roi Ferrand.

Cependant, l'on vivoit en Italie dans une profonde paix ; & le plus grand soin des princes étoit de s'observer, & de s'assurer les uns des autres par des nouvelles alliances de sang & de nouveaux traités. Néanmoins au milieu de cette tranquillité générale, Florence étoit troublée par ses propres citoyens, & Médicis ne pouvoit pas apporter de remede aux désordres de leur ambition, parce qu'il étoit accablé de maladies. Néanmoins voulant décharger sa conscience, & voir s'il pourroit leur donner de la confusion de leur procédé, il les fit tous venir chez lui, & leur parla en ces termes :

» Je n'aurais jamais cru que les manieres &
» la conduite de mes amis m'eussent pu réduire
» à souhaiter & à regretter mes ennemis, &
» que la victoire me dût jamais paroître plus

Tome VI.   E

» insupportable, que la défaite & la ruine,
» parce que je croyois avoir avec moi, & dans
» mes intérêts, des gens capables de quelques
» bornes & de quelque retenue dans leurs pas-
» sions, & qu'ils se contenteroient de vivre dans
» leur propre pays en pleine paix, comblés
» d'honneur, & de plus, vengés entièrement de
» leurs ennemis. Mais je ne vois que trop, à
» présent, combien je me suis trompé, &
» combien je connoissois peu l'ambition natu-
» relle de tous les hommes, & encore beaucoup
» moins la vôtre; car enfin vous n'êtes pas
» contens d'être comme souverains dans une
» ville si puissante, & de partager, dans votre
» petit nombre, des honneurs, des dignités,
» des avantages, qui satisfaisoient autrefois une
» si grande quantité de citoyens. Vous n'êtes
» pas contens d'avoir partagé entre vous la
» dépouille de vos ennemis. Enfin, vous n'êtes
» pas contens de pouvoir accabler tout l'Etat
» des charges publiques, & d'en demeurer
» exempts, en possédant toutes les richesses de
» l'Etat. Vous voulez encore désoler tout le
» monde par mille injustices criantes. Vous
» dépouillez vos voisins de leurs biens; vous
» vendez la justice; vous ne vous soumettez
» point aux jugemens de police; vous opprimez

» les gens de bien , & vous élevez les coquins.
» Je ne crois pas même que toute l'Italie jointe
» ensemble pût enfin fournir autant d'exemples
» de violence & d'avarice, que pourroit faire
» cette seule ville-ici. Notre patrie donc nous
» aura donné la vie, afin que nous la fassions
» périr ; elle nous aura donné la victoire sur
» nos ennemis , afin que nous soyons ses des-
» tructeurs ; elle nous aura comblés d'honneurs ,
» afin que nous l'accablions d'infâmie. Je vous
» jure sur la foi & sur la parole d'un homme
» de bien , que si vous continuez à vous con-
» duire de maniere que j'aye sujet de me re-
» pentir d'avoir remporté la victoire, je vous
» ferai assurément repentir à votre tour d'en
» avoir si mal-usé «.

Ces citoyens répondirent à ce discours selon
le tems & le lieu; néanmoins, ils ne discon-
tinuerent point leurs violences & leurs tyran-
nies : desorte que Médicis fit venir en secret
Agnolo Acciaiuli à Cafaggiolo , où il s'entretint
avec lui amplement de l'état de la ville ; & l'on
ne doute point , que s'il n'eût pas été prévenu
par la mort, il auroit fait revenir tous les exilés
de Florence, afin de reprimer l'insolence & la
rapacité de ceux qui gouvernoient. Mais la mort
s'opposa à un si digne & si noble projet; car

étant enfin accablé des grands maux qu'il souffroit & des chagrins qui le tourmentoient, il mourut à l'âge de cinquante-trois ans. Son mérite & sa bonté ne purent pas être parfaitement connus par sa patrie, parce qu'il vécut presque jusques à la fin de ses jours sous la conduite de Cosme, son pere; & le peu de tems qu'il lui survécut, il fut obligé de le passer dans des divisions d'Etat & en maladies. Il fut enterré dans l'Eglise de Saint Laurent près de son pere, & on lui fit une pompe funèbre digne de lui. Il laissa deux fils, Laurent & Julien, qui bien qu'ils donnassent l'espérance d'être des gens très-utiles à l'Etat, néanmoins leur jeunesse faisoit peur à tout le monde.

Il y avoit dans le gouvernement de Florence un citoyen, qui surpassoit de beaucoup tous les autres. C'étoit Thomas Soderini, dont la prudence & l'autorité étoit reconnues, non-seulement dans sa patrie, mais aussi auprès de tous les princes d'Italie. Après la mort de Médicis, toute la ville avoit les yeux sur lui, & plusieurs citoyens alloient lui faire la cour comme au chef de la république, & même plusieurs Potentats l'honorerent de leurs lettres. Mais comme il étoit d'une prudence consommée, & qu'il connoissoit bien sa fortune & celle de la maison de

Médicis, il ne répondit point aux lettres que, les souverains lui avoient écrites; & pour les citoyens, il leur dit, *que c'étoit au palais de Médicis, & non pas chez lui, qu'ils devoient aller*: & afin de confirmer par son exemple ce qu'il conseilloit par ses discours, il assembla tous les chefs des premieres maisons dans le couvent de Saint Antoine, où il fit aussi venir Laurent & Julien de Médicis. Là il fit un discours grave & long sur l'état de la république, sur celui de l'Italie, & sur la disposition des princes qui y regnoient. Sa conclusion fut, que, s'ils vouloient vivre en paix & dans une bonne intelligence au dedans, sans craindre la guerre au déhors, ils devoient avoir tous les égards imaginables pour ces jeunes hommes-ici, & conserver à leur maison tout le crédit qu'elle avoit eu jusqu'alors, parce que jamais les hommes ne se fâchent de faire toujours les mêmes choses qu'ils ont accoutumé de faire: pour les nouveautés, si on y donne facilement, l'on s'en dégoûte de même; & il a toujours été bien plus aisé de conserver une autorité, qui, par la longueur du tems, s'est élevée au-dessus de l'envie, que d'en remettre sur pied une nouvelle, qui peut être détruite par un nombre infini d'occasions imprévues. Laurent le Médicis parla ensuite à Soderini, ce

qu'il fit avec tant de modestie & de gravité,
que, bien qu'il fût jeune, il donna à chacun
l'espérance de devenir ce qu'on l'a vu depuis;
& devant que l'assemblée se séparât, tous ces
citoyens jurerent de regarder ces jeunes-gens
comme leurs enfans; & eux réciproquement
jurerent de regarder ces citoyens comme leurs
peres.

Après cette conclusion, Laurent & Julien
étoient respectés comme les princes de la république. Eux de leur côté, suivoient entièrement
les conseils de Soderini. Ainsi pendant que l'on
vivoit assez tranquillement dehors & dedans, n'y
ayant point de guerre qui troublât le repos public, il survint un accident imprévu, qui fut comme
un présage des malheurs qui devoient arriver.
Entre les familles qui tomberent avec la faction
des Pitti, celle des Nardi se trouva du nombre,
parce que Salvestre & ses freres, qui en étoient
les chefs, furent d'abord exilés; ensuite ils furent
déclarés rebelles, à cause de la guerre que Barte-
lemi Coleone fit à la république. Entre ces freres
il y en avoit un, nommé Bernard, qui étoit
jeune, prompt, & courageux. Comme la pauvreté lui rendoit son exil insupportable, &
qu'il ne voyoit pas que la paix lui laissât aucune
espérance du retour, il résolut d'entreprendre

quelque chose qui pût exciter une nouvelle guerre, parce que souvent le moindre principe produit de grands effets , les hommes ayant plus de penchant à suivre une affaire déjà commencée , qu'à la commencer eux-mêmes.

Bernard Nardi avoit de grandes connoissances à Prato , aussi-bien que dans tout le pays de Pistoïe, particulierement avec la famille de Palandre. Ce n'étoit , à la vérité , qu'une famille de paysans ; mais elle étoit remplie de gens de cœur, & qui étoient élevés dans les armes & dans le carnage. Nardi savoit qu'ils étoient mécontens de ce que le magistrat de Florence les avoit maltraités dans leurs querelles. Outre cela , il connoissoit les dispositions des habitans de Prato, qui croyoient être soumis à des maîtres fiers & avares ; & quelqu'un l'avoit informé de leur chagrin contre le gouvernement. En faisant donc révolter Prato , tout cela lui donna l'espérance de pouvoir exciter un embrâsement dans la Toscane, où il iroit tant de gens porter de quoi l'entretenir , que ceux qui voudroient l'éteindre n'en pourroient jamais venir à bout. Sur cela , Nardi communiqua son dessein à Dioti Salvi Neroni , & lui demanda, qu'en cas qu'il se rendît maître de Prato, quel secours il pourroit attendre des princes par le moyen de ses sollicita-

tions. Neroni trouva l'entreprise très-dangereuse,
& presque impossible. Cependant, voyant qu'il
pouvoit encore tenter fortune aux risques d'un
autre, il fortifia Nardi dans ce dessein, en lui
promettant un secours très - assuré de la part du
prince de Boulogne & du marquis de Ferrare,
pourvu qu'il pût faire ensorte de tenir & de
défendre Prato au moins quinze jours.

Nardi étant rempli d'espérance sur cette pro-
messe, il se transporta secrettement à Prato;
& ayant fait ouverture de la chose à quelques-
uns des habitans, il les y trouva très-disposés.
Pour ces gens de la famille de Palandre, il les
trouva aussi fort résolus à cette entreprise; &
étant tous convenus du tems & des moyens de
l'exécution, il en donna avis à Dioti Salvi Neroni. César Petrucci étoit alors Podesta (1) du
lieu, de la part de la république. Ces sortes de
gouverneurs tiennent d'ordinaire auprès d'eux
les clefs des villes où ils sont, & quand quel-

------

(1) C'est le nom que l'on donnoit alors à **Florence**,
et que l'on donne encore aujourd'hui à **Venise**, à ceux
que l'on envoye dans les places et dans les villes, pour
y commander et y rendre justice.

qu'un des habitans veut sortir ou entrer de nuit
dans la place, ils refusent rarement d'en faire
ouvrir les portes, sur-tout dans un tems non-
suspect. Nardi, qui n'ignoroit pas cette coutume, se présenta à la pointe du jour à la porte
du côté de Pistoïe, étant accompagné des Pa-
la ndres & d'environ cent hommes armés ; &
ceux du dedans, avec qui il avoit intelligence,
prirent aussi les armes, & l'un d'eux demanda
les clefs au Podesta, feignant que quelqu'un des
habitans, qui étoit dehors, souhaitoit de rentrer
en ville .Le Podesta, qui ne se doutoit de rien,
les envoya par un de ses domestiques, à qui
on les ôta dès qu'il fut un peu éloigné du palais ; & la porte étant ouverte ; Nardi fut introduit dans la place avec tous les conjurés, qui
étant convenus ensemble de ce qu'il falloit faire,
se partagerent en deux troupes. L'une d'elles,
étant conduite par un des habitans, appellé Salvestre, s'empara de la citadelle ; & l'autre, sous
la conduite de Nardi, prit le palais & le Podesta
avec toute sa famille, qu'il donna en garde à
quelques-uns de leurs gens. Ensuite ils allerent
tous criant LIBERTÉ par toute la ville. Le jour
ayant déjà commencé à paroître, plusieurs des
habitans se rendirent dans la place à ce bruit ;
& là apprenant que la citadelle & le palais étoient

déjà pris, & que le Podesta étoit prisonnier
avec toute sa famille, ils étoient dans une extrême
surprise d'un tel accident. Là-dessus, le conseil
des huit, qui est le principal magistrat de la
ville, s'assembla dans son palais pour consulter
sur ce qu'il y avoit à faire. Mais, Nardi & les
siens ayant couru quelque tems par la ville sans
qu'aucun les suivît, & apprenant que les huit
étoient assemblés, il alla les trouver, & leur dit,
» que le motif de son entreprise étoit de les
» délivrer, aussi-bien que sa patrie, de l'escla-
» vage où ils étoient tous, & que ce leur seroit
» une gloire extrême s'ils prenoient aussi les
» armes & le secondoient dans ce généreux
» dessein, où ils acquerroient un repos solide,
» & une réputation éternelle. Il leur représenta
» leur ancienne liberté & l'état présent où ils
» étoient réduits. Il leur fit voir les assurances
» qu'il avoit d'un grand secours, pourvu qu'ils
» voulussent résister quelques jours aux forces
» des Florentins. Il assura qu'il avoit des in-
» telligences dans Florence, qui ne manque-
» roient pas de se déclarer dès qu'on auroit
» avis que toute cette ville-ici auroit pris le
» parti de le suivre «.

Ce discours n'ébranla point les huit, qui
répondirent à Nardi, » qu'ils ne savoient

» point si Florence étoit libre ou esclave,
» & qu'ils ne se mettoient point en peine
» de l'apprendre, puisque c'étoit une affaire
» qui ne les regardoit pas : que pour eux,
» ils savoient bien qu'ils ne pouvoient pas
» souhaiter une plus agréable liberté, que celle
» d'être gouvernés par les magistrats de cette
» république, dont ils n'avoient jamais reçu
» aucun traitement qui pût les obliger à prendre
» les armes contre eux : qu'ainsi ils lui con-
» seillqient de rendre la liberté à leur Podesta,
» & de faire sortir ses gens de leur ville ; &
» pour lui, ils l'exhortoient à se retirer de ce
» péril éminent avec autant de diligence qu'il
» avoit eu de témérité à s'y exposer «.

Cette réponse ne fit point perdre courage à Nardi ; mais voyant que la douceur ne faisoit point d'impression sur ces gens-là, il voulut voir s'il gagneroit davantage par la crainte. Pour donc leur en donner, il résolut de faire mourir le Podesta ; & l'ayant tiré de prison, il commanda qu'on le pendît aux fenêtres du palais. Ce gouverneur étoit déjà proche du lieu de son supplice, ayant la corde au col, lorsqu'il apperçut Nardi, qui étoit-là pour le faire exécuter promptement. Se tournant donc vers lui, il lui dit : » vous me faites mourir dans l'espé-

» rance que les habitans prendront ensuite votre
» parti ; mais il vous arrivera tout le contraire,
» parce que ce peuple-ici a tant de respect pour
» les recteurs que le magistrat de Florence
» leur envoye, que, dès qu'ils verront l'injus-
» tice que vous me faites, cela vous attirera
» de sa part un tel ressentiment, que vous n'en
» aurez à attendre autre chose, que votre perte.
« Si donc vous voulez réussir dans votre entre-
» prise, ce ne sera pas par ma mort que vous
» en viendrez à bout, mais en me conservant
» la vie, parce que, si-tôt que je commanderai
» à ces gens-ici ce que vous souhaitrez qu'ils
» fassent, ils suivront bien-plutôt mes ordres,
» que les vôtres ; & moi me soumettant entie-
» rement à tout ce qu'il vous plaira de m'or-
» donner, vous trouverez par cet expédient
» le moyen de réussir dans tous vos desseins «.

Comme Nardi étoit embarrassé sur ce qu'il
avoit à faire, il écouta ce conseil, & il commanda à Petrucci de venir sur un balcon qui
répondit sur la place, & d'ordonner au peuple
de se soumettre désormais à cette nouvelle autorité. Si-tôt que cela fut fait, on remit Petrucci en prison. Mais la foiblesse des conjurés
étant reconnue, plusieurs des Florentins, qui
étoient dans la ville, s'étoient déjà assemblés;

& l'un d'entre eux, nommé George Ginori, chevalier de Rhode, (1) fut le premier qui prit les armes contre eux, & qui attaqua Nardi pendant qui alloit discourant par la ville, priant & menaçant les habitans, s'ils ne lui obeissoient pas & ne prenoient pas son parti. Ginori, qui étoit assez bien accompagné, se jetta sur lui, le blessa, & le prit. Si-tôt que cela fut fait; il ne fut pas mal-aisé de délivrer le Podesta, & de défaire les autres conjurés ; car comme ils étoient en petit nombre & dispersés, ils furent presque tous tués ou faits prisonniers.

Cependant, la nouvelle de ce mouvement étoit déjà arrivée à Florence ; mais l'on y avoit bien amplifié les choses : car on leur avoit persuadé que Prato étoit pris ; qu'on avoit assassiné le Podesta avec toute sa famille; que la ville étoit pleine d'ennemis; que Pistoïe étoit en armes; & que plusieurs de ses citoyens étoient de la conjuration. Ainsi le palais fut bien-tôt rempli de citoyens, qui s'assemblerent pour consulter avec le seigneurie sur l'état des affaires.

---

(1) Ce sont ceux que l'on appelle les *Chevaliers de St. Jean de Jérusalem*, si connus sous le nom de *Chevaliers de Malte.*

Il y avoit alors à Florence un très - fameux
général, qui s'appelloit Robert de Saint Severin.
L'on résolut de l'envoyer à Prato avec tout ce
qu'on pourroit assembler de troupes : ensuite
on lui ordonna d'approcher de la place, & de
donner une connoissance exacte de l'etat des
choses, y apportant les remedes que sa prudence
lui suggéreroit. Saint Severain n'étoit encore
qu'à peine au-delà du château de Campi, lorsqu'il fut rencontré par un envoyé de Petrucci,
qui apportoit pour nouvelles, que Nardi étoit
pris & ses complices mis en fuite, ou tués; desorte que tout étoit tranquille dans la place. Là-
dessus, Saint Severin s'en retourna à Florence
& peu après Nardi y fut transporté. Il fut interrogé par le magistrat du fond de cette intrigue; & comme on la trouvoit peu considérable, le prisonnier dit, » qu'il s'y étoit embarqué,
» parce qu'aimant mieux mourir à Florence,
» que de passer sa vie dans l'exil, il avoit voulu
» que sa mort fût au moins accompagnée de
» quelque entreprise mémorable «.

Cette émeute étant presque aussi-tôt étouffée
qu'excitée, les citoyens reprirent leur premier
train pour leur conduite ; croyant n'être obligés
à garder aucunes mesures dans un gouvernement qu'ils avoient si bien établi & affermi.

De-là survinrent les inconvéniens & les désordres qui sont assez ordinaires pendant le repos, parce que les jeunes-gens étant devenus plus émancipés que jamais dans leur maniere de s'habiller, dans les assemblées, & dans d'autres divertissemens de cette nature, ils faisoient des dépenses excessives. N'ayant aucune occupation, ils employoient tout leur tems & consumoient tout leur bien au jeu & en débauches de femmes. Tout leur soin étoit de paroître superbement vétus, & d'affecter des discours remplis de rencontres & de finesses; & celui qui faisoit les plus fortes & les plus piquantes médisanc es, passoit pour le plus sage, & s'acquéro it une plus grance réputation que les autres.

Ces manieres de vivre furent encore portées plus loin par les courtisans du duc de Milan, qui vint à Florence avec la duchesse & toute sa cour, afin disoit-il de s'acquiter d'un vœu qu'il avoit fait. Il fut donc reçu avec toutes les magnificences convenables à un si grand Prince & si ami de l'Etat. Ce fut alors qu'on vit pour la premiere fois dans notre ville, » que dans le » tems du carême, où l'église ordonne de ne » point manger de viande, toute cette cour ne » s'en abstenoit point, sans aucun respect, ni » de Dieu, ni de l'église ». L'on fit aussi plusieurs spectacles pour faire honneur à ce prince. Il y en eut un entre autres dans l'église du Saint Esprit, qui représentoit sa descente sur les apôtres; & parce que dans une telle cérémonie on allume plusieurs feux, il arriva que tout cet édifice fut brûlé, desorte que plusieurs crurent, que Dieu, étant irrité contre nous, avoit voulu en donner cette marque comme une étincelle de sa colere.

Si donc ce duc trouva Florence remplie de courtisanes, de voluptés, & de manieres de vivre, qui ne doivent point se souffrir dans un Etat bien policé, il la laissa encore dans un plus grand désordre. Cela fit penser aux honnêtes gens qu'il falloit y remédier. L'on fit donc une nouvelle loi, qui régloit les habits, les pompes funebres, & les festins. Mais au milieu d'une si grande tranquillité, il survint un nouveau trouble en Toscane, auquel on ne s'attendoit pas.

L'on découvrit dans le territoire de Volterre une mine d'alun, & ceux qui la trouverent reconnoissant bien sa valeur, eurent recours à quelques citoyens de Florence, afin d'être aidés de leur bourse, & maintenus par leur autorité; & pour reconnoissance, ils voulurent bien leur faire part du profit qu'on en tireroit. Cette affaire

affaire fut d'abord traitée de bagatelle par le peuple de Volterre, comme il arrive d'ordinaire dans toutes les entreprises nouvelles & dans tout ce qu'on n'a pas accoutumé de voir: mais ces habitans en ayant avec le tems reconnu l'utilité, ils voulurent réparer trop tard, & sans fruit, la faute qu'ils avoient faite, & qu'ils auroient très - aisément prévenue au commencement. L'on commença donc à traiter l'affaire dans leurs conseils, & l'on y opina, qu'il n'étoit pas juste qu'une richesse, touvée dans un territoire appartenant au public, ne tournât qu'au profit de quelques particuliers. Là-dessus, ils envoyent des députés à Florence, où l'on établit pour commissaires de la chose quelqnes - uns des citoyens ; & soit qu'ils fussent gagnés par les intéressés, soit qu'ils jugeassent que c'étoit le droit & la justice, ils firent leur rapport,
» que le peuple de Volterre demandoit une
» chose injuste, voulant priver ces citoyens du
» profit de leur travail & de leur industrie,
» que partant, cette mine appartenoit aux par-
» ticuliers, & non pas au public ; que cepen-
» dant, il étoit raisonnable que ces particuliers
» payassent tous les ans une certaine somme,
» afin de marquer par-là leur sujettion & leur
» dépendance.

Tome VI.   E

Cette réponse, au lieu d'appaiser le trouble & la dissension dans Volterre, ne fit que l'exciter & l'aigrir davantage ; de sorte que, dans leur conseil & dans toute la ville, il ne se parloit d'autre chose, le public redemandant ce qu'il croyoit qu'on lui avoit injustement ôté, & les particuliers voulant être maintenus dans ce qu'ils croyoient avoir acquis légitimement, & que le jugement das Florentins leur avoit conservé. Pendant que ces brouilleries s'aigrissoient de plus en plus, il fut tué dans cette ville-là un citoyen de grande réputation, qui s'appelloit Pecorino. Après lui, l'on en tua beaucoup d'autres, qui étoient de son parti, & l'on saccagea leurs maisons, que l'on brûla ensuite. La sédition alla même si loin, qu'à peine s'empêcherent-ils d'assassiner les recteurs qui étoient dans la ville de la part de la république.

Après une telle insulte, la premiere chose qu'ils résolurent, fut d'envoyer des députés à Florence, afin de faire entendre à la seigneurie, que si leur république vouloit bien les maintenir dans les conventions dont on étoit demeuré d'accord autrefois ensemble, qu'ils vouloient bien demeurer aussi dans la sujettion où ils étoient. La réponse qu'on devoit leur faire fut fort débattue dans le conseil. Thomas Soderini

vouloit qu'on reçût les habitans de Volterre à
rentrer dans leur devoir, aux conditions qu'ils
le souhaittoient eux-mêmes, parce qu'il jugeoit
qu'on n'étoit pas dans une conjoncture propre
à laisser allumer un tel feu si près de Florence,
de peur qu'il ne prît aussi à la ville même. La
raison de cela, c'est qu'il craignoit l'esprit &
le naturel du pape, la puissance du roi de Naples, & qu'il ne trouvoit pas qu'il fallût beaucoup
se fier à l'amitié des Vénitiens, non plus qu'à
celle du duc de Milan, parce qu'on pouvoit
douter de la fidélité des premiers & de la valeur
du dernier, insistant fort sur cette maxime ordinaire, *qu'une méchante paix vaut mieux qu'une
bonne victoire.* D'autre côté, L'aurent de Médicis, croyant avoir rencontré l'occasion de faire
connoître sa conduite & sa prudence, fut d'avis
qu'on employât les armes pour faire rentrer les
habitans de Volterre dans leur devoir par la
force, étant aussi poussé à cela par ceux qui
étoient jaloux du crédit & de l'autorité de Soderini. Ainsi il disoit, » qu'il falloit punir l'in-
» solence de cette ville-là : que si l'on n'en
» faisoit pas un exemple très-sévere, tous les
» autres vassaux ne manqueroient pas de se sou-
» lever pour le moindre sujet qu'ils croiroient en
» avoir ».

Quand cette résolution fut prise, l'on répondit aux députés de Volterre, » qu'ils ne pou-
» voient pas demander l'observation d'un traité
» qu'ils avoient eux-mêmes rompu ; que partant,
» ils n'avoient qu'à se remettre à la discrétion
» de la république, ou à s'attendre à la guerre «.

Ces députés étant retournés chez eux chargés d'un telle réponse, les habitans se préparerent à la défense, en fortifiant leur ville, & en envoyant demander du secours à tous les princes d'Italie ; mais il y en eut peu qui les écoutassent, n'y ayant que les Siennois & le seigneur de Piombino qui leur en donnassent quelque espérance. Les Florentins de leur côté, pensant que la victoire dépendoit de la diligence, mirent sur pied dix mille Fantassins & deux mille chevaux ; & cette armée entrant sur le territoire de Volterre, sous la conduite de Frédéric, seigneur d'Urbin, il s'en rendit bien-tôt le maître. Ensuite l'on assiégea la ville, laquelle étant située sur un lieu élevé, qui est escarpé presque tout à l'entour, l'on ne pouvoit la battre, que du côté du temple de Saint André.

Les habitans de la ville avoient pris à leur gage environ mille soldats pour leur défense ; mais ces gens-là voyant la vigueur des Florentins dans leurs attaques, & ne croyant pas de pouvoir défendre la place, ils se rallentissoient dans leur devoir, & devenoient de plus en plus hardis à insulter les particuliers chez qui ils étoient logés. Ces pauvres habitans étoient donc combattus au dehors par leurs ennemis, & maltraitrés au-dedans par ceux qui les devoient défendre, desorte que, se voyant sans aucune bonne espérance, ils commencerent à penser à la paix; & ne pouvant pas avoir de meilleurs conditions, ils se rendirent à la discrétion des commissaires. Ceux-ci firent ouvrir les portes, & ayant fait entrer la plupart de leurs troupes, ils allerent au palais où étoient les prieurs, à qui ils commanderent d'aller dans leurs maisons; & comme ils y alloient, l'un d'entre eux fut, par mépris, dépouillé par un des soldats. Ce commencement donna lieu au sac & à la destruction de la ville, (car, ordinairement, le genre humain est bien plus porté au mal, qu'au bien) & le pillage dura un jour entier, sans épargner les femmes, ni les lieux de dévotion; & les soldats, tant ceux qui avoient attaqué la ville, que ceux qui l'avoient mal défendue, dépouillerent ces pauvres gens de tout ce qu'ils avoient.

La nouvelle de cette victoire fut reçue à Florence avec une joie excessive; & comme cette entreprise ne pouvoit s'attribuer qu'à Lauren de Médicis, elle lui donna une grande réputation, jusque-là, qu'un de ses amis reprocha à Soderini l'avis qu'il avoit donné, en lui demandant, « que dites-vous à présent que nous avons « gagné Volterre ? Soderini répondit : il me » semble, pour moi, que nous l'avons perdue, » parce que, si elle se fût rendue à nous vo- » lontairement, nous en retirerions du profit » & de la force, mais comme nous ne pouvons » la conserver que malgré elle, dans le tems de » guerre elle nous causera du chagrin & elle » nous affoiblira, & en tems de paix elle nous » fera beaucoup de dépense«.

Dans ces tems-là, le pape voulant tenir les villes de sa dépendance dans le devoir, il abandonna Spolette à la discrétion du soldat, parce qu'elle s'étoit soulevée par le moyen des factions qui regnoient chez elle. Ensuite, Città di Castello étant dans un semblable soulevement, il la fit assiéger. Nicolas Vitelli étoit prince de cette ville-là, & il étoit ami particulier de Laurent de Médicis ; desorte qu'il ne le laissa point manquer de son secours, qui ne fut pourtant pas assez puissant pour le défendre ; mais il le fut assez pour allumer entre le pape & Médicis une haine assez forte, pour produire par la suite de fort méchans fruirs. Ces fruits n'auroient pas même tardé à paroître sans la mort de Frere Pierre , cardinal de Saint Sixte. Ce cardinal ayant fait un tour dans l'Italie , & séjourné à Venise & à Milan, sous prétexte de faire honneur au mariage d'Hercule, marquis de Farrare , il alloit sondant l'intention de ces princes, pour voir comme ils étoient disposés à l'égard des Florentins. Mais étant de retour à Rome , il mourut, non sans soupçon d'avoir été empoisonné par les Venitiens , qui redoutoient la puissance du Pape Sixte , tant qu'il pourroit se prévaloir du courage & du savoir-faire de Frere Pierre ; parce qu'encore que sa naissance fût abjecte , qu'ensuite il n'eût point eu d'autre éducation que dans la bassesse monacale , néanmoins , dès qu'il fut cardinal, il donna des marques d'un orgueil & d'une ambition si démésurés , que, bien loin de se contenter du cardinalat, le pontificat même étoit trop peu de chose pour lui. Il en donna des marques dans un festin qu'il fit à Rome , qui auroit passé pour excessif chez le plus puissant monarque ; car il y dépensa plus de vingt mille Florins.

Sixte IV. étant privé d'un tel ministre, il procéda dans ses desseins avec plus de lenteur. Cependant les Florentins, le duc de Milan , & les Vénitiens , ayant fait une ligue ensemble , &

laissé lieu au pape & au roi de Naples pour y
entrer, ce pontife en fit aussi une avec le roi,
& ils laisserent, à leur tour, place aux autres
princes pour y entrer. L'Italie donc étoit partagée en deux factions, parce que tous les jours
survenoit des accidens qui faisoient naître de
l'aigreur entre ces deux ligues, comme par exemple, ce qui arriva à l'égard de l'Isle de Cipre,
à laquelle le roi Ferrand aspiroit; les Vénities
s'en emparerent. Cela fut cause que le pape &
le roi s'unirent encore plus étroitement.

Dans ce tems-là, Frédéric, prince d'Urbin,
passoit pour le plus grand capitaine d'Italie, &
il avoit fait long-tems la guerre pour les Florentins. Sur cela, le roi & le pape résolurent de
l'attirer dans leur parti, afin d'ôter un chef de
cette considération à leurs ennemis : c'est pourquoi le roi le pria de le venir trouver à Naples,
& le pape le lui conseilla. Frédéric y consentit, au grand étonnement & au grand déplaisir
des Florentins, qui craignoient qu'il ne lui arriât
la même chose qu'à Jacques Piccinino. Mais il
en fut tout au contraire, parce que Frédéric
revint de Naples & de Rome comblé d'honneur
& chef de la ligue de ces deux puissances. Avec
cela, le pape & le roi ne laissoient pas de sonder
les Siennois & les seigneurs de la Romagne,

pour les mettre dans leurs intéréts, & pour se mettre plus en état de nuire aux Florentins par leur moyen. Mais ces derniers, s'appercevant de toutes ces intrigues, se précautionnoient de tout leur pouvoir contre l'ambition de ces deux potentats ; & ne pouvant plus disposer de Frédéric d'Urbin, ils prirent à leurs gages Roberd de Rimini. Ils renouvellerent leur alliance avec Pérouse, & se liguérent avec le seigneur de Fayence.

Le pape & le roi alléguoient, pour justifier leur animosité contre les Florentins, » qu'ils » souhaittoient qu'ils se détachassent des Véni- » tiens, & qu'ils se liguassent avec eux, parce » que le pape ne croyoit pas que l'état de léglise » pût conserver sa réputation, ni le comte » Jérôme ses Etats de la Romagne, tant que » les Florentins & les Vénitiens auroient ligue » ensemble. « D'autre côté, les Florentins craignoient que le pape & le roi ne les voulussent séparer des Vénitiens, non pour en faire des amis, mais pour les exposer davantage à leur ambition. Ainsi dans toutes ces méfiances, l'on vécut deux ans en Italie, sans qu'il survint aucun trouble.

Mais le premier qu'on vit, parut en Toscane, & il fut peu de chose. Il faut se souvenir que

Braccio de Pérouse, si estimé en son tems pour la guerre, laissa deux fils, Odet & Charles. Ce dernier étoit enfant, & l'autre fut tué par les gens de Valdi Lamona, comme nous l'avons déjà remarqué. Mais Charles étant venu en âge de porter les armes, les Vénitiens le mirent au nombre de leurs chefs, tant pour honorer la mémoire de son pere, que pour l'espérance qu'on avoit de ce jeune-homme. Dans ce tems-ici sa pension étoit finie, & il ne voulut point que le Sénat la lui renouvellât pour l'heure ; mais il prit la résolution de voir s'il pourroit, à la faveur du nom qu'il portoit, & de la réputation de son pere, rentrer dans les Etats qu'il avoit auprès de Pérouse. Les Vénitiens y consentirent volontiers, parce qu'il leur étoit ordinaire d'augmenter leur puissance par toutes les nouveautés qui pouvoient survenir.

Charles donc vint en Toscane, & il ne vit pas grand-chose à espérer du côté de Pérouse, à cause qu'elle étoit alliée avec les Florentins. Voulant néanmoins que la levée de bouclier, qu'il avoit faite, produisît quelque chose digne de mémoire, il attaqua les Siennois, alléguant, » qu'ils lui étoient redevables, à cause des ser- » vices que feu son pere leur avoit rendus dans » le tems de leurs nécessités ; qu'ainsi il en vou-

» loit être satisfait; « & il se jetta sur leurs terres avec tant de furie, qu'il bouleversa presque tout leur domaine. Cette république voyant une telle insulte, ses magistrats crurent que les Florentins y avoient donné les mains; car ces gens - là recoivent facilement toutes les impressions qu'on leur veut donner au désavantage de notre répuque ; & la-dessus ils rompirent la tête au pape & au roi de Naples à force de leur faire des plaintes. Ils envoyerent même des ambassadeurs à Florence, qui se plaignirent de ces injustices, insinuant adroitement, » que jamais Charles » Piccinino n'auroit eu la hardiesse de leur faire » tant d'insultes, s'il n'eût eu du secours de » personne «. Mais les Florentins se disculperent de cette accusation, disant, » qu'ils étoient » prêts d'employer leur puissance, afin que » Charles ne les endommageât plus ; & aussi-tôt » il lui commanderent de cesser ses hostilités » contre les Siennois, dans tous les termes que » leurs ambassadeurs le souhaitterent «.

Piccinino en fit de grandes plaintes, faisant voir que les Florentins, » en ne lui donnant » point de secours, s'étoient eux-mêmes privés » d'une très-grande conquéte, & lui avoient ôté » le moyen d'acquérir de la gloire, parce qu'il » eût pu les rendre maitres en peu de tems de

» leur ville , tant il avoit trouvé de lâcheté dans
» ces gens-là & de méchans ordres pour leur dé-
» fense. » Piccinino donc se retira , & retourna à
son premier service chez les Vénitiens , et les
Siennois , bien que ce fût par le moyen des Florentins qu'ils fussent délivrés de si grands maux ,
ne laisserent pas d'en conserver beaucoup de
ressentiment contre leurs libérateurs , ne croyant
pas leur être fort redevables d'être sortis des
miseres dont ils s'imaginoient, qu'ils étoient la
cause.

Pendant que toutes les affaires étoient ainsi
disposées entre le roi de Naples , le pape , & la
Toscane , il survint en Lombardie un accident
de bien plus grande conséquence , & qui fut le
présage d'autres plus grands maux. Un nommé
Cola Mantoüian , homme savant & ambitieux ,
enseignoit à Milan la langue latine aux enfans des
meilleures maisons de la ville. Ce docteur , soit
qu'il eût horreur des débordemens & de la conduite du duc, ou qu'il fût porté par un autre
motif, ne cessoit dans tous ses discours d'exa-
gérer le malheur qu'on avoit de vivre sous un
méchant prince ; disant, » que ceux-là étoient
» heureux & glorieux qui avoient l'avantage
» d'étre nés dans une république « ; faisant voir,
que tous les grands hommes avoient été formés

sous cette sorte de gouvernement, & non pas
sous des princes, parce que les Etats libres nour-
rissent & entretiennent les gens d'esprit & de
courage, & les autres les exterminent. Les républiques tirent avantage du mérite & de la vertu,
& les princes redoutent l'un & l'autre.

Jean-André Lampognano, Charles Visconti,
& Jérôme Olgiato, étoient les jeunes hommes
avec qui Cola avoit le plus de liaison, & il s'étoit
souvent entretenu avec eux des mauvaises qualités
du prince, & du malheur où l'on étoit sous sa
domination. Enfin, il tourna si bien ces jeunes
esprits, & acquit tant de pouvoir sur eux, qu'il
les fit jurer solemnellement, » que si-tôt qu'ils
» seroient en âge d'agir, ils délivreroient leur
» patrie d'une telle tyrannie «. Ces jeunes gens
étant remplis de cette passion, qui augmenta en
eux avec l'âge, la vie scandaleuse du duc, &
les mauvais traitemens qu'ils en reçurent, les
obligerent encore à mettre plus promptement
leur dessein à exécution.

Galeas, duc de Milan, étoit cruel, & plongé
dans l'impureté, & les fréquentes marques qu'il
avoit données de ces deux infâmes passions l'a-
voient rendu très-odieux, parce que, non content
de débaucher les femmes de qualité, il prenoit
encore un plaisir brutal à les prostituer à la ca.

naille ; & il ne croyoit pas que ce fût assez de faire mourir les gens , s'il n'inventoit outre cela , quelques moyens de les faire souffrir bien long-tems. De plus , l'on étoit persuadé qu'il étoit coupable de la mort de sa mere , parce qu'il ne croyoit pas être souverain pendant que cette prin-cesse vivroit ; de sorte qu'il la traita si mal , qu'elle se vit contrainte d'aller finir ses jours à Crémone, qui étoit une ville qu'on lui avoit donnée pour son douaire : mais elle mourut subitement en y allant ; ce qui fit croire à bien des gens qu'elle étoit morte par les ordres de son fils.

Ce prince avoit déshonoré Lampognano & Visconti dans la personne de leurs femmes , & il avoit refusé à Olgiato l'investiture de l'abbaye de Miremont, que le pape lui avoit accordée. Ces mauvais traitemens particuliers augmenterent en eux le désir de délivrer leur patrie de tant de mi-seres , espérant , que s'ils venoient à bout de tuer le tyran , ils seroient bien - tôt appuyés de la plupart de la noblesse & de tout le peuple. Ayant donc résolu la chose , ils se trouvoient souvent ensemble ; mais comme on savoit qu'ils étoient amis dès leur enfance , cela ne donnoit aucun soupçon. Ils parloient toujours de cette grande affaire; & afin de se fortifier le courage & se faciliter davantage la chose , ils se frappoient la poitrine

& les côtés avec les guaines des coûteaux qu'ils destinoient à cette exécution. Ils raisonnerent sur le tems & sur le lieu. Le château ne leur paroissoit pas un lieu sûr pour cela ; d'entreprendre une telle action à la chasse, elle étoit incertaine & le coup dangereux ; dans le tems que le duc alloit à la promenade par la ville, la chose étoit difficile ; dans les assemblées, elle étoit douteuse. Ils résolurent donc de le tuer dans quelque pompe & dans quelque fête publique, où ils seroient assurés qu'il viendroit, & où ils auroient des moyens plus faciles, & moins suspects d'assembler leur amis sous différens prétextes. Ils demeurerent aussi d'accord, que l'un d'eux venant par quelque maniere que ce fût, à être arrêté & pris, les autres devoient le tuer avec leur épée, ou par le moyen des armes de leurs ennemis.

L'on étoit alors dans l'année mil quatre cent soixante-seize, & la fête de Noël n'étoit pas éloignée. Or, parce que le jour de Saint Etienne le prince avoit accoutumé de visiter le temple de ce martyr avec une grande pompe, ils conclurent que ce seroit-là le tems & le lieu propre à exécuter leur dessein. Comme donc le matin de cette fête fut venu, ils firent armer quelques-uns de leurs meilleurs amis & de leurs serviteurs, disant, » qu'ils vouloient aller secourir Olgiato, qui

» avoit dessein, malgré quelques-uns de ses enne-
» mis, de conduire un ruisseau sur ces terres « :
& les ayant ainsi fait armer, ils les conduisirent
à léglise, disant, *qu'ils vouloient prendre congé
du prince devant que de partir.* Ils firent encore
sous différens prétextes, venir plusieurs de leurs
amis & de leurs parens, espérant qu'après le coup
chacun prendroit le parti de les suivre pour mettre
la derniere main au dessein qu'ils avoient ; car
Ils étoient résolus, après la mort du prince, de
s'assembler tous, avec ceux à qui ils avoient
fait prendre les armes, & d'aller dans l'endroit
de la ville où ils croyoient qu'il fût plus aisé de
faire soulever la populace, & de lui faire prendre
les armes contre la duchesse & les principaux
ministres ; & ils se figuroient que cette populace,
qui étoit pressée de la disette, les suivroit plus
volontiers, ayant dessein de lui donner le pillage
des maisons de Cecco Simonetta, de Jean Botti,
& de François Lucani, qui étoient ceux qui avoient
le plus de part au gouvernement : & par cette
conduite, ils espéroient se mettre en sureté &
avoir lieu de faire rentrer le peuple aisément
dans la jouissance de la liberté.

Ce dessein étant ainsi formé, & ces jeunes
hommes s'étant bien animés à cette exécution,
Olgiato

Olgiato & les autres vinrent à l'église de bon matin, & ouïrent la messe ensemble. Quand elle fut dite, Olgiato se tourna vers l'Image de St. Ambroise, & dit : » digne protecteur de cette » grande ville, vous connoissez nos intentions » & les raisons qui nous portent à nous exposer » nous-mêmes à de si grands dangers ; soyez donc » favorable à nos desseins, & faites voir, en » protégeant la justice, que vous avez en horreur » la tyrannie «.

D'autre côté, le duc se disposant à venir à l'église, eut plusieurs présages de sa perte prochaine ; car quand le jour fut venu, il prit sa cuirasse, selon qu'il avoit accoutumé de faire souvent ; ensuite il l'ôta aussi-tôt, comme si elle l'eût incommodé. Il voulut entendre la messe au château ; mais il se trouva que son chapelain étoit allé à Saint-Etienne avec tous les ornemens de la chapelle. Il voulut que l'évêque de Cosme dit la messe au lieu de ce chapelain ; mais ce prélat allégua certains empêchemens valables. Ainsi ce prince résolut, comme par force, d'aller à Saint-Etienne : mais il fit venir auparavant ses enfans Jean Galeas & Hermes, & les ayant embrassés, il les baisa bien des fois, & il sembloit qu'il ne pouvoit se séparer d'eux. Enfin pourtant, il résolut d'aller ; & étant sorti du château, il se mit au milieu de l'ambassadeur de Ferrare & de celui de Mantouë.

Pendant ce tems-là, les conjurés s'étoient retirés dans la chambre de l'archiprêtre, qui étoit de leurs amis, afin de donner moins de sujet de les soupçonner, & afin de se mettre à couvert du froid, qui étoit rude alors : & quand ils entendirent que le duc venoit, ils rentrerent dans l'église; Lampognano & Olgiato se mirent sur la droite en entrant, & Visconti sur la gauche. Ceux qui marchoient devant le prince entroient déjà dans l'église; ensuite il entra lui - même, environné d'une grosse foule de monde, selon l'ordinaire dans une telle pompe. Dans cette occasion, Lampognano & Olgiato furent les premiers qui se mirent en mouvement, & qui feignant de vouloir faire faire large au prince : s'approcherent de lui, & titant leurs poignards, qu'ils avoient fait faire courts & aigus, & qu'ils tenoient dans leurs manches, ils donnerent sur lui. Lampognano le blessa en deux endroits ; l'un au ventre, & l'autre à la gorge. Olgiato lui donna encore deux coups ; l'un dans la poitrine, & l'autre aussi dans la gorge. Comme Visconti étoit plus près de la porte, le duc étoit déjà passé

devant lui , lorsque ses camarades l'attaquerent :
ainsi il ne put le blesser par devant ; mais il lui
perça le dos & l'épaule de deux coups. Ces six
blessures furent données avec une telle promptitude , que le duc tomba devant qu'aucun se fût
presque apperçu qu'il étoit frappé. Ce prince
ne put faire ni dire autre chose en tombant ,
si-non qu'il appella une fois la Sainte Vierge à
son secours.

Quand le duc fut couché par terre , il s'éleva
un grand bruit , & beaucoup d'épées furent tirées ,
comme il arrive d'ordinaire dans des accidens
imprévus. Les uns sortoient promptement de
l'église ; les autres couroient vers le lieu où étoit
le plus grand bruit , sans savoir pourquoi ils y
alloient , & sans avoir aucune connoissance du
fait.

Cependant ceux qui étoient les plus proches du
duc , & qui l'avoient vut omber mort & reconnu
ceux qui l'avoient poignardé , couroient après
eux. Lampognano , voulant sortir de l'église ,
passa au travers des femmes , qui étant en grand
nombre & assises à terre , selon leur coutume ,
il s'embarrassa dans leurs jupes , & un More ,
estafier du défunt duc , l'ayant joint , le tua. Visconti fut aussi tué par ceux qui étoient présens.

Mais , Olgiato étant sorti avec la foule du peuple hors de l'église , & voyant ses camarades morts , il se retira vers sa maison , ne sachant où il pourroit se sauver ; mais son pere & ses freres ne voulurent point le recevoir ; la mere seulement , ayant pitié de son fils , le recommanda à un prêtre , ancien ami de leur maison. Cet homme le déguisa avec son habit , & le mena dans son logis , où il demeura deux jours , avec quelque espérance qu'il pourroit arriver quelque mouvement dans Milan , qui le tireroit de cette peine. Mais , comme il ne voyoit point que cela arrivât , que d'ailleurs, il craignoit d'être découvert dans ce lieu-là , il voulut se sauver après s'être encore déguisé ; mais ayant été reconnu, il tomba entre les mains de la justice , où il découvrit toute la trâme.

Olgiato étoit âgé de 23 ans , & il ne marqua pas moins de fermeté en mourant, qu'il avoit montré de courage dans l'exécution de son dessein ; car étant deshabillé , & ayant le bourreau devant ses yeux, qui tenoit dans ses mains le sabre dont il devoit lui trancher la tête , il eut encore le courage de prononcer ce beau vers latin, qui faisoit bien voir qu'il étoit homme de lettres :

*Mors acerba , fama perpetua , stabit vetus me-
moria facti* (1).

L'entreprise de ces jeunes hommes malheureux
fut concertée avec un grand secret , & exécutée
avec un grand courage ; & ils périrent dans le tems
qu'ils croyoient que ceux sur qui ils pouvoient
compter devoient les suivre & les défendre ; mais
ils ne firent ni l'un ni l'autre.

Que les princes apprennent par cet exemple
à se faire aimer & respecter d'une maniere qui
ne puisse laisser d'espérance aux autres de pouvoir
se sauver en les tuant ; & que ceux qui font des
complots apprennent , que c'est se flatter légerement que de compter qu'une populace , quoique
mécontente , vous suive & vous défende dans
les dangers où vous vous exposez dans ces exécutions. Que cet accident fasse trembler l'Italie ,
& qu'elle redoute encore plus les autres malheurs
qui survinrent peu de tems après à Florence , &
qui troublerent la paix qui avoit duré douze
ans , non.seulement en Toscane , mais dans toute

---

(1) Une cruelle mort laisse mon nom fameux , et
mon exploit vivra long-tems chez nos neveux.

G 3

l'Italie même. Nous allons faire le récit de ces malheurs dans le livre suivant, dont si la fin est triste & déplorable, le commencement en sera sanguinaire & terrible.

Fin du septieme Livre.

HISTOIRE

DE

FLORENCE.

LIVRE HUITIEME.

LE commencement de ce dernier livre étant
justement entre deux conjurations , l'une arrivée
à Milan , & dont nous venons de parler , l'autre
arrivée à Florence , il sembleroit assez à propos ,
pour suivre notre coutume , de raisonner sur la
qualité & sur l'importance des conjurations. Je
le ferois donc volontiers , si je n'en avois point
parlé ailleurs (1) , ou si au moins , c'étoit une

(1) Il l'a fait amplement dans ses *Discours Politi-
ques sur Tite-Live* , que nous avons aussi mis au jour
en François , (et qui font les *Tomes* I , II , III , de cette
édition.)

G 4

matiere qu'on pût traiter en peu de mots. Mais comme elle demande de l'exactitude, & que nous en avons déjà traité, nous la laisserons pour l'heure, & nous passerons à un autre sujet.

L'autorité des Médicis avoit fait succomber tous les ennemis qui l'avoient attaquée ouvertement. Mais si l'on vouloit que cette maison s'élevât audessus des autres, en vivant au milieu d'elles, & qu'elle devînt souveraine dans la république, il falloit qu'on cherchât les moyens de prévenir aussi tous les obstacles qu'on machinoit contre elle en cachette, parce que, pendant que les Médicis se trouvoient en concurrence & en même rang, pour la puissance & pour le crédit, avec quelques-unes des autres familles, ceux qui leur portoient envie pouvoient bien s'opposer à eux ouvertement, sans appréhender d'être opprimés dès le commencement de leurs entreprises, parce que les magistrats ayant regagné leur autorité, l'une des factions n'avoit point lieu de craindre l'autre, qu'après avoir succombé.

Mais, les Médicis ayant eu le dessus en l'an mil quatre cent soixante - six, ils se rendirent tellement maîtres du gouvernement, & ils montierent à un si haut degré de puissance, que ceux qui n'en étoient pas contens n'avoient point d'autre parti prendre, que celui de la patience;

ou s'ils vouloient faire tomber leur autorité, ils n'y pouvoient parvenir, que par les voies d'une conjuration & d'une trâme secrettes. Mais comme ces moyens-là sont exposés à mille accidens, il en résulte d'ordinaire la perte de ceux qui les entreprennent, & l'élevation de ceux contre qui on les machine. Ainsi tout souverain étant attaqué par des complots, s'il n'est pas effectivement tué, comme le duc de Milan, ce qui est assez rare, il ne fera qu'augmenter sa puissance dans ces conjonctures ; & souvent de bon prince il devient méchant, parce qu'il apprend, par sa propre expérience, à se défier : la défiance le porte à se mettre en sureté par toutes sortes de moyens, ce qu'il ne peut faire qu'en mettant en usage la violence, qui lui attire la haine & l'aversion de ses sujets, & souvent enfin sa propre ruine. Ainsi, la conjuration accable d'abord ceux qui en sont les auteurs, & avec le tems, de quelque maniere que ce soit, elle est toujours beaucoup préjudiciable à celui contre qui elle a été formée.

L'Italie étoit partagée en deux ligues, comme nous l'avons déjà remarqué. Le pape & le roi de Naples en faisoient une ; les Vénitiens, le duc de Milan & les Florentins faisoient l'autre : & quoiqu'il n'y eût point encore entre eux de guerre ouverte, néanmoins, tous les jours il survenoit mille accidens fâcheux, qui pouvoient l'allumer. Le pape, sur-tout, cherchoit tous les moyens, dans tout ce qu'il faisoit, d'insulter les Florentins. Ce fut pour cela que Messire Philippe de Médicis, archevêque de Pise, étant mort, le pontife investit François Salviati de cet archevêché contre l'intention de la seigneurie, seulement parce qu'il savoit très-bien que ce prélat étoit ennemi de la maison de Médicis. La seigneurie, pour cela, ne voulut point l'instaler dans la possession de cette dignité; ainsi toute l'intrigue de ces affaires irrita encore davantage les esprits de part & d'autre. De plus, le pape faisoit à Rome mille faveurs à la maison de Pazzi, & ne perdoit aucune occasion de chagriner celle de Médicis. Les Pazzi étoient alors les gens les plus élevés qu'il y eût à Florence, soit pour l'opulence, soit pour la noblesse. Le chef de cette famille, qui s'appelloit Jacques de Pazzi, fut fait chevalier par le peuple, à cause de ses richesses & de l'éclat de sa naissance. Il n'avoit point d'autres enfans, qu'une fille naturelle; mais il avoit plusieurs neveux, qui étoient les enfans de Pierre & d'Antoine de Pazzi ses freres. Les aînés de ces neveux étoient Guillaume, François, René, & Jean de Pazzi; ensuite il y avoit André,

Nicolas, & Galiot de Pazzi. Cosme de Médicis, voyant les richesses et la noblesse de cette famille, avoit marié Blanche sa petite-fille avec Guillaume de Pazzi, espérant qu'une telle alliance rendroit leur famille plus unie & ôteroit lieu à toute la mésintelligence, & à l'aversion que les soupçons produisent souvent.

Néanmoins, il en arriva le contraire : tant il est vrai que nos vues sont incertaines & trompeuses; parce que ceux qui donnoient des conseils a Laurent de Médicis lui faisoient entendre, » qu'il » étoit très - dangereux, & contraire aux inté- » rêts de sa puissance, de faire part du gouver- » nement à des citoyens très-riches ». Ce fut la raison pourquoi Jaques de Pazzi & ses neveux n'eurent point les charges & les emplois qui sembloient être dus à leur mérite, en les traitant à proportion des autres citoyens. Ce fut - là l'origine des premiers chagrins des Pazzi & du premier ombrage des Médicis; & à mesure que les uns augmentoient dans l'esprit des premiers, la crainte redoubloit de même chez les Médicis : desorte que dans toutes les rencontres où les Pazzi se trouvoient en concurrence avec d'autres citoyens, ils n'étoient pas traités favorablement du magistrat; jusque-là, que celui des huit, dans un sujet bien léger, obligea François de Pazzi,

qui étoit à Rome, de revenir à Florence, sans
avoir d'égards, & sans garder aucune des mesures
qu'on garde d'ordinaire pour des gens qui tiennent
un rang si considérable parmi les plus grands
d'entre les citoyens. Les Pazzi donc se plaignoient
par-tout en termes injurieux & pleins de ressentiment; & cela leur attiroit plus de mauvais
traitemens, parce que cette conduite augmentoit
la jalousie & les soupçons des Médicis.

Jean de Pazzi avoit épousé la fille de Jean de
Borromée, homme très-riche, & tous ses biens
alloient à sa fille après sa mort, n'ayant point
d'autres enfans. Cependant Charles Borromée,
son neveu, s'empara d'une partie de ces biens-
là; & la chose ayant produit un procès, il fut
rendu un arrêt, en vertu duquel la femme de
Jean de Pazzi fut dépouillée de la succession de
son pere; & le mari savoit bien que cet arrêt
ne venoit que des Médicis. Julien de Médicis
en fit méme souvent des plaintes à Laurent,
son frere, à qui il disoit, *qu'il craignoit, que,*
pour vouloir embrasser trop de choses, il ne vînt
à les perdre toutes. Néanmoins, Laurent qui étoit
ardent à cause de sa jeunesse, & dans une grande
puissance, vouloit régler tout, & que chacun
tînt tout de lui. Les Pazzi, d'autre côté, se
voyant si élevés par leurs richesses & par leur

naissance , ne pouvoient pas supporter de si grandes injustices; ce qui les fit penser aux moyens d'en tirer la raison.

Ainsi le premier d'eux qui commença à parler contre les Médicis, ce fut François, qui étoit plus courageux & plus sensible que les autres. Il résolut donc de perdre ce qu'il avoit, ou d'acquérir ce qui lui manquoit. Et parce qu'il haïssoit le gouvernement de Florence, il demeuroit presque toujours à Rome, où il amassoit de grands trésors, selon la coutume des marchands Florentins. Comme il étoit intime du comte Jérôme, ils se plaignoient souvent l'un à l'autre des Médicis. Ainsi après plusieurs plaintes réciproques, ils vinrent à dire , » que, si l'un d'eux vouloit pos- » séder ses Etats en sureté , l'autre vivre dans » sa ville avec l'éclat & la grandeur qu'il devoit » attendre , il falloit changer le gouvernement » de Florence : & ils conclurent que cela ne pou- » voit se faire sans la mort de Julien & de Laurent » de Médicis «. Ils jugerent même , que le roi de Naples & le pape y consentiroient volontiers, pourvu qu'on en fît voir la facilité à l'un & à l'autre.

Après être convenus de ce projet entre eux, ils le communiquerent à François Salviati , archevêque de Pise, qui étant ambitieux , & ayant été maltraité depuis peu par les Médicis, entra de tout son cœur dans leur pensée. Et comme ils examinoient ensemble ce qu'il y avoit à faire, ils résolurent, afin de faciliter la chose, de faire entrer dans leur dessein, Jacques de Pazzi, parce qu'ils ne croyoient pas pouvoir venir à bout d'aucune chose sans lui. L'on trouva donc à propos que François de Pazzi allât pour cet effet à Florence, & que l'archevêque & le comte Jérôme restassent à Rome pour être auprès du pape lorsqu'on jugeroit qu'il seroit tems de lui communiquer l'affaire. François trouva Jacques de Pazzi plus circonspect, & plus inflexible, qu'il n'eût souhaité ; & en ayant donné avis à Rome, l'on jugea qu'il falloit quelqu'un de plus considérable, & d'une plus grande autorité, pour le disposer, & pour le faire entrer dans ce qu'on souhaitoit de lui. Sur cela, le comte Jérôme & l'archevêque communiquerent toutes choses à Jean-Baptiste de Montesecco, qui étoit un général au service du pape. L'on faisoit assez d'estime de cet homme-là pour le métier de la guerre, & il avoit de l'obligation au pape & au comte Jérôme. Cependant, il fit voir que la chose étoit difficile & dangereuse : mais l'archevêque tâchoit de lever toutes ces difficultés & tous ces risques, en faisant voir que le pape & le roi appuieroient

l'affaire ; que les citoyens de Florence avoient
de l'aversion pour les Médicis ; que les Salviati
& les Pazzi seroient secondés de tous leurs parens ; que rien n'étoit plus aisé, que de tuer les
Médicis, parce qu'ils marchoient toujours dans
la ville sans compagnie & sans méfiance ; qu'enfin
après leur mort, il seroit aisé de changer le gouvernement. Montesecco n'étoit point entierement
persuadé de tout cela, parce qu'il en avoit entendu parler bien autrement à d'autres Florentins.

Pendant qu'on pensoit & qu'on parloit sur
toutes ces affaires, il arriva que le seigneur Charles
de Fayence tomba malade de telle sorte, qu'on
craignoit qu'il en mourût. L'archevêque donc
& le comte Jérôme crurent avoir occasion d'envoyer Montesecco à Florence, & de-là dans la
Romagne, sous prétexte de retirer certaines
places que ledit prince de Fayence retenoit au
comte. Là-dessus, il donna ordre à Montesecco
de s'entretenir avec Laurent de Médicis, & de
lui demander conseil de sa part, comment il falloit
se conduire à l'égard des affaires de la Romagne ; qu'ensuite il parlât avec François de Pazzi
& qu'ils tâchassent ensemble de disposer Jacques
de Pazzi à concourir avec eux dans leurs desseins : & afin de l'engager plus aisément par l'au-

torité du pape, devant que Montesecco partît,
on le fit parler avec sa sainteté, qui promit d'employer toute sa puissance, pour favoriser la résolution qu'on avoit prise, d'assassiner les Médicis.

Montesecco, étant do nc arrivéà Florence, il
parla avec Laurent de Médicis, qui le reçut avec
une extrême humanité, & lui donna des réponses
sages, & remplies de marques d'affection, sur
tous les avis qu'il lui demanda : ensorte que Montesecco l'admira, voyant bien qu'il avoit rencontré un homme tout autre qu'on ne le lui avoit
dépeint ; & il jugea qu'il étoit rempli de bonté,
de prudence, & d'amitié, pour le comte Jérôme.
Il voulut cependant parler avec François de
Pazzi, & ne le trouvant pas, parce qu'il étoit
allé à Luques, il parla avec Jacques son frere,
qu'il trouva d'abord fort éloigné de la chose.
Néanmoins, avant son départ, l'autorité du St.
Pere l'ébranla un peu : c'est pourquoi il dit à
Montesecco, qu'il allât dans la Romagne)qu'à
son retour François de Pazzi seroit à Florence ;
& qu'alors l'on pourroit parler de la chose plus
particulierement.

Montesecco alla & revint, & il continüa ses
confidences feintes avec Laurent de Médicis,
au sujet des affaires du comte Jérôme. Ensuite

il

il entra en matiere plus particuliere & plus se-
crette avec Jacques & François de Pazzi ; & ils
firent ensorte que ce premier voulut bien donner
les mains au dessein dont il étoit question. Ils
traiterent ensuite de la maniere d'en venir à l'exécution. Jacques de Pazzi ne trouvoit pas qu'il y
eût lieu de réussir tant que les deux freres seroient
à Florence ; quainsi il falloit attendre que Laurent
allât à Rome, comme on faisoit courir le bruit
qu'il vouloit y aller ; & qu'alors on exécuteroit la
chose. François de Pazzi approuvoit assez qu'on
prît son temps quand Laurent feroit le voyage
de Rome : cependant, il soutenoit, que, quand
même ce voyage ne se feroit pas, il étoit très-facile
de se défaire des deux freres, dans une solemnité
de noces, au jeu, ou à l'église. Touchant le secours étranger, il trouvoit que le pape pouvoit
bien mettre des gens sur pied pour s'emparer du
château de Montone, ayant assez de droit d'en
dépouiller le comte Charles Piccinino, à cause
des troubles & des mouvemens qu'il avoit faits
dans le territoire de Sienne & de Pérouse, comme
nous l'avons déjà dit ci-devant. Cependant, toute
la conclusion qui fut prise alors, fut que
François de Pazzi s'en iroit à Rome avec Montesecco, *& que-là on arrêteroit tout ce qu'il y*

avoit à faire avec le comte Jérôme & avec sa
sainteté.

Cette affaire fut donc traitée tout de nouveau
à Rome ; & après l'entreprise de Montone ré-
solue , l'on conclut enfin que Jean François de
Tolentin , qui étoit dans le service du pape,
iroit dans la Romagne , & Laurent de Castello
dans son pays , & que tous deux tiendroient leurs
compagnies en ordre avec les gens du pays , afin
d'exécuter ce qui leur seroit commandé par l'archevêque Salviati & par François de Pazzi, qui
de leur côté devoient venir à Florence avec
Montesecco , pour mettre ordre à tout ce qui
étoit nécessaire pour l'exécution de ce dessein,
pour le succès duquel le roi Ferrand promettoit
tout l'appui qu'il pourroit , par le moyen de
son ambassadeur.

L'archevêque donc & François de Pazzi étant
venus à Florence , ils mirent dans leurs intérêts
Jacques fils de Poggio , qui étoit un jeune-homme
savant , mais ambitieux , & qui souhaittoit fort
un changement dans les affaires. Ils y embar-
querent aussi deux Salviati, dont l'un étoit frere
& l'autre parent de l'archevêque. Ils firent encore
entrer dans leur parti Bernard Bandini & Na-
poleone Francesi , jeunes , hardis , & très-obligés
à la maison de Pazzi. Outre les étrangers dont

nous avons déjà parlé, l'on y mit encore Antoine de Volterre, & un prêtre nommé Etienne, qui étoit dans la maison de Jacques de Pazzi, où il enseignoit le latin à sa fille. René de Pazzi, homme prudent & grave, & qui savoit parfaitement bien les maux que de semblables conjurations produisent, ne voulut point consentir à celle-ci : au contraire, il la détesta, & fit tout ce qu'il put faire honnétement pour l'empêcher.

Le pape avoit entretenu dans Pise, Rafaël de Riario, neveu du comte Jérôme, afin de lui faire apprendre dans cette université le droit canon ; & comme ce jeune-homme étoit encore aux études, sa sainteté le fit cardinal. Les conjurés trouverent à propos de faire venir ce cardinal à Florence, afin de se servir de sa venue pour couvrir leur conjuration, en cachant les conjurés dont ils avoient besoin sous l'apparence de son train & de ses gens, & ensuite en prenant occasion de cette même venue pour venir à l'exécution de leur dessein. Le cardinal vint donc, & il fut reçu par Jacques de Pazzi à Montughi, qui est une terre qu'il a proche de Florence. Les conjurés souhaittoient, par l'occasion de l'arrivée de ce cardinal, de faire ensorte que Laurent & Julien de Médicis vinssent ensemble, & si-tôt

H

que cela seroit, ils avoient résolu de les tuer.
Ils firent donc ensorte que ces deux freres in-
vitassent ce cardinal dans leur terre de Fiesole ;
mais Julien ne s'y trouva pas, soit à dessein,
soit par hazard. Ce coup étant manqué, ils crurent
qu'en invitant ces freres dans Florence, ils ne
pouvoient se dispenser de s'y trouver tous deux.

Ils donnerent donc tous les ordres nécessaires
au régal pour le dimanche vingt-six d'avril de l'an
mil quatre cent soixante dix – huit : & comme
les conjurés espéroient de pouvoir tuer les deux
Médicis au milieu du festin, ils passerent toute
la nuit du samedi ensemble, où ils convinrent
de tout ce qu'il y avoit à faire le lendemain matin.
Mais quand le jour fut venu, l'on envoya dire
à François de Pazzi que Julien de Médicis ne
pouvoit pas être de la fête. Là-dessus, les chefs
de la conjuration se rassemblent, & concluent,
qu'il ne faut pas différer l'affaire pour cela, parce
que tant de gens en étant informés, si l'on n'en
venoit pas à l'exécution, cela la feroit infailliblement découvrir. Ils prirent donc la résolution
de faire leur coup dans l'église cathédrale, où
le cardinal étant, les deux freres ne manqueroient pas de s'y trouver, selon leur coutume.

Ils vouloient que Montesecco se chargeât de
tuer Laurent de Médicis; & François de Pazzi avec

Bernard Bandini devoient tuer son frere Julien.
Mais Montesecco ne voulut point prendre
cette commission, soit que le commerce qu'il
avoit eu avec Laurent lui eût adouci l'esprit,
soit qu'il répugnât à cela par un autre motif;
enfin il dit, *qu'il n'avoit pas le courage de faire
une action si noire dans l'église, & de joindre le
sacrilége à la trahison.* Ce fut-là un commencement qui fit avorter leur dessein, parce que,
comme le tems les pressoit, ils furent obligés de
donner cette commission à Antoine de Volterre
& au prêtre Etienne, qui n'étoient nullement
propres à cela, soit par leur disposition naturelle,
soit pour n'être pas habitués à un tel exercice,
parce que si jamais l'on a besoin d'un courage
intrépide & formé par plusieurs expériences
à envisager la mort de sang froid, une telle fermeté est absolument nécessaire dans une occasion de cette nature, où l'on a vu souvent le
cœur manquer à des gens aguerris & nourris dans
le sang & dans le carnage.

Voilà donc la résolution qu'ils prirent; & ils
donnerent, pour le signal de l'exécution, le
moment que le prêtre, qui diroit la grande-messe,
communieroit; que cependant, l'archevêque Salviati, avec ses gens & avec Jacques fils de Poggio,
s'empareroient du palais, afin qu'après la mort

des deux freres , la seigneurie leur fût favorable ,
d'amitié ou de force. Après ces ordres donnés ,
ils allerent à l'église , où le cardinal étoit déjà
avec Laurent de Médicis. Cette église étoit pleine
de peuple , & le service étoit déjà commencé ,
lorsque Julien de Médicis n'étoit pas encore venu.
Ainsi François de Pazzi & Bandini , qui devoient
les tuer , allerent le trouver chez lui & à force
de prieres & d'artifices ils l'amenerent à l'église.
Véritablement c'est une chose étonnante , que
Pazzi & Bandini pussent avoir le courage de cacher tant de rage & un dessein si terrible, sans
qu'on pût le moins du monde s'en appercevoir,
ayant entretenu Julien pendant le chemin de chez
lui à l'église , de railleries & de discours de jeunesse ; Pazzi même feignant de le caresser, l'embrassa , examinant adroitement s'il n'avoit point
sous son habit quelque cuirasse ou quelqu'autre
défense.

Julien & Laurent de Médicis n'ignoroient pas
la haine que les Pazzi leur portoient, & la passion qu'ils avoient de les dépouiller de l'autorité
& du pouvoir qu'ils avoient dans le gouvernement , mais ils ne pensoient point qu'ils en voulussent à leur vie , se figurant que quand les Pazzi
voudroient entreprendre quelque chose, ce seroit
par toute autre voie que par celle d'une violence

comme celle-là. Ainsi les Médicis eux-mêmes ne pensant point à leur propre conservation, feignoient aussi d'être ami des Pazzi.

Quand les assassins furent en état les uns auprès de Laurent, où ils pouvoient être facilement & sans soupçons à cause de la foule, & les autres avec Julien, dès que le signal parut, Bandini perça le sein à ce dernier avec une arme faite exprès pour cela, & après quelques pas le pauvre blessé tomba, & François de Pazzi se jettant dessus le couvrit de coups avec un si grand acharnement & tant de fureur, que lui-même se fit par mégarde une blessure fort considérable à la jambe. D'autre côté, Antoine de Volterre, & le prêtre Etienne attaquerent Laurent de Médicis, & lui ayant porté plusieurs coups, ils le blesserent légerement à la gorge, parce que leur négligence, ou le courage de Laurent, qui se voyant attaqué, se défendit avec ses armes, ou enfin le secours de ceux qu'il avoit avec lui, tout cela, dis-je, fut cause que les assassins ne lui firent presque point de mal; de-sorte que ces gens étant épouvantés s'enfuirent, & se cacherent, mais ayant été retrouvés ensuite, ils furent tués avec ignominie, & traînés par tous les quartiers de la ville.

Mais Laurent de Médicis s'étant joint avec les amis qu'il avoit auprès de lui, se renferma dans le chœur de l'église. Bandini voyant Julien de Médicis mort, tua encore Nori, intime des Médicis, soit par un motif de haine invétérée, soit parce qu'il voyoit qu'il tâchoit de secourir son ami Julien ; & non content d'avoir tué ces deux amis, il courut chercher Laurent de Médicis, afin de réparer par son courage & par sa promptitude, la faute que la lâcheté & la lenteur avoient fait faire aux autres, mais l'ayant trouvé enfermé dans le lieu où il s'étoit retiré, il ne put venir à bout de son dessein.

Au milieu de ces terribles mouvemens qui furent si grands, qu'il sembloit que l'église allât en ruine, le cardinal se retira auprès de l'autel où les prêtres eurent assez de peine à le tenir en sureté, jusqu'à ce qu'après le bruit cessé, la seigneurie pût le faire conduire dans le palais, où il eut de grandes allarmes avant qu'il pût être délivré.

Il y avoit alors à Florence quelques habitans de Pérouse, qui avoient été chassés de chez eux par la force des factions. Les Pazzi les avoient fait entrer dans leur intérêts, en leur promettant de les rétablir chez eux. Ainsi l'archevêque Salviati étant allé avec Poggio et quelqu'autres de ses parens et de ses amis, pour s'emparer du palais, il avoit mené de ces habitans-là avec lui, & étant

arrivé-là il avoit laissé quelques-uns de ses gens
en bas, avec ordre de se rendre maîtres de la
porte au premier bruit qu'ils entendroient. Pour
lui il monta en haut avec la plupart de ces habitans, & ayant trouvé la seigneurie à table, parce
qu'il étoit déjà tard, il fut introduit peu de tems
après par Petrucci, Gonfalonier de justice. L'archevêque étant donc entré avec peu de ses gens,
il en laissa plusieurs dehors, qui s'enfermerent
d'eux - mêmes dans la chancellerie, parce que la
porte en étoit faite de maniere que quand on l'avoit
fermée il n'y avoit plus moyen de l'ouvrir, ni par
dehors, ni par dedans qu'avec les clefs. Ce prélat
feignant d'avoir quelque chose à dire au Gonfalonier de la part du pape, il commença à lui
parler d'une maniere si mal assurée & en des
termes si rompus, que montrant de l'égarement
& une grande altération sur son visage & dans
ses discours, le Gonfolonier entra dans un tel
soupçon, qu'il s'écria tout d'un coup, sortit de
sa chambre, & rencontra Poggio, qu'il prit par
les cheveux & le mit entre les mains de ses ser-
gens ; puis ayant donné l'allarme aux Seigneurs,
ils prirent les armes qu'ils purent trouver, &
tous ceux qui étoient montés en haut avec l'archevêque, étant en partie renfermés, en partie
sans défense, ils furent tous tués, ou jettés vifs

par les fenêtres du palais. L'archevêque Salviati & Poggio furent pendus aux mêmes fenêtres. D'autre côté ceux qui étoient demeurés en bas avoient forcé la porte & la garde, & s'étoient rendus maîtres de toutes les avenues, desorte que les citoyens ne pouvoient secourir la seigneurie, ni de leurs armes, ni de leurs conseils.

Cependant Pazzi & Bandini prirent l'épouvante, voyant que Laurent de Médicis étoit échappé,& que l'un d'eux sur lequel rouloit toute l'espérance du succès, étoit considérablement blessé ; desorse que Bandini pensant à sa sureté avec la même liberté d'esprit qu'il avoit eue en tâchant de faire périr les Médicis, & voyant la partie perdue, il se mit à couvert par une prompte retraite ; & Pazzi étant allé chez lui avec sa blessure, il tâcha de monter à cheval afin d'exécuter le dessin qu'ils avoient pris, d'aller en armes par toute la ville & d'inviter le peuple à les prendre, & à rentrer dans sa liberté ; mais il lui fut impossible de le faire,parce que sa playe étoit profonde, & qu'il avoit perdu une grande quantité de sang. S'étant donc deshabillé, il se jetta nud sur son lit, & il pria Jacques de Pazzi de courir par la ville en sa place. Quoiqu'il fût déjà vieux & fort novice dans ces sortes d'affaires, cependant il voulut encore faire cette derniere tentative, & il monta à cheval avec environ cent hommes armés, qu'on avoit auparavant disposés à cela : ensuite il alla dans la place du palais, invitant le peuple à son secours & à reprendre sa liberté. Mais parce que la libéralité & la fortune des Médicis avoient rendu le peuple sourd, il n'entendoit plus ce mot de liberté, ainsi personne n'y répondit. Il n'y eut que les Seigneurs, qui, étant maîtres du haute du palais, saluerent Jacques de Pazzi à coups de pierres, & l'épouvanterent autant qu'ils purent par leurs menaces.

Comme donc il ne savoit que devenir, il fut rencontré par Jean Saristori son beau-frere, qui commençant à le blâmer des mouvemens & du trouble qu'ils avoient excité, lui conseilla de se retirer chez lui, l'assurant que le peuple & les autres citoyens ne soupiroient pas moins que lui après la liberté. Mais comme il ne voyoit aucune espérance pour lui ; que Laurent de Médicis son ennemi étoit plein de vie ; que François de Pazzi étoit dangereusement blessé ; & que personne ne le suivoit ; ne sachant pas ce qu'il pourroit faire de meilleur, il prit le parti de la retraite, & avec la compagnie qu'il avoit il sortit de Florence pour se retirer dans la Romagne.

Pendant que les choses se passoient de la sorte, la ville étoit toute sous les armes, & Lau-

rent de Médicis s'étoient retiré chez lui , accompagné de bien des gens pour le défendre. Le
peuple s'étoit aussi rendu maître du palais , &
tous ceux qui l'avoient pris auparavant furent
pris ou tués. Déjà le nom de Médicis retentissoit
par toute la ville , & les morceaux des corps de
ceux qui avoient été tués étoient portés au bout
des piques , ou traînés par les rues , & chacun
persécutoit les Pazzi par des discours pleins de
rage & par des actions remplies de cruauté. Leurs
maisons même furent prisent par le peuple , &
François de Pazzi tout nud qu'il étoit , fut arraché de chez lui , & étant porté au palais on le
pendit à côté de l'archevêque & des autres. Mais
quelque mal qu'on lui fit sur le chemin de chez
lui au palais , ou dans le palais même , il fut impossible de lui faire découvrir la moindre circons-
tance de l'affaire , & regardant fixement les autres,
il soupiroit seulement , sans se plaindre ni sans
rien dire.

Guillaume de Pazzi se retira dans la maison
de son beau-frere Laurent de Médicis, s'appuyant
sur son innocence , & encouragé à la chose par
madame Blanche de Médicis sa femme. En même
tems , tous les citoyens , tant ceux qui étoient
sous les armes que ceux qui n'y étoient pas ,
allerent chez Médicis lui offrir leurs biens & leurs

personnes dans cette occasion ; tant étoit grand le bonheur & le crédit que cette maison avoit acquis par sa prudence & par ses libéralités : René de Pazzi s'étoit retiré à sa maison de campagne dans le tems que l'affaire arriva, & là, apprenant le succès qu'elle eut, il voulut se sauver après s'être déguisé, mais ayant été reconnu il fut pris & amené à Florence. Jacques de Pazzi fut aussi pris au passage des montagnes, car les montagnards ayant appris ce qui s'étoit passé à Florence, & voyant que cet homme ici étoit en fuite, ils l'arrêterent & le menerent aussi à Florence, & quoiqu'il les priât bien des fois par le chemin de le tuer, il ne put jamais l'obtenir. Lui & René de Pazzi furent exécutés à mort quatre jours après le commencement de toute l'affaire.

Il est à remarquer qu'entre tant de gens mis à mort dans ce petit nombre de jours, & dont la quantité étoit si grande, que les rues étoient pleines des morceaux de leurs cadavres, il n'y en eut pas un qui fit pitié, que René de Pazzi, parce qu'on le regardoit comme un homme de bien & prudent, & il n'avoit rien de l'orgueil qu'on reprochoit aux gens de la même famille. Mais afin que ce trouble ici fût accompagné de toutes sortes d'exemples extraordinaires, il arriva que Jacques de Pazzi ayant été mis dans la sépulture de ses

ancêtres, il en fut ensuite tiré comme excommu-
nié & enterré le long des murs de la ville , d'où
il fut encore déterré & traîné nud par la ville avec
la corde qui avoit servi à le pendre. Enfin n'ayant
pu trouver sépulture en terre , ces gens là même
le jetterent dans l'Arne , dont les eaux étoient
alors fort grosses.

Voilà un terrible exemple des revers de la fortune , de voir un homme à qui il ne manquoit
rien , ni du côté de l'opulence, ni à l'égard de ce
qui peut rendre content, de le voir,dis-je,tomber
dans un abîme de miseres & d'ignominie. Entre
les défauts qu'il avoit, l'on dit qu'il jouoit & qu'il
juroit au-delà de ce que les gens les plus perdus
font d'ordinaire ; mais il effaçoit ces vices par de
grandes aumônes , faisant de grandes largesses,
pour les lieux saints, & pour les besoins des pauvres. L'on peut encore dire à son avantage , que
le samedi qui est la veille du dimanche destiné
à assassiner les Médicis , il paya toutes ses dettes
& avec un soin surprenant il rendit à leurs véritables maîtres toutes les marchandises qu'il avoit
chez lui ou à la Douane , afin qu'en cas de malheur personne ne partageât avec lui sa mauvaise fortune.

Montesecco après avoir été long-tems examiné,
eut la tête tranchée. Napoleon Francesi évita le

supplice par une prompte retraite. Guillaume
de Pazzi fut relégué, & ses cousins qui ne furent
pas tués furent mis en prison dans le fond du château de Volterre.

Quand le désordre fut fini & qu'on eut puni
tous les conjurés, l'on fit une pompe funebre à
Julien de Médicis, & elle fut accompagnée des
larmes de toute la ville, parce qu'il étoit libéral
& humain autant qu'on le pourroit souhaiter
dans un homme d'une fortune telle que la sienne.
Il laissa sa femme grosse d'un fils qui vint au
monde, quelques mois après la mort de son pere.
On l'appella Jules. Il fut rempli de mérite, accompagné d'une grande fortune comme tout le
monde le voit, & comme nous le remarquerons,
dieu aidant, quand nous en serons venus à l'histoire de ce que nous voyons dans nos jours.

Les troupes que Laurent de Castello commandoit dans le val de Tevere, & celles qui dans la
Romagne, étoient sous la conduite de Jean François Tolentin, voulant appuyer les Pazzi, s'étoient
mises en marche pour venir à Florence, mais
ayant appris que toute l'entreprise étoit manquée,
ces troupes-là retournerent sur leurs pas.

Le changement de gouvernement n'étant point
survenu à Florence comme le pape & le roi de
Naples l'avoient espéré, ils résolurent de faire

par les voies de la guerre, ce dont ils n'avoient
pu venir à bout par leur trahison ; ainsi ces deux
puissances employerent une diligence extrême à
mettre leurs troupes en ordre pour pouvoir attaquer la république, disant tout haut, qu'ils n'éxi-
geoient rien d'elle, que de chasser Laurent de
Médicis, qui étoit le seul de tous les Florentins
qu'ils regardoient comme ennemi. Les troupes
du roi avoient déjà passé la riviere de Tronte, &
celles du pape étoient déjà entrées dans le territoire de Pérouse. Sa sainteté, de plus, voulant
faire sentir les armes spirituelles comme les
autres aux Florentins, elle les excommunia &
les maudit. D'autre côté la république voyant
venir tant de forces contr'elle, elle se préparoit
à la défense avec tous les soins imaginables ; &
Laurent de Médicis voyant qu'on vouloit faire
entendre que ce n'étoit qu'à cause de lui qu'on
faisoit la guerre, fit avant toutes choses assembler
dans le palais, avec les Seigneurs, tout ce qu'il
y avoit de citoyens distingués, qui étoient au
nombre de plus de trois cents, & il leur parla
en ces termes :

    » Je ne sais pas, excellens seigneurs, & vous
» magnifiques citoyens, si je dois me plaindre
» ou me réjouir avec vous de tout ce qui vient
» d'arriver. Véritablement quand je pense avec
            » combien

» combien de fourberie & avec combien de rage
» j'ai été attaqué & mon frere assassiné, je ne
» peux que je ne m'afflige, & que je n'aie l'ame
» toute pénétrée de douleur. Mais quand d'autre
» côté, je regarde avec quelle promptitude, avec
» quelle affection, avec quelle tendresse, & avec
» combien d'union générale, mon frere a été
» vengé & moi défendu, il faut non-seulement
» que je me réjouisse, mais même que je me
» sente tout glorieux & tout triomphant ; car il
» est vrai que si l'expérience m'a fait voir que
» j'avois dans cette ville plus d'ennemis que je
» ne croyois, la même expérience ma aussi mon-
» tré que j'y avois des amis bien plus zélés &
» bien plus ardens que je ne m'étois imaginé.
» Je n'ai donc de plaintes à vous faire que par
» rapport aux insultes & aux attentats de mes
» ennemis, n'ayant avec vous que des sujets de
» réjouissance , dont je suis redevable à vos
» bontés & à vos bons offices. Mais ce qui m'o-
» blige le plus à me plaindre des mauvais trai-
» temens que j'ai reçus, c'est qu'il ne s'en est
» peut-être jamais vu de semblables, & que nous
» dussions moins nous attirer que ceux-là. »

» Considérez un peu, magnifiques citoyens,
» où notre mauvaise fortune avoit réduit notre
» maison, qu'elle ne fut pas en sureté entre ses

» amis, ses parens, & dans la maison de dieu
» même. Ceux qui craignent la mort ont ordinai-
» rement recours à leurs amis pour en tirer du
» secours, & nous, nous avons le malheur de
» les rencontrer armés pour nous perdre. Ceux
» qui sont poursuivis ou par le public, ou par des
» particuliers, trouvent un azile dans les églises.
» Il sera donc dit, que les amis qui d'ordinaire
» sont les protecteurs de leurs amis, changeront
» de nature à notre égard, & qu'il deviendront
» nos assassins ; que les lieux qui servent d'azile
» aux parricides et aux scélérats, deviendront
» des coupe-gorges pour les Médicis. Mais dieu
» qui n'a jamais jusqu'ici abandonné notre mai-
» son, nous a encore délivré en cette occasion
» & pris en main notre juste cause. Car enfin
» quel tort avons-nous fait à personne qui put
» faire naître la passion d'une telle vengeance,
» puisque nous pouvons protester en vérité, de
» n'avoir jamais offensé personnellement ceux
» qui nous ont montré une si grande haine ; car
» si cela eût été, ils n'auroient pas trouvé les
» moyens de se venger ? S'ils nous attribuent les
» sujets de plaintes qu'ils peuvent avoir du pu-
» blic ; s'il est vrai qu'on leur en ait donné, ce
» que j'ignore, leur procédé est plus injurieux
» pour vous que pour nous, & ils violent davan-

» tage ce palais & la majesté du gouvernement ,
» qu'ils ne font d'insulte à notre maison ; voulant
» faire entendre que vous faites des injustices à
» vos citoyens en notre faveur , ce qui est entie-
» rement éloigné de la vérité , parce que quand
» nous aurions eu le pouvoir & vous la volonté
» de le faire , nous n'y aurions jamais donné les
» mains ; car quand on voudra rechercher la
» vérité des choses , l'on trouvera que notre
» maison n'a été si élevée par vous tous, & d'un
» consentement si général,que parce qu'elle s'est
» toujours efforcée de vaincre tout le monde en
» douceur , en libéralité & en services. Si donc
» nous avons honoré les gens qui ne nous ton-
» choient en rien , comment aurions-nous pu
» maltraiter nos parens ?

» Mais si ces gens-là se sont portés à de tels
» excès par la passion de dominer , comme cela
» paroît en ce qu'ils se sont rendus maîtres du
» palais , & qu'ils sont venus en armes dans la
» place, ce motif est si indigne , si ambitieux , &
» blâmable , qu'il suffit de l'appercevoir pour le
» détester. Que s'ils ont fait cela par l'envie
» qu'ils avoient contre nous,à cause du crédit que
» nous avons , ils s'en prennent bien plus à vous
» qu'à nous-mêmes, puisque nous ne tenons que
» de vous toute notre autorité. Il est vrai qu'une

» autorité usurpée est odieuse , mais non pas une
» autorité qu'on s'est acquise par la libéralité ,
» par la douceur , & par la magnificence ; &
» vous savez que jamais notre maison n'est venue
» à aucune élévation , qu'elle n'y ait été portée
» par les ordres & le consentement unanime de
» tous ceux qui ont gouverné dans ce palais-ici.
» Feu mon pere, qui étoit vieux & valétudinaire,
» ne maintint pas le gouvernement contre tant
» d'ennemis ; mais ce fut vous qui le défendîtes par
» votre autorité & par votre bonté. Sans vos
» conseils & votre support je n'aurois jamais
» conservé la grandeur de ma maison après la
» mort de mon pere , parce que je n'étois encore
» presque qu'un enfant. Ma maison aussi ne
» pourroit pas & n'auroit jamais pu gouverner
» l'État, si vous & l'État même n'aviez conduit,
» & ne régliez encore cette maison. Je ne sais
» donc pas quel sujet de haine ils peuvent avoir
» contre nous , ou quel juste motif les porte
» à nous jalouser. Qu'ils ayent du chagrin contre
» leurs ancêtres, qui ont perdu par leur orgueil
» & par leur avarice le crédit que les nôtres
» ont su s'acquérir par une conduite toute op-
» posée. »

» Mais supposons que nous leur ayons fait
» bien du tort , & qu'ils auroient raison de sou-

» haiter notre ruine, pourquoi viennent-ils s'en
» prendre à ce palais ? Pourquoi se liguent-ils
» avec le pape & avec le roi de Naples pour ravir
» la liberté à cette république ? Pourquoi trou-
» blent-ils la paix dont l'Italie jouissoit depuis si
» long-tems ?Voilà ce dont ils ne peuvent donner
» de bonnes raisons ; car ils ne devoient point se
» venger que de ceux qui les avoient offensés,
» & ils ne devoient point intéresser le public,
» ni se prendre à lui des sujets de plaintes qu'ils
» ont contre des particuliers ; & cela fait que
» leur perte augmente notre mal, parce que le
» pape & le roi de Naples viennent contre nous
» les armes à la main à leur sujet, & ils disent
» qu'ils ne font la guerre qu'à moi & à ma
» maison. Mais plût à dieu que ce fut la vérité,
» parce que ce mal auroit un prompt remede &
» bien assuré, n'étant pas assez mauvais citoyen
» pour faire plus de cas de ma conservation que
» des dangers de l'État ; car je vous assure que
» j'éteindrois volontiers ce feu par ma ruine
» même. Mais parce que les princes couvrent
» toujours d'un prétexte honnête les injustices
» qu'ils font, ces puissances ont voulu se servir
» de celui-ci pour cacher en quelque maniere
» un procédé aussi indigne qu'est le leur. Ce-
» pendant si vous avez une autre pensée, me

» voici entre vos mains ; c'est à vous à me con-
» duire ou à m'abandonner. Vous êtes mes peres
» & mes protecteurs, & je suis prêt de me sou-
» mettre fort volontiers à tout ce que vous m'or-
» donnerez ; & jamais je ne refuserai de terminer
» par mon sang une guerre qui a été commencée
» par l'effusion du sang de mon frere. »

Tous ces citoyens ne pouvoient retenir leurs larmes pendant que Laurent de Médicis leur parloit ; & si son discours excita de la tendresse, ce fut avec la même tendresse qu'un d'eux lui parla en ces termes, par l'ordre de l'assemblée :

» Que la république avoit reçu tant de ser-
» vices de lui & des siens, qu'il devoit avoir bon
» courage ; que l'on lui conserveroit la réputation
» & l'autorité qu'il avoit, avec la même promp-
» titude & avec la même ardeur qu'on avoit
» vengé la mort de son frere & conservé la vie
» à lui-même, & que tant que leur patrie subsis-
» teroit, ils lui conserveroient tous les avantages
» qu'il y possédoit ».

Mais afin que les effets suivissent les paroles, le public ordonna qu'on lui établiroit une com-pagnie de gardes-du-corps, pour le mettre à couvert des attaques du dedans. Ensuite l'on donna les ordres pour la guerre, assemblant le plus d'argent & de troupes qu'il fut possible.

En vertu de la ligue avec les Vénitiens & avec le
duc de Milan, on leur envoya demander du secours. Et puisque le pape, au lieu de la qualité
de pasteur, avoit pris celle de loup, afin de n'en
être pas dévorés, comme s'ils étoient criminels,
les Florentins ne négligerent rien pour soutenir
par toute l'Italie la justice de leur cause, rem-
plissant tous les lieux du détail de la trahison de
ce pape contre leur État; découvrant l'impiété de
sa sainteté aussi bien que son injustice, & comment il faisoit aussi indignement les fonctions de
son pontificat, qu'il y étoit entré par de méchantes
voies, puisqu'il avoit élevé aux premieres dignités de l'église des gens qu'il envoyoit ensuite
avec des assassins & des parricides, pour commettre dans la maison de dieu même, & au milieu de la célébration du sacrifice de la messe,
les plus grandes & les plus noires trahisons qui
puissent tomber dans l'esprit; que n'ayant pas
pu réussir dans le dessein qu'il avoit de tuer les
citoyens, de changer le gouvernement, & de saccager la ville, s'étoit avisé de l'interdire, la menaçant & l'outrageant avec ses malédictions pon-
tificales. Mais que, comme dieu étoit juste &
n'approuvoit pas les violences, celles de son
vicaire lui devoient déplaire, approuvant sans
doute que les hommes eussent recours à sa divi-

nité , & non pas à un homme qui les avoit ou-
tragés.

Cependant les Florentins bien loin de recevoir
l'interdit & de lui obéir , ils forcerent les ecclésiastiques à faire le service divin , & firent un
concile à Florence de tous les prélats Toscans
qui étoient sous leur domination , & là ils appel-
lerent des injustices du saint siege au premier
concile général.

Le pape de son côté ne manquoit pas de raisons pour défendre sa cause. Il alléguoit donc ,
» que c'étoit le devoir d'un pape de détruire
» la tyrannie, d'exterminer les méchans, d'élever
» les bons, & qu'il devoit faire tout cela par les
» moyens qu'il y juge propres ; mais que les
» puissances séculieres n'ont pas le privilege de
» tenir des cardinaux en prison ; de prendre des
» évêques , de tuer, de mettre en pieces , &
» de traîner par les rues des ecclésiastiques , en
» un mot , de massacrer les innocens & les
» coupables sans aucune distinction ».

Cependant au milieu de tous ces reproches &
de toutes ces accusations, les Florentins rendirent au pape le cardinal qu'ils avoient entre leurs
mains ; desorte qu'après cela le saint pere ne
gardant plus de mesures , donna sur eux avec
toutes ses troupes & avec celles du roi de Naples;

& les deux armées étant entrées dans le Quianti par les terres des Siennois, qui s'étoient déclarés de leur parti, elles s'emparerent de Radda avec beaucoup d'autres châteaux, & elles ravagerent tout le pays, sous le commandement d'Alfonse, duc de Calabre & fils aîné de Ferrand. Mais ce roi avoit donné à Frédéric, comte d'Urbin, la conduite des affaires. Ensuite les ennemis allerent assiéger Castelline.

Les Florentins voyant ces attaques, avoient grand'peur, parce qu'ils n'avoient point de troupes, & qu'ils voyoient les secours de leurs alliés bien éloignés; car quoique le duc de Milan en envoyât, les Vénitiens avoient déclaré qu'ils n'étoient pas obligés de secourir les Florentins dans les affaires particulieres: & puis, disoient-ils, que la guerre n'étoit déclarée qu'à un particulier, ils n'étoient point obligés de l'aider, le public ne devant jamais sintéresser dans les démêlés de quelques citoyens. Pour donc faire mieux entendre raison aux Vénitiens, les Florentins leur envoyerent en ambassade Thomas Soderini; & sans perdre de tems, ils leverent des troupes, & donnerent la conduite de leurs armées à Hercule, marquis de Ferrare.

Pendant tous ces grands préparatifs, les ennemis presserent si fort Castelline, que les habitans n'espérant point de secours, se rendirent aprés quarante jours de siege. De-là les ennemis se tournerent du côté d'Arezzo, & assiégerent le mont de saint-Sovino. L'armée Florentine étoit déjà en ordre; elle s'étoit même mise en marche du côté de l'ennemi, dont elle n'étoit éloignée que de trois milles, & elle lui apportoit tant d'incommodité, que Frédéric, comte d'Urbin, demanda une trêve de quelques jours; ce qu'on lui accorda, si fort au préjudice des Florentins, que ceux-mêmes qui l'avoient demandée étoient fort surpris de l'avoir obtenue, parce que sans cela ils eussent été obligés de faire une honteuse retraite. Mais se prévalant de ce tems-là pour se remettre en état, ils prirent le château sous les yeux de notre armée. L'hiver étant venu, les ennemis se retirerent dans le territoire de Sienne, pour y prendre leurs quartiers. Les Florentins en firent autant dans les lieux les plus commodes qu'ils purent trouver, & le marquis de Ferrare retourna dans ses États, n'ayant pas fait grand profit, ni pour lui, ni pour ceux qu'il servoit.

Dans ce tems-là, Gênes se revolta contre l'État de Milan par les raisons suivantes. Après la mort de Galeas, son fils Jean Galeas se trouvant trop jeune pour gouverner, il survint une dissension entre Sforce, Louis, Octavien, & Ascagne, ses oncles, & madame Bonne sa mere, car chacun

d'eux eût voulu prendre le soin du petit duc.
Dans cette conteste, madame Bonne l'emporta
sur les autres par le conseil de Thomas Soderini
qui étoit alors ambassadeur pour les Florentins
à Milan, & aussi par les avis de Cecco Simo-
netto, qui avoit été secrétaire du feu duc. Les
Sforces, après cela fuyant de Milan, Octavien
se noya en passant la riviere d'Adda, & les
autres furent relégués en différens endroits, avec
le seigneur Robert de Saint-Severin, qui dans
ces disputes avoit quitté les intérêts de la duchesse,
pour prendre les autres. Les troubles de Florence
étant donc survenus, ces princes espérerent trouver une nouvelle fortune dans ces nouveaux
mouvemens, & ils ne garderent point les termes
de leur exil; car chacun cherchoit du changge-
ment dans les affaires, afin de pouvoir
rentrer dans son prémier état.

Le roi Ferrand qui voyoit que les
Florentins n'avoient été secourus dans leur
besoins, que par l'État de Milan, tâcha de
donner assez d'affaires à la duchesse chez elle
même, pour qu'elle ne pût pas penser à
secourir cette république. Pour y parvenir,
il fit révolter Gênes contre elle, par le moyen
de Prosper Adorne, du Seigneur de Saint-
Severin, & des Sforces. Il ne restoit plus au

pouvoir de la duchesse que le petit château, &
sous cet'e espérance elle envoya assez de gens
pour reprendre la ville ; mais ils furent défaits.
Quand cette princesse vit le danger où pouvoit tomber l'État de son fils, & elle-même,
si la guerre continuoit, elle résolut d'avoir
Gênes pour amie, ne pouvant pas l'avoir pour
sujette, puisque la Toscane étoit bouleversée
& les Florentins fort embarrassés , qui étoient
pourtant les seuls dont elle pût attendre du secours. Là-dessus elle traita avec Battistin Fregose, ennemi de Prosper Adorne , & lui promit
de lui remettre entre les mains le petit château ,
& de le faire prince dans Gênes, pourvu qu'il
en chassât Adorne, & qu'il ne fît aucune faveur
aux Sforces. Le traité étant conclu , Fregose
avec l'aide du petit château & de sa faction, se
rendit maître de Gênes , & s'en fit Doge , selon
la coutume du pays.

Les Sforces & Saint-Séverin étant chassés de
l'État de Gênes, ils vinrent dans la Lunigiane
avec les gens qui les suivirent ; desorte que le
pape & le roi de Naples voyant les troubles
cessés en Lombardie, ils se servirent de ces gens-
ici , chassés de Gênes, pour troubler la Toscane
du côté de Pise, afin d'affoiblir les Florentins
par le partage qu'ils seroient obligés de faire de

leurs troupes. Saint-Séverin donc fit de grands mouvemens dans le Pisantin , prit & saccagea plusieurs châteaux , fit des incursions jusqu'aux portes de Pise,

Dans ce tems-là il arriva à Florence des ambassadeurs de l'empereur, du roi de France, & du roi de Hongrie, pour aller auprès du pape de la part de leurs maîtres. Ces ambassadeurs persuaderent aux Florentins d'envoyer à sa sainteté , leur promettant d'employer auprès d'elle tout leur crédit pour la porter à finir cette guerre par une bonne paix. Les Florentins consentirent à faire cette tentative, afin de faire voir à toute la terre qu'ils étoient amateurs de la paix. En effet leurs gens allerent & retournerent sans rien faire. La république se voyant abandonnée ou maltraitée de tous les Italiens , voulut se faire honneur de la réputation d'un roi de France , & pour cet effet , elle envoya en ambassade vers ce monarque Donat Acciaiuoli, homme fort attaché aux belles-lettres tant grecques que latines, & dont les ancêtres ont toujours tenu des rangs les plus considérables de l'État ; mais cet ambassadeur mourut à Milan faisant son voyage. La patrie voulant récompenser sa famille & faire honneur à sa mémoire , elle lui fit une belle pompe funebre aux dépens du public;elle accorda

des exemptions à ses fils ; & elle donna une dot
suffisante à ses filles pour les marier ; & en la
place d'Acciaiuoli, on envoya en ambassade ,
auprès du roi, Gui Antoine Vespucci , homme
fort savant dans les loix & dans le droit canon.

Les incursions de Saint-Séverin dans le territoire de Pise , troublerent assez les Florentins ,
comme il arrive dans toutes les choses imprévues,
parce qu'ayant du côté de Sienne une grosse
guerre sur les bras , ils ne voyoient pas comment
ils pourroient donner ordre aux autres endroits.
Ils ne laisserent pas de pourvoir la ville de Pise
d'officiers & de quelques provisions nécessaires;
& afin d'obliger les Luquois à garder la foi, &
à ne point fournir de vivre ni d'argent à l'ennemi,
on leur envoya en ambassade Pierre , fils de Gino
Capponi. Il y fut reçu avec un très - mauvais
accueil , à cause de la haine de cette ville contre
le peuple de Florence , qui est un fruit des
mauvais traitemens qu'elle en a reçus autrefois,
& de la crainte continuelle qu'elle a de lui. Caponi courut plusieurs fois risque d'être tué dans
quelque émeute populaire & son visage fit naître
de nouveaux chagrins , au lieu de produire une
nouvelle union.

Les Florentins rappellerent le marquis de
Ferrare, prirent à leur solde le marquis de Man-

touë, & demanderent avec baucoup d'empresse-
ment aux Vénitiens le comte Charles, fils de Braccio, & Deifebe, fils du comte Jacques Piccinino.
Le Sénat après plusieurs chicanes les leur accorda,
parce qu'ayant fait tréve avec le Turc, & par
conséquent n'ayant point de bonnes raisons pour
se disculper de n'observer pas le traité de ligue,
ils en eurent enfin honte. Le comte Charles &
Deifebe vinrent donc avec un bon nombre de
troupes, & quand on les eut jointes avec toutes
celles qu'on put détacher de toute l'armée que le
marquis de Ferrare commandoit contre le duc de
Calabre, ils allerent du côté de Pise chercher
le seigneur de Saint-Séverin, qui étoit avec ses
troupes proche de la riviere du Serquio. Et quoiqu'il eût feint de vouloir attendre nos gens, il
n'en fit rien, mais il se retira dans son camp de
Lunugiane d'où il étoit parti quand il se jetta
sur le territoire de Pise.

Après la retraite de Saint-Séverin, le comte
Charles reprit toutes les places du Pisantin; &
les Florentins étant délivrés de ce côté-là, ils
firent assembler toutes leurs troupes entre Collé
& Saint-Giminien. Mais la venue du comte
Charles fit qu'il se trouva dans l'armée des Sforces
& des Braccio; desorte que les anciennes animosités se réveillerent, & l'on croit qu'ils en

seroient venus aux mains s'ils eussent eu longtems
à demeurer ensemble. Pour éviter un plus grand
mal, on résolut de partager les troupes & d'en
envoyer une partie dans le territoire de Pérouse,
sous le commandement du comte Charles, &
de faire demeurer le reste à Poggibonzi, où elles
eussent à se fortifier assez pour empêcher les
ennemis d'entrer dans le Florentin.

L'on espéroit par ce moyen de contraindre les
ennemis à partager aussi leurs troupes, parce
qu'on croyoit que le comte Charles prendroit
Pérouse, où il avoit beaucoup de partisans, ou
que le pape seroit obligé d'y envoyer bien des
gens pour la garder. Afin de mettre encore le
pape plus en presse, Nicolas Vitelli, exilé de
la ville de Castello, où son ennemi Laurent étoit
maître, fut commandé de s'approcher avec des
troupes de la ville, pour tâcher d'en chasser son
ennemi & la tirer de l'obéissance de sa sainteté.
Dans ces commencemens la fortune parut vouloir favoriser le parti des Florentins, parce qu'on
voyoit le comte Charles faire de grands pro-
grès dans le territoire de Pérouse : & quoique
Nicolas Vitelli n'eût pas eu le bonheur d'emporter la ville de Castello, il avoit pourtant
l'avantage d'être le plus fort en campagne, &
de piller tout autour de la ville sans trouver
d'obstacle.

d'obstacle. Les troupes aussi, qui étoient restées à Poggibonzi, faisoient tous les jours des incursions jusques sous les murailles de Sienne. Méanmoins, au bout du compte, toutes ces belles espérances allerent en fumée.

D'abord le comte Charles mourut au milieu des plus grandes espérances de la victoire. Sa mort eut pourtant accommodé les affaires des Florentins, si l'on eût sçu profiter de la victoire dont cette mort fut l'occasion, car quand on en eut les nouvelles dans l'armée du pape, qui étoit déjà toute assemblée à Pérouse, elle conçut aussi-tôt l'espérance de pouvoir défaire entierement les Florentins. Etant donc sortie en campagne, elle campa sur le lac qui n'étoit qu'à trois milles de ses ennemis. D'autre côté Jacques Guichardin, commissaire de l'armée, consultant avec Robert de Rimini, qui depuis la mort du comte Charles, étoit le chef le plus considérable, ils reconnurent bien ce qui rendoit les ennemis si fiers, & ils résolurent de les attendre, desorte qu'étant venus aux mains auprès du lac (1), ou

____

(1) C'est le Lac *Thrasymene*, à présent *Lago di Perugia*; & ce fut T. Flaminius, consul romain, qui étoit le chef de cette armée romaine défaite par Annibal.

Tome VI.   K

Annibal remporta autrefois cette fameuse victoire sur les Romains, les troupes de l'église romaine y furent aussi battues.

La nouvelle de cette victoire fut reçue dans Florence avec une grande satisfaction des particuliers, & avec un applaudissement général pour les conducteurs de l'armée ; & véritablement un si grand avantage auroit été glorieux & utile tout ensemble, si les désordres qui survinrent dans l'armée qui étoit à Poggibonzi, n'avoient pas tout gâté ; desorte que toute l'utilité qui pouvoit revenir d'un côté, fut entierement perdue de l'autre, & cela parce que ces troupes ayant fait du butin sur le pays des Siennois, quand il en fallut venir à le partager, cela fit naître des différens entre les marquis de Ferrare & de Mantouë. Ils en vinrent donc aux mains & s'attaquerent l'un l'autre avec toute l'animosité possible ; desorte que les choses allant si loin, les Florentins jugerent qu'ils ne pouvoient plus tirer de service de ces deux chefs tant qu'ils seroient ensemble. Là-dessus ils consentirent à laisser le marquis de Ferrare retourner chez lui avec ses troupes.

Cette armée étant donc affoiblie, sans chef & se gouvernant sans aucune regle de discipline, le duc de Calabre, qui étoit proche de Sienne, prit la résolution de la venir trouver, ce qu'ayant mis en exécution, les Florentins se virent attaqués, qu'oiqu'ils fussent pourvus de tout, qu'ils fussent supérieurs en nombre & postés dans une situation très-avantageuse, tout cela ne fut point capable de les rassurer; sans attendre la vue de l'ennemi, mais la seule odeur de la poudre leur fit prendre la fuite, & abandonner leurs munitions, leurs chariots, & leur artillerie, tant les armées de ces tems-là étoient remplies de lâcheté & de désordre; car qu'un cheval tournât par hazard la téte ou la croupe, cela décidoit du gain ou de la perte d'une bataille.

Cette victoire enrichit l'armée du roi & remplit les Florentins de terreur, parce que leur ville étoit non-seulement affligée du fleau de la guerre, mais aussi de celui de la contagion, qui se trouva si violente & si répandue dans toute leur ville, que tous les citoyens s'en étoient retirés pour fuir la mort, dans leur maisons de campagne. Cela rendit encore cette défaite plus épouvantable, parce que les citoyens dont les terres étoient dans le val de Pise & dans le val Delsa, s'y étant retirés dès qu'ils apprirent la perte qu'on venoit de faire, ils s'enfuirent promptement à Florence en désordre, avec leurs enfans, leurs meubles, & même leurs paysans; ainsi il sembloit qu'on appréhendât de voir à toute heure l'ennemi se présenter devant la ville.

K 2

Ceux qui avoient la conduite de cette guerre voyant un tel désordre , commanderent aux troupes qui avoient été victorieuses dans le territoire de Pérouse , de venir dans le val Delsa , pour s'opposer à l'ennemi , qui après la victoire pouvoit courir tout le pays sans trouver aucune opposition. Et quoique cette armée-là eût serré de si près la ville de Pérouse , qu'à tout moment on espérât de s'en rendre les maîtres, cependant les Florentins voulurent premierement garder leur bien , devant que de conquérir celui des autres. Ainsi ayant retiré cette armée d'un endroit où elle faisoit bien , elle fut menée à Saint-Casciano, qui est un château éloigné de huit milles de Florence, parce qu'on crut qu'il n'y avoit que là où l'on pût faire tête à l'ennemi , jusqu'à ce que les débris de l'armée défaite fussent rassemblés.

D'autre côté, les ennemis qui étoient à Pérouse se voyant délivrés par la retraite des Florentins, ils reprirent courage & firent un grand butin dans le pays d'Arezzo & dans celui de Cortone , & les autres qui avoient eu un si grand avantage sous le duc de Calabre à Poggibohzi , commencerent à s'emparer du lieu même , & ensuite de Vico. Ils s'accagerent aussi Certaldo , & après ces avantages ils allerent assiéger le château de Collé , qui passoit dans ce tems-là pour une très-forte place : & comme les habitans étoient fideles aux Florentins, ils amuserent assez long-tems l'ennemi, pour qu'on pût rassembler les troupes. Ainsi les Florentins ayant enfin tout leur monde à Saint Casciano, comme l'ennemi battoit vigoureusement Collé, ils résolurent d'approcher de lui, & d'encourager les habitans à se bien défendre, parce que le duc de Calabre, se voyant pressé par les Florentins, garderoit plus de mesure dans l'attaque de la place.

Ayant donc formé ce dessein, ils décamperent de Saint Casciano, & allerent camper auprès de Saint Giminiano, éloigné de cinq milles de Collé; ainsi tous les jours ils incommodoient le camp du duc de Calabre avec les chevaux légers & autres gens armés à la légere. Cependant cela ne suffisoit pas pour secourir les gens de Collé, parce qu'étant enfin dépourvus de tout ce qui leur étoit nécessaire ; ils se rendirent le treize de novembre au grand regret des Florentins, & au grand contentement des ennemis, sur-tout des Siennois, qui outre leur haine génerale contre la république de Florence, en avoient enore une plus particuliere contre les habitans de Collé.

L'hiver étoit déjà bien avancé, & la saison étoit bien contraire à faire la guerre ; desorte que le pape & le roi de Naples, voulant peut-être donner quelque espérance de la paix , ou jouir plus tranquillement des fruits de leurs victoires , offrirent aux Florentins une treve de trois mois , & ils donnerent dix jours de terme pour leur réponse ; & cette trêve fut promptement acceptée. Mais comme il arrive que quand le sang est devenu froid , l'on ressent mieux la douleur d'une blessure que lorsqu'on la reçoit , ce petit repos fit aussi mieux ressentir aux Florentins les peines & les chagrins qu'ils avoient soufferts dans cette guerre ; ce qui fut cause que les citoyens s'accusoient les uns les autres sans aucuns égards & avec une grande licence : & , découvrant toutes les fautes qu'on avoit faites , ils blâmoient les dépenses faites mal-à-paopos , & se plaignoient des impôts excessifs dont on les avoit accablés. Tout cela se disoit avec aigreur, non-seulement dans les assemblées particulieres , mais aussi dans les conseils publics. Il y eut même un particulier, qui s'étant tourné du côté de Laurent de Médicis , eut la hardiesse de lui dire , *que cette république étoit lasse ; qu'elle ne vouloit plus la guerre ; & que par conséquent, il falloit penser à la paix.*

Médicis voyant la nécessité de la faire , prit en particulier ceux de ses amis qu'il croyoit les plus affectionnés & les plus prudens : & comme ils voyoient les Vénitiens froids & peu sinceres dans leur traité, le duc de Milan mineur & embarassé dans des guerres civiles, ils conclurent d'abord, » qu'il falloit chercher un change- » ment de fortune dans de nouvelles alliances. » Mais il ne pouvoient se déterminer entre les bras de qui ils devoient se remettre ; ou entre ceux du pape, ou bien entre ceux du roi de Naples : & après avoir tout examiné, ils conclurent, » qu'il falloit préférer l'amitié du roi à » celle du pape, parce qu'elle seroit plus solide » & bien plus assurée. La courte durée des » papes, le changement dans leurs successeurs, » le peu d'égards que l'église a pour les princes, » & le peu de mesure qu'elle garde dans les » résolutions qu'elle prend ; tout cela fait qu'un » prince séculier ne peut pas se lier à un pape, » ni rendre ses intérêts communs avec lui ; parce » que si vous êtes son ami dans la guerre & » dans le péril, il partagera avec vous les avan- » tages de la victoire : mais dans la perte, infailli- » blement il vous abandonnera, parce qu'un pape » se soutiendra toujours & se défendra par la » réputation & par le crédit que lui donne sa » puissance spirituelle «. L'on conclut donc qu'il y avoit plus d'avantages à se rendre le roi de Naples ami, & que cela ne pouvoit se faire mieux, ni avec plus d'assurance de succès, que par la présence de Laurent de Médicis, parce qu'il étoit certain que plus on feroit de libéralités à ce roi, plus on lui feroit aisément oublier son ancienne animosité.

Médicis s'étant déterminé à ce voyage, il remit la ville & le gouvernement entre les mains de Thomas Soderini, qui étoit alors Gonfalonier de justice ; & aussi-tôt il partit au commencement de décembre. Puis étant arrivé à Pise, il écrivit à la seigneurie les raisons de son départ ; & la seigneurie voulant lui faire plus d'honneur, & lui donner les moyens de traiter plus authentiquement de la paix avec le roi, elle le fit ambassadeur du peuple Florentin, & lui donna plein pouvoir de traiter avec ce prince comme il le trouveroit plus à propos pour le bien de la république.

Dans ce tems-là, le seigneur de Saint Séverin, & Louis & Ascagne, dont le frere Sforce étoit mort, attaquerent encore l'Etat de Milan, afin de rentrer dans le gouvernement ; & comme ils eurent pris Tortone, & que Milan avec tout le pays étoit en armes, la duchesse fut conseillée de remettre les Sforces dans la patrie, & pour couper la racine de ces guerres civiles, de leur donner part au gouvernement. Celui qui con-

seilla le plus cette affaire étoit un nommé Antoine
Tassin de Ferrare, homme d'une naissance abjecte, mais qui ayant fait par hazard le voyage de
Milan, tomba entre les mains du duc Galeas, qui
le donna pour valet de chambre à la duchesse.
Ce domestique, ou par ce qu'il étoit bien fait
de sa personne, ou par quelque autre mérite
caché, dès que le duc fut mort, il acquit un tel
pouvoir auprès de la duchesse, qu'il étoit presque le souverain dans l'Etat ; & cela déplaisoit
beaucoup au seigneur Cecco, qui étoit un grand
homme par son intelligence, par son expérience
dans les affaires,& par une prudence consommée :
desorte qu'en tout ce qu'il pouvoit, conjointe
ment avec les autres conseillers, il tâchoit de diminuer l'autorité de ce Tassin. Cet homme s'en
étant apperçu, & voulant se mettre à couvert par
le crédit de quelque grand, des mauvais traitemens de Cecco, il conseilla à la duchesse de
rappeller les Sforces ; e qu'elle fit sans en conférer
en aucune maniere avec Cecco. Mais la chose
étant faite, il dit à cette princesse : *Vous avez
pris un parti qui me fera perdre la vie, & à vous
vos Etats*; ce qui arriva peu de tems après,
car le seigneur Cecco fut condamné à mort par
Louis Sforce, & Tassin ayant été quelque tems
après chassé du duché de Milan, la duchesse

en conçut tant de chagrin, qu'elle quitta la ville, & remit la curatelle & les soins de son fils entre les mains de Louis. Ce prince étant demeuré seul maître du duché de Milan, il fut cause par la suite de la ruine & de la désolation de l'Italie, comme l'on verra par l'histoire.

Médicis étoit parti de Florence pour aller à Naples, '& la tréve subsistoit entre les parties, quand Louis Frégose, ayant eu une intelligence dans Serezane, entra dans la place avec des soldats, & la prit, faisant prisonniers tous ceux qui y étoient de la part des Florentins. Cet accident donna beaucoup de chagrin à ceux qui étoient dans la régence, parce qu'ils croyoient que tout cela ne se faisoit que par les ordres du roi Ferrand. Ils en firent donc leurs plaintes au duc de Calabre qui étoit à Sienne avec son armée, lui reprochant d'avoir rompu la tréve, en faisant plusieurs hostilités contre eux. Mais ce prince les assura tant qu'il put & par des lettres & par des ambassades, que cet accident étoit survenu sans son consentement & sans celui du roi son pere.

Les Florentins cependant se trouvoient en fort méchant état, se voyant épuisés de finances, & le chef de leur république entre les mains de leurs ennemis, ayant à soutenir leur premiere guerre avec le pape & avec le roi de Naples,

& une toute nouvelle avec les Génois ; se voyant outre cela sans amis, parce qu'ils ne faisoient point de fond sur les Vénitiens, & qu'ils avoient plus à craindre qu'à espérer de la part de l'Etat de Milan, qui étoit changeant & peu solide. La seule espérance des Florentins n'étoit fondée que sur le traité que Médicis feroit avec le roi de Naples.

Médicis arriva enfin à Naples par mer, & il fut reçu avec honneur du roi & de toute la ville, avec un grand concours de peuple pour voir cet homme, qui étoit le seul sujet d'une si grande guerre, qu'on n'avoit entreprise que pour le perdre, mais qui l'avoit rendu très-grand par la grandeur & la puissance des ennemis qu'il avoit eu contre lui. Mais quand il fut entré en conversation avec le roi, il parla si bien de l'Etat de l'Italie, des humeurs des princes & des peuples qui y sont, de tout ce que l'on pouvoit attendre de la paix, ou craindre de la guerre, que e roi fut plus surpris, après l'avoir entendu, de la grandeur de son courage, de la délicatesse de son esprit, & de la force de son judement, qu'il n'avoit été étonné, avant cela, de le voir lui seul soutenir une si grande guerre. Sur cela ce prince redoubla tous les honneurs qu'il lui avoit déjà faits, & commença à penser comment il pourroit s'en faire un ami, plutôt que de continuer à le tenir pour ennemi.

Cependant le roi le retint, sous différens prétextes, depuis décembre jusqu'en mars, pour non-seulement le mieux connoître, mais aussi pour voir ce que feroit la république; car Médicis avoit assez d'ennemis à Florence, qui auroient bien voulu que le roi l'eût retenu, & l'eût traité comme il avoit fait Jacques Piccinino; & sous prétexte de se plaindre du roi à cet égard, ils parloient de la chose par toute la ville comme s'ils l'eussent appréhendée, pendant que, dans les résolutions qu'on prenoit en public, ils s'opposoient toujours à ce qui étoit avantageux pour Médicis; desorte que par ces manieres, ils avoient fait répandre le bruit, *que si le roi le retenoit long-tems à Naples, le gouvernement changeroit à Florence.* Cela fut cause que ce prince différa de l'expédier, pour voir s'il en naîtroit quelque trouble dans la république. Mais voyant que tout demeuroit tranquille, il lui donna congé le sixieme de mars de l'année mil quatre cent soixante dix-neuf; & avant cela, il le gagna par toutes sortes de bienfaits & par des marques d'amitié, faisant un accord perpétuel entre eux, pour se maintenir l'un l'autre chacun dans leurs Etats.

Ainsi Médicis retourna à Florence, fort

augmenté dans la grandeur qu'il avoit déjà quand
il en partit, & il fut reçu de la ville avec toutes
les marques de joie que ses grandes qualités
& ses derniers services pouvoient mériter, puisqu'il avoit exposé sa propre vie pour rendre
la paix à sa patrie : car deux jours après son
arrivée, l'on publia un traité entre le roi &
la république, par lequel chacune de ces puissances s'obligeoit à la conservation mutuelle
des Etats de l'une & de l'autre. L'on remettoit
à la discrétion du roi la restitution des places
prises sur les Florentins pendant la guerre ; que
les Pazzi, qui étoient en prison à Volterre, seroient
délivrés ; & qu'on payeroit pendant un tems une
certaine somme au duc de Calabre.

Si-tôt que cette paix fut publiée, elle remplit
de colere le pape & les Vénitiens, parce qu'il
sembloit que le roi de Naples eût fait peu d'estime
du pape ; & les Vénitiens se plaignoient de
n'avoir pas été compris dans la paix après avoir
été alliés dans la guerre. Les nouvelles de ces
chagrins étant venus à Florence, elles donnerent
lieu à chacun d'appréhen der que la derniere
paix ne produisît un nouvelle guerre, pire que
la précédente. Cela fut cause que les premieres
êtes du gouvernement résolurent de le restreindre,
afin que les affaires de grande importance ne

fussent désormais traitées que par un petit nombre de personnes. L'on fit donc un conseil de soixante-dix citoyens, à qui l'on donna toute l'autorité qu'on put dans les grandes affaires.

Ce nouvel ordre arrêta les desseins de ceux qui pensoient à faire des changemens ; & ce conseil, pour commencer à se mettre en réputation, ratifia, avant toutes choses, la paix faite par le moyen de Médicis avec le roi de Naples : il nomma des ambassadeurs pour envoyer au pape & au roi. Antoine Ridolfi fut envoyé à sa sainteté, & Pierre Nasi à sa majesté. Mais nonobstant la paix, le duc de Calabre & son armée ne se retiroient point de Sienne, disant, *qu'il étoit retenu par la mésintelligence des habitans* ; & elle alla si loin, que ce prince étant logé hors de la ville, ils l'y firent entrer, & le firent juge de leurs différens. Le duc profitant de l'occasion, châtia plusieurs de ces citoyens par des amendes pécuniaires ; il en condamna plusieurs à garder prison ; d'autres au bannissement ; & quelques-uns à la mort. Enfin il en fit tant, qu'il se rendit suspect, non-seulement aux Siennois, mais aux Florentins mêmes, qui craignoient qu'il ne voulût se rendre souverain de cette république ; & à cela l'on ne voyoit aucun remede, Florence étant au com-

mencement d'une paix avec le roi de Naples,
& en mésintelligence avec le pape & avec les
Vénitiens. Ce soupçon ne regnoit pas seulement
chez le peuple de Florence, qui veut toujours
raffiner sur tous les évenemens, mais les principaux mêmes du gouvernement commençoient
à en prendre de l'ombrage : & tout le monde
assuroit que jamais notre république n'avoit
été dans une conjoncture plus dangereuse que
celle-ci pour perdre sa liberté. Mais Dieu, qui
a toujours eu un soin particulier de sa conservation dans de pareilles extrémités, donna
au pape, aux Vénitiens, & au roi de Naples,
lieu de penser à bien d'autres choses, qu'aux
affaires de la Toscane.

Le Grand Turc étoit allé assiéger Rhode (1)
avec un armée très-nombreuse, & il battit cette
place pendant plusieurs mois. Cependant, quoique ses forces fussent très-formidables, & son
opiniâtreté terrible à faire tous ses efforts pour
s'en rendre le maître, il trouva encore une plus
grande fermeté dans les assiégés, qui se défen-

---

(1) Elle fut prise ensuite en 1522, par le grand Soli-
mand, lorsque l'Isle Adam, oncle du connétable Anne de
Montmoranci, étoit grand maître de l'ordre.

délirent de toutes ces attaques avec tant de va_
leur , que l'Empereur Mahomet fut contraint
de lever honteusement le siége. Etant donc parti
de devant Rhode , une partie de sa flotte vint,
sous le commandement de Giacomet Bacha ,
vers la Velone , & voyant la facilité de des-
cendre en Italie , ou en ayant reçu l'ordre de
son maître , il débarqua tout d'un coup six
mille hommes , & ayant attaqué la ville d'Otrante ,
incontinent il la prit , la saccagea , & en tua
tous les habitans . Ensuite , il fortifia le mieux
qu'il put , & le port, & la ville , où ayant retiré
beaucoup de cavalerie , il faisoit des incursions & un grand butin dans tous les pays
voisins.

Le roi de Naples voyant un attaque de telle
conséquence , & faite par un prince si puissant,
il envoya en tous lieux des gens en porter les
nouvelles,& demander du secours contre l'ennemi
commun ; il rappella avec de grandes instances
le duc de Calabre , qui. étoit à Sienne avec
ses troupes. Mais si cette descente des Turcs mit
le trouble dans l'esprit du roi de Naples & du
duc de Calabre, elle donna d'autre part une
grande joie aux Florentins & aux Siennois,
ces derniers s'imaginant d'avoir regagné leur
liberté, & les autres croyant être délivrés du
danger

danger de perdre celle dont ils jouissoient
encore. Ces appréhensions ne furent que trop
vérifiées par les plaintes que fit le duc de Calabre, qui en partant de Sienne, accusoit la
fortune de lui avoir ravi l'Empire de la Toscane
par un accident imprévu & injuste. Ce même
accident fit aussi changer de dessein au pape ;
& au lieu qu'auparavant il n'avoit point voulu
écouter aucun ambassadeur Florentin, il devint
si traitable, qu'il écoutoit tous ceux qui lui
parloient de la paix générale. Enfin, l'on assura
les Florentins, *que s'ils vouloient demander pardon, on le leur accorderoit.*

L'on ne crut pas à Florence qu'il fût à propos
de négliger cette occasion; ainsi l'on envoya
douze ambassadeurs au pape, qui après qu'ils
furent arrivés à Rome, furent amusés par plusieurs négociations devant qu'on leur donnât
audience. Enfin l'on conclut comment à l'avénir
l'on devroit se conduire les uns avec les autres,
& combien chacun des parties auroit à contribuer, & en tems de paix, & en tems de guerre.
Les ambassadeurs vinrent ensuite aux pieds de
sa sainteté, qui les attendoit dans une pompe
excessive au milieu de ses cardinaux. Ces ministres excuserent tout ce qui s'étoit passé, le
remettant tantôt sur la nécessité, accusant quel-

quefois la malice des autres & tantôt la fureur du peuple & sa juste colere, faisant voir que ceux-là sont malheureux qui sont obl gés, ou de combattre ou de mourir. Et parce qu'il n y a rien qu'on ne doive souffrir pour éviter la mort, cela leur avoit fait supporter la guerre, l'excommunication, & les autres incommodités qu'ils s'étoient attirées par le passé, afin que leur république ne tombât point dans l'esclavage, qui est la mort des Etats libres. Que cependant, quoiqu'ils ayent été forcés, s'ils avoient fait quelque faute, ils vouloient bien en faire satisfaction, se confians dans la clémence de sa sainteté, qui, à l'éxemple de notre souverain rédempteur, voudroit bien les recevoir entre les bras de sa miséricorde.

Le pape répondit à ces soumissions par des paroles pleines d'orgueil & de colere, en reprochant aux Florentins tout ce qu'ils avoient fait dans les tems passés contre l'église : » que » cependant, afin d'odéir aux commandemens de » Dieu, il vouloit bien leur accorder le pardon » qu'ils demandoient ; mais qu'il leur déclaroit » qu'ils eussent à demeurer dans les termes de » la soumission, & que s'ils se rebelloient ja- » mais, ils perdroient avec justice cette même » liberté, dont il s'en étoit peu fallu qu'ils n'eus-

» sent été dépouillés à present ; car il n'y a que
» ceux - là seuls de libres avec raison qui exer-
» cent les bonnes œuvres, en abhorrant les
» les méchantes, la liberté dont on abuse étant
» bien contraire à elle-même, & odieuse aux
« autres : que de ne craindre ni Dieu ni l'é-
» glise, n'est pas le devoir d'un homme libre,
» mais d'un scélérat, plus porté au mal qu'au
» bien ; & que les princes & tous les chrétiens
» doivent châtier de telles gens : qu'ainsi les
» Florentins ne doivent se plaindre que d'eux
» mêmes dans tout ce qui s'étoit passé puisque
» leurs méchancetés & leurs crimes leur avoient
» attiré la guerre, qu'ils avoient entretenue
» par des crimes encore plus grands, & qu'elle
» avoit enfin été éteinte plus par la douceur
» & par la bonté d'autrui, que par leurs propres
» mérites ». Aprés, on lut la formule de l'accord & de la bénédiction, & contre l'usage
qu'on observe dans tout ce dont on est convenu
& ce qui est arrêté, le pape ajouta, » que si
» les Florentins vouloient jouir des fruits de
» sa bénédiction, ils eussent à entretenir quinze
» galères à leurs dépens, tant que le Turc
» feroit la guerre au royaume de Naples ».
Les ambassadeurs se plaignirent beaucoup de
cette charge qu'on ajoutoit à un accord arrêté ;

mais, ils ne purent jamais s'en faire décharger, ni par leurs plaintes, ni par faveur, ni par aucun autre moyen.

Quand donc ils furent retournés à Florence, la seigneurie, voulant affermir cette paix, envoya en ambassade au pape Gui Antoine Vespucci, qui étoit retourné depuis peu de France. Ce ministre, par sa prudence, mit toutes choses dans un état supportable, & obtint beaucoup de grâces du pape; ce qui fut la meilleure marque d'une véritable réconciliation.

Les Florentins finirent donc toutes leurs affaires avec le pape; en même tems ils se virent délivrés de la crainte du roi de Naples, aussi-bien que la ville de Sienne, libre par la retraite du duc de Calabre : & comme la guerre continuoit toujours avec les Turcs, la république pressa fort le roi pour la restitution de ses châteaux, que le duc de Calabre en partant avoit laissés entre les mains des Siennois. Le roi craignit que les Florentins ne se détachassent de lui dans une conjoncture où il avoit tant de besoin d'eux & que, s'ils faisoient la guerre aux Siennois, ils n'empéchassent les secours qu'ils attendoient du pape & des autres Etats d'Italie : desorte qu'il consentit qu'on leur rendît ces places, & par ces nouvelles faveurs il s'attacha encore da-

vantage la république. C'est ainsi que la force
& la nécessité, & non pas les traités & les
engagemens, rendent les princes fidèles dans
leurs promesses.

Quand ces châteaux furent restitués, & qu'on
eut affermi cette alliance, Médicis rentra
dans la réputation & dans l'estime générale,
que la guerre lui avoit fait perdre d'abord, &
que la paix ne lui avoit point fait regagner dans
la suite, parce qu'on soupçonnoit la bonne-
foi du roi de Naples ; car, dans ces tems-là,
il y avoit assez de gens qui le calomnioient publiquement, disant, » que, pour se sauver,
» il avoit vendu sa patrie ; que dans la guerre
» on avoit perdu les places, & que dans la
» paix on perdroit la liberté ». Mais quand
on eut retiré les châteaux, qu'on eut fait un
traité honorable avec le roi de Naples, & que
la république eut rega gné son ancienne réputation, alors l'on changea de langage à Florence,
qui est une ville où l'on se plaît bien à raisonner, & où l'on juge des affaires bien plutôt
par l'évènement, que par la conduite. Ce fut
alors qu'on éleva Médicis jusqu'au ciel, disant,
» que sa prudence lui avoit fait regagner dans
» la paix ce que sa mauvaise fortune lui avoit
» fait perdre dans la guerre, & que ses conseils

» & sa conduite avoient plus de force, que
» les armes & toute la puissance de ses ennemis.

L'attaque des Turcs avoit différé la guerre
qui devoit naître du chagrin que le pape &
les Vénitiens avoient pris de la conclusion de
la paix des Florentins avec le roi de Naples.
Mais comme le commencement de cette attaque
fut imprévu & cause d'un grand bien, la fin en
fut de même contre l'apparence, & cause de
beaucoup de maux ; parce que Mahomet, Empereur des Turcs, mourut lorsqu'on ne s'y attendoit pas, & ses enfans étant en discorde entr'eux, les Turs qui étoient dans la Pouille
& qui se voyoient abandonnés de leur souverain, rendirent Otrante par composition au roi
de Naples. Quand donc le pape & les Vénitiens
furent délivrés de cette appréhension, qui les
tenoit en suspens, l'on commença à craindre de
nouveaux troubles. D'un côté, le pape & les
Vénitiens étoient ligués ensemble ; & les Génois
& les Siennois, avec quelques autres petits princes,
étoient entrés dans leur ligue. D'autre part, les
Florentins, le duc de Milan & le roi de Naples
avoient aussi fait une ligue, à laquelle les Bo-
lonois & d'autres s'étoient joints.

Les Vénitiens vouloient se rendre maîtres de
Ferrare, & il leur sembloit d'en avoir une raison

juste & une espérance assurée. L'occasion de ceci étoit que le marquis soutenoit qu'il n'étoit plus obligé de recevoir un Vidame ni du sel de leur part, puisqu'il y avoit un traité entr'eux, portant, *qu'après soixante-dix ans il seroit délivré de l'une & de l'autre de ces charges.* Les Vénitiens répondoient à cela, *que, tant qu'il conservoit le* Polesin, *il devoit recevoir d'eux* & le Vidame & le sel : & le marquis ne voulant pas y consentir, les Vénitiens crurent avoir une juste raison de prendre les armes, & sur-tout une belle occasion de le faire dans un tems que le pape étoit rempli d'animosité contre le roi de Naples & contre les Florentins. Et afin de le mettre davantage dans leurs intéréts, ils firent mille honneurs au comte Jérôme, qui étoit allé à Venise, & ils lui donnerent le droit de bourgeoisie, ou de noblesse, qui est toujours une très-grande marque d'honneur à ceux à qui ils la donnent. Afin de pouvoir soutenir cette guerre, ils avoient mis de nouveaux impôts, fait général de leurs armées le seigneur de Saint Séverin, qui étant mal - content du seigneur Louis Sforce, gouverneur de Milan, s'étoit retiré à Tortone ; & après avoir fait quelques mouvemens, il étoit allé à Gênes, d'où il fut appellé par les Vénitiens , pour être fait généralissime de leurs armées.

La ligue opposée , ayant connoissance de ces nouveaux préparatifs , se disposoit aussi de son côté à la guerre ; & le duc de Milan prit pour son général Frédéric, seigneur d'Urbin , & les Florentins prirent Constance de Pesaro. Le roi Ferrand voulant sonder l'esprit du pape , & pénétrer si c'étoit de son consentement que les Vénitiens se mettoient en devoir de faire la guerre au marquis de Ferrare , il envoya le duc de Calabre son fils avec son armée sur la riviere de Tronto , & il demanda passage au pape pour aller en Lombardie au secours du marquis : mais sa sainteté le refusa nettement ; ce qui fit que le roi de Naples & les Florentins , ne doutant plus des intentions du Saint Pere , résolurent à leur tour , de le serrer de si près avec leurs armées , qu'il fût contraint d'être leur ami par force , ou du moins , de lui donner tant d'affaires , qu'il ne pût pas envoyer du secours aux Vénitiens , car , ils étoient déjà en campagne ; & après avoir ravagé le pays du marquis de Ferrare , ils avoient assiégé Figarole , qui est un château de conséquence dans les Etats de ce marquis.

Le roi & les Florentins ayant résolu d'atta-

quer le pape, Alfonse, duc de Calabre, fit des
incursions vers Rome, faisant un grand dégât
dans le pays, avec l'aide des Colonnes, qui
s'étoient joints à lui, parce que les Ursins avoient
pris le parti du pape. D'autre côté, les troupes
Florentines, avec Nicolas Vitelli, attaquerent
la ville de Castello, & la prirent. Ensuite ils
en chasserent le seigneur Laurent, qui la tenoit
au nom du Saint Pere, & ils en firent comme
souverain Nicolas Vitelli. Le pape se trouvoit
alors dans une grande presse, parce que Rome
étoit troublée au dedans par les factions, &
au déhors le pays étoit ravagé par les ennemis.

Cependant, comme il étoit homme de courage, & qui vouloit terrasser ses ennemis, &
non pas plier sous eux, il prit à sa solde, pour
général de ses troupes, Robert de Rimini, &
l'ayant fait venir à Rome, où il avoit fait assembler toutes ses troupes, il lui marqua combien
il remporteroit de gloire, s'il délivroit l'église
des oppressions d'un roi; non-seulement lui,
mais tous les autres papes ses successeurs, lui
en auroient de l'obligation, & qu'il en seroit
récompensé des hommes & de Dieu même.
Robert de Rimini, ayant d'abord considéré les
troupes de sa sainteté & tous ses préparatifs,
lui conseilla de lever le plus d'infanterie qu'il

pourroit ; ce qu'on exécuta avec toute l'application & toute la promptitude possibles.

Le duc de Calabre étoit proche de Rome, desorte que tous les jours il couroit & ravageoit jusques dans les portes de la ville ; ce qui mit tellement en colere tout le peuple romain, que plusieurs s'offrirent volontairement au seigneur de Rimini pour lui aider à délivrer leur ville. Ce général leur en marqua de l'obligation, & accepta leurs services. Le duc s'appercevant de ces préparatifs ; s'éloigna un peu de la ville, se promettant que Robert de Rimini, le voyant éloigné, n'auroit pas la hardiesse de l'aller trouver. De plus il attendoit le prince Frédéric son frere, que le roi lui envoyoit avec de nouvelles troupes. Le seigneur de Rimini, se voyant presque égal au duc de Calabre en cavalerie, & plus fort en infanterie, sortit de Rome en ordre de bataille, & alla camper à deux milles de l'ennemi. Le duc, se voyant contre son attente, l'épée dans les reins, jugea qu'il étoit obligé de combattre, ou de se retirer comme en déroute : ainsi pour ne pas faire une chose indigne d'un fils de roi, il résolut par force de livrer bataille. Tournant donc visage à son ennemi, chacun des généraux rangea ses troupes dans l'ordonnace qui se pratiquoit alors, & ils en

vinrent aux mains ; ce qui dura jusqu'à midi.
L'on combattit ce jour-là avec plus de bravoure
qu'on n'avoit fait en Italie depuis plus de cinquante ans ; car de part & d'autre, il y eut plus
de mille hommes tués. Le succès de la bataille
fut glorieux pour l'église ; car la quantité de
l'infanterie du seigneur de Rimini incommoda
si fort la cavalerie du duc, qu'il fut contraint de
prendre la fuite ; il eut même été pris prisonnier, s'il n'eût été délivré par une grande quantité de Turcs, qui avoient été à Otrante, &
qui alors combattoient sous ses enseignes.

Le seigneur de Rimini, après cette victoire,
rentra dans Rome comme triomphant ; mais il
n'en goûta pas long-tems le plaisir ; car la fatigue
de cette journée lui ayant fait boire beaucoup
d'eau, il lui survint un relâchement d'estomac,
qui l'emporta en peu de tems. Le pape fut
rendre au corps du défunt tous les honneurs
possibles. Après cette avantage, sa sainteté envoya aussi-tôt le comte Jérôme vers la ville
de Castello, pour tâcher de rétablir le seigneur
Laurent dans la possession de cette place,
& en même tems pour faire quelques tentati-
ves sur la ville de Rimini, parce qu'après
la mort de Robert, seigneur du lieu, il ne restoit plus qu'un pupile, qui étoit sous la

tutelle de la veuve du défunt ; desorte que le pape jugeoit cette conquéte facile ; ce qui seroit effectivement arrivé, si cette veuve n'eût pas été secou ue par les Florentins, qui s'opposerent aux desseins du pape ; ensorte qu'il ne put réussir, ni à l'égard de la ville de Castello, ni à l'égard de celle de Rimini.

Les choses allant ainsi dans la Romagne & à Rome, les Vénitiens s'étoient rendus maîtres de Figarole, & avoient passé le Pô avec leur armée, pendant que celle du duc de Milan & du marquis de Ferrare étoit en mauvaise ordre, à cause que Frédéric, comte d'Urbin, étant devenu malade, se fit porter à Boulogne, où il mourut. Ainsi, les affaires du marquis de Ferrare alloient mal, & les Venitiens espéroient tous les jours de plus en plus de le dépouiller de ses Etats.

D'autre côté, le roi de Naples & les Florentins faisoient leur possible pour réduire le pape, & n'ayant pu le faire par la force des armes, ils tâcherent d'en venir à bout par la menace d'un concile, dont l'Empereur avoit déjà prononcé la convocation à Bâle. Ainsi le pape fut persuadé, & même contraint, par les ambassadeurs de sa majesté impériale, qui se trouvoient à Rome, aussi-bien que par les p emiers cardinaux, amateurs de la paix, de penser à réunir toute l'Italie dans une bonne intelligence. Le pape, poussé par la crainte & par la connoissance qu'il avoit, que la grandeur des Vénitiens étoit la ruine de l'église & de l'Italie, voulut bien entendre à faire la paix avec la ligue. Là dessus, il envoya ses Nonces à Naples, où le roi de Naples, le duc de Milan, & les Florentins, firent une ligue pour cinq ans, laissant lieu aux Vénitiens pour l'accepter.

Quand ce traité fut conclu, le pape déclara aux Vénitiens, qu'ils eusseut à cesser de faire la guerre au marquis de Ferrare ; mais ils n'y voulurent point entendre : au contraire, ils firent encore de plus grands préparatifs pour continuer cette guerre;& après avoir défait l'armée du duc & du marquis auprès d'Argenta, ils s'étoient approchés si près de Ferrare, qu'ils campoient même dans le parc du marquis. Ceci fit résoudre la ligue de ne différer pas plus long-tems à donner un fort secours à ce prince ; ainsi ils firent passer à Ferrare le duc de Calabre, avec les troupes du pape, & les siennes. Les Florentins y envoyerent aussi toutes leurs troupes ; & afin de mieux régler toute la conduite de cette guerre, les alliés tinrent une diéte à Crémone, où se trouverent le légat du pape, le comte Jérôme, le duc de Calabre, le seigneur Louis Sforce,

& Laurent de Médicis, avec plusieurs autres princes d'Italie, qui tous ensemble raisonnerent sur les moyens de la guerre qu'on alloit faire. Or, parce qu'ils jugeoient qu'on ne pouvoit mieux secourir Ferrare, qu'en faisant une forte diversion, ils vouloient que le seigneur Sforce consentît à déclarer la guerre aux Vénitiens de la part de l'Etat de Milan : mais il n'en voulut rien faire, craignant de s'attirer une guerre qu'il n'éteindroit pas quand il voudroit.

Il fut donc conclu qu'on feroit halte près de Ferrare avec toutes les troupes ; & après avoir fait une armée de quatre mille gendarmes & de huit mille fantassins, on alla trouver les Vénitiens qui avoient deux mille deux - cens hommes d'armes, & six mille fantassins. Les alliés trouverent à propos d'attaquer d'abord la flotte que les Vénitiens avoient sur le Pô ; ce qu'ils firent auprès de Bondino, où ils la défirent avec perte de plus de deux cens bâtimens, ayant fait prisonnier Antoine Justiniani, provéditeur de cette flotte.

Les Vénitens voyant que toute l'Italie étoit liguée contr'eux, afin de donner plus de réputation à leurs affaires, ils prirent à leurs gages le duc de Lorraine avec deux cens hommes d'armes ; & après avoir reçu cet échec sur le Pô, ils envoyerent ce duc avec une partie de l'armée pour amuser l'ennemi, & ils firent passer l'Adda au seigneur de Saint-Séverin, avec le reste de leurs troupes, le faisant approcher de Milan, en criant le nom du duc & de madame Bonne sa mere, parce qu'ils espéroient par-là exciter quelque tumulte dans la ville, où ils croyoient que le seigneur Louis Sforce & son gouvernement étoient odieux. Cette tentative donna d'abord assez d'épouvante, & mit l'allarme dans la ville. Cependant elle produisit enfin un effet contraire au dessein des Vénitiens; car le seigneur Sforce fut porté par cette insulte à consentir à la déclaration de guerre qu'il avoit refusée d'abord.

Ainsi après avoir laissé au marquis de Ferrare quatre mille chavaux & deux mille fantassins pour se défendre, le duc de Calabre entra dans le Bergamase avec douze mille chevaux & cinq mille fantassins; ensuite il passa dans le Brescian, & delà dans le Verronois, & s'empara de tout le territoire de ces trois villes, sans que les Vénitiens y pussent apporter aucun remede, parce que le seigneur de Saint - Séverin avoit peine à garantir les trois villes mêmes avec tout ce qu'il avoit de gens.

D'autre côté, le marquis de Ferrare avoit regagné presque tout ce qu'il avoit perdu, parce que le duc de Lorraine, qu'on lui avoit mis en tête, ne pouvoit pas l'en empêcher, n'ayant pas plus de deux-mille chevaux & mille fantassins : desorte que tout l'été de l'année mil quatre-cent quatre - vingt - trois la guerre fut aisée pour la ligue. Ensuite, l'hiver se passa tranquillement ; mais le printems de l'année suivante étant venu, les armées se mirent en campagne : & les alliés voulant accabler les Vénitiens tout d'un coup, ils mirent toutes leurs troupes en un seul corps d'armée ; & si l'on eut fait la guerre comme la campagne précédente, il eut été aisé de dépouiller les Vénitiens de tout ce qu'ils possédoient en Lombardie, parce qu'ils étoient réduits à n'avoir que six mille chevaux & cinq mille fantassins ; car le duc de Lorraine, ayant fini l'année de son engagement, étoit retourné chez lui, & ils avoient en tête treize mille chevaux & six mille fantassins.

Mais comme il arrive souvent entre gens d'un pouvoir égal, que leur désunion donne la victoire à l'ennemi, Frédéric Gonzague, marquis de Mantouë étant mort, il survint des différens entre le duc de Calabre & Louis Sforce, parce qu'ils n'étoient plus retenus par l'autorité du défunt, qui les entretenoit en bonne intelligence par son crédit. Ils en vinrent donc ensuite de la mésintelligence à la jalousie, parce que Jean Galeas duc de Milan, étoit en âge de gouverner ses Etats ; & comme il avoit épousé la fille du duc de Calabre,

ce

ce beau-pere souhaitoit que ce fut son gendre , &
non pas Louis Sforce qui fut maître des affaires.
Sforce voyant que c'étoit-là la pensée du duc de
Calabre , résolut de lui ôter les moyens de la
mettre en effet. Les Vénitiens connoissant cette
disposition de Louis Sforce , ils la regarderent
comme une bonne occasion, & ils crurent que ,
selon leur coutume, ils regagneroient par la paix
ce qu'ils avoient perdu par la guerre. Ayant donc
traité en secret avec ledit Sforce , ils conclurent
au mois d'août de l'an mil quatre - cent quatre-
vingt-quatre un accord, qui étant venu à la connoissance des confédérés , ils en conçurent un
grand chagrin, sur-tout voyant qu'il falloit rendre
aux Vénitiens tout ce qu'on leur avoit pris, en
leur laissant la possession de Ruvigo & de Polesin,
qu'ils avoient conquis sur le marquis de Ferrare ;
& qu'enfin ils devoient avoir sur cette ville - là
tous les avantages dont ils avoient joui par le
passé : desorte qu'ils jugeoient tous, qu'ils avoient
fait une guerre où l'on avoit fait de grandes dépenses, qu'on avoit conduite avec gloire & terminée avec honte, puisqu'on rendoit tout ce
qu'on avoit conquis, & qu'on ne rentroit pas dans
ce qu'on avoit perdu. Cependant les alliés furent
contraints de se contenter d'une telle paix , parce
qu'ils étoient épuisés de finances, & qu'ils ne vou-

loient plus exposer leur bonheur & leur destinée aux défauts & à l'ambition des autres.

Pendant que les autres étoient sur ce pied en Lombardie, le pape serroit la ville de Castello, pour en chasser Nicolas Vitelli que la ligue avoit abandonné au saint pere, qui ne voulut point rentrer dans ses intérêts sans cet abandon ; & pendant qu'on pressoit la ville, ceux du parti de Vitelli, qui étoient dedans, firent une sortie dans laquelle ils combattirent les ennemis & les défirent. Là-dessus le pape rappele le comte Jérôme de Lombardie, & le fit venir à Rome pour rétablir ses forces & recommencer ce siege. Mais jugeant ensuite qu'il valoit mieux gagner Vitelli par un bon accord, que de lui faire une nouvelle guerre, sa sainteté traita avec lui, & le remit bien autant qu'il étoit possible, avec le seigneur Laurent son ennemi. Le saint pere fut plus porté à cet accord par la crainte du nouveaux troubles que par l'amour de la paix ; car il avoit apperçu qu'il se réveilloit des humeurs malignes entre les Colonnes & les Ursins.

Dans la guerre entre le pape & le roi de Naples, ce roi avoit ôté aux Ursins le comté de Tagliacozzo & l'avoit donné aux Colonnes, qui suivoient son parti. Quand la paix fut ensuite conclue entre ces deux puissances, les Ursins redemandoient ce comté en vertu du traité. Le pape ordonna plusieurs fois aux Colonnes de satisfaire les Ursins ; mais ni leurs prieres ni les menaces du pape ne purent jamais les y faire acquiescer ; au contraire, ils firent de nouvelles insultes aux Ursins par des incursions & par des pillages : ce que le pape ne pouvant souffrir, il joignit toutes ses forces avec celles des Ursins contre les Colonnes, pillant les maisons qu'ils avoient dans Rome, tuant & prenant tous ceux qui les défendoient, & leur ôtant la plus grande partie de leurs châteaux. Ainsi ces tumultes se termine-rent, non par la paix, mais par la désolation d'un des partis.

L'on n'étoit pas encore en paix ni à Gênes ni dans la Toscane, parce que les Florentins entretenoient le comte Antoine de Marciano avec des troupes sur les frontieres de Serezane ; & pendant que la guerre se faisoit en Lombardie, ces troupes incommodoient les habitans de cette place par des incursions & des escarmouches. D'autre côté, à Gênes, Battistin Frégose, qui en étoit doge, se fiant à Pagolo Frégose, archevêque de la ville, fut enlevé par lui, une nuit, avec sa femme & ses enfans; ensuite de quoi ce bon prélat se fit prince de la république.

M 2

La flotte des Vénitiens avoit aussi attaqué le royaume de Naples & pris Gallipoli, d'où leurs troupes ravageoient les lieux d'alentour. Mais la paix de Lomdardie étant conclue, tous les troubles cesserent, excepté en Toscane & à Rome, pour la raison que le pape mourut cinq jours après avoir conclu la paix. Ce pontife mourut peut-être parce que son terme étoit venu, ou peut-être aussi que la paix, dont il avoit tant d'horreur, avoit un peu hâté ce terme. Ainsi sa sainteté laissa en repos l'Italie, qu'elle avoit toujours tenue en troubles. Si-tôt que cette nouvelle fut sçue, Rome fut toute en armes. Le comte Jérôme se retira avec ses troupes du côté du château Saint Ange & les Ursins craignoient que les Colonnes ne voulussent se venger des dernieres insultes qu'ils avoient reçues. Les Colonnes, de leur côté, redemandoient leurs maisons & leurs châteaux. Tout cela produisit en peu de jours des meurtres, des pillages, & des incendies, en plusieurs quartiers de la ville.

Mais les cardinaux ayant persuadé au comte Jérôme de remettre le château St. Ange entre les maims du Sacré College, & de s'en retourner dans ses Etats, il l'exécuta, & se retira à Imole, voulant par-là se rendre favorable le pape qui devoit succéder au défunt. Les cardinaux étant délivrés de cette crainte, & les barons n'ayant plus lieu d'espérer de secours du comte dans leurs différens, l'on en vint à la création d'un nouveau pontife; & après quelques contestes, l'on élut Jean-Baptiste Cibo, Génois, qui prit le nom d'Innocent VIII : & comme il étoit d'un tempérament doux & pacifique, il fit mettre bas les armes, & mit pour-lors la paix dans Rome.

Les Florentins, après la paix de Lombardie, ne pouvoient pas demeurer en repos, parce qu'ils trouvoient que c'étoit une chose indigne & honteuse pour eux, qu'un simple gentilhomme leur eût pris le château de Serezane : & parce que, dans les articles de la paix, il étoit dit, » qu'on pût, non - seulement redemander » ce qu'on auroit perdu, mais qu'on seroit en » droit de faire la guerre à quiconque s'y » opposeroit, » ils se préparerent aussi à cette expédition, amassant de l'argent & des troupes pour cela. Mais, Augustin Frégosse, qui avoit pris Serezane, ne jugeant pas d'être en état de pouvoir soutenir une telle guerre lui seul, il fit un présent de la place à Saint George.

Or, puisque nous aurons sujet de parler sou_

vent de Saint George & de Gênes, il me
semble qu'il ne sera pas hors de propos de faire
voir comment cette ville se gouverne, car
c'est une des principales d'Italie. Après que les
Génois eurent fait la paix avec les Vénitiens en
suite d'une très-grande guerre, qui avoit duré
plusieurs année entres eux. Gênes ne se
trouva pas en état de pouvoir satisfaire les citoyens qui lui avoient prété une fort grosse
somme d'argent: c'est pourqu'oi elle leur donna
en paiement l'entrée de la Douane, & elle ordonna que chacun jouît de ce revenu à proportion
de sa créance, en défalquant sur le principal,
jusqu'à ce qu'on fût entièrement satisfait du
public là dessus; & afin que ces citoyens
pussent s'assembler, l'Etat leur donna le palais
qui est sur la Douane. Ces créanciers donc
firent une espece de gouvernement, faisant un
conseil de cent d'entr'eux, pour délibérer
sur les affaires publiques: & ils firent un magistrat de huit citoyens, qui devoit faire exécuter les résolutions prises dans le grand conseil.
Ce magistrat des huit étoit le chef de tous les
citoyens créanciers de l'Etat. Ensuite ils firent
diverses parts de leurs créances, & ils donnerent
le nom de lieux à ces parts, appellant leur corps
du nom de Saint George.

Ce gouvernement étant ainsi établi, la ville eut encore de nouveaux besoins ; ce qui lui fit avoir recours à Saint George, qui fut en état d'y subvenir, parce qu'il étoit riche & bien gouverné. Le public, au contraire, qui lui avoit déjà cédé la Douane, commença à lui céder de ses places pour gages de l'argent prêté. Enfin, la chose est allée si loin par les fréquentes nécessités du public, & par les services de Saint George, que le premier a soumis au pouvoir de celui - ci la plus grande partie des places & des villes qui dépendoit de la domination de la république ; & Saint George les gouverne & les défend, y envoyant tous les ans des gouverneurs créés à la pluralité des voix, sans que le public s'en mêle en aucune maniere. Il est venu de-la, que ces citoyens créanciers ont fait perdre l'amour qu'on avoit pour le public, parce qu'on le regarde comme un gouvernement tyrannique, & l'ont attiré à Saint George, comme à un gouvernement administré par la justice & par la prudence. C'est ce qui produit dans cette république de si fréquens & de si faciles changemens de gouvernement, & qui fait qu'elle se soumet tantôt à un de ses citoyens, tantôt à un étrager ; car, ce n'est que le public, & non pas Saint George, qui change de gouvernement. Ainsi quand il y a eu tant de combats entre les Adornes & les Frégoses pour la principauté, comme il ne s'agit que du public, la plupart des citoyens demeurent neutres, & le laissent en proie au vainqueur; & tout ce que fait Saint George, c'est de faire jurer au vainqueur l'observation de ses loix: & ces loix n'ont point été altérées jusqu'ici, parce que, comme ce Saint se trouve muni de troupes, d'argent & d'un gouvernement réglé, il est impossible d'y apporter du changement, sans s'exposer à une rebellion dangereuse & certaine.

C'est-là, en vérité, un exemple rare & à quoi les philosophes n'ont jamais pensé dans toutes leurs belles républiques imaginaires; car ici, dans une même enceinte de murailles, & parmi les mêmes citoyens, l'on voit regner la liberté & la tyrannie; la vie réglée & la vie corrompue; la justice & le libertinage : le tout, parce qu'il n'y a que ce gouvernement de Saint George qui entretienne dans cette ville l'ordre & la conduite de la vénérable antiquité. Et s'il arrivoit jamais, comme cela ne peut manquer, que Saint George devînt maître de tout l'Etat, il deviendroit une république bien plus fameuse, que celle de Venise.

Ce fut donc à ce Saint George qu'Augusti

Frégose fit présent de Serezane : & il l'accepta
volontiers & en prit la défense , mettant d'abord
une flote en mer, & envoyant du monde à
Pietra Santa pour empêcher les gens d'aller au
camp des Florentins , qui étoit déjà proche de
Serezane. D'autre côté les Florentins vouloient
s'emparer de Pietra Santa , parce que , tant qu'ils
n'en seroient pas maîtres, la conquête de Serezane en étoit moins considérable , cette premiere
place étant située entre Pise & l'autre ; mais
ils n'avoient aucun sujet légitime de l'assiéger ,
si ce n'est que les habitans , ou d'autres , qui
seroient dedans, ne vinssent s'opposer à leurs
desseins sur Serezane : & afin que cela arrivât,
les Florentins envoyerent de Pise dans leur
camp une grande quantité de munitions & de
vivres foiblement escortés , afin que ceux qui
étoient dans Pietra Santa fussent excités par la
foiblesse de l'escorte, & par la bonté du
convoi, à se jetter dessus.

La chose arriva comme on l'avoit projettée;
car cette garnison voyant un si gros butin,
ne manqua pas de s'en saisir, ce qui donna lieu
aux Florentins d'exécuter leur dessein. Ayant
donc quitté Serezane , ils vinrent mettre le siege
devant Pietra Santa , qui étant remplie d'une
bonne garnison, se défendit vigoureusement.

Les Florentins ayant posté leur artillerie dans
la plaine firent ¦ outre cela, un boulevart sur
la montagne, afin de mieux·serrer la place de
ce côté-la. Jaques Guichardin étoit commissaire
de l'armée, & pendant qu'on se b.ttoit à
Pietra Santa, la Flotte de Gênes prit & brûla
le château de Vada; & ses troupes ayant fait
dessente à terre, elles couroient & ravageoient
tout les pays d'alentour. L'on env,ya contr'elles
Bongianni Gianfigliazzi, avec de la cavalerie
& de l'infanterie, qui les resserra un peu,
ensorte qu'elles ne courroient plus si fort à leur
discrétion. Mais cette flotte continuant à
fatiguer les Florentins, elle alla à Livorne, &
avec des pontons & d'autres machines les Génois
s'approcherent de la Tour Neuve, qu'ils bat-
tirent plusieurs jours avec leur artillerie : mais
voyant qu'ils n'avançoient pas beaucoup, ils se
retirerent honteusement.

Pendant cela, l'on se battoit assez mollement à
Pietra Santa; ce qui faisant prendre courage aux
ennemis, ils attaquerent le boulevart & le prirent; ce qui leur acquit de la gloire, & donna
tant d'épouvante aux Florentins, qu'ils furent sur
le point d'aller d'eux-mêmes en déroute; mais ils
se contenterent de s'éloigner de la place environ
quatre milles. Les chefs après cela jugerent que

le mois d'octobre étant déjà commencé , il étoit
à propos de se retirer dans les quartiers d'hiver , &
de remettre au printems la prise de la place.

Quand cette nouvelle vint à Florence , elle
outra de colere ceux qui gouvernoient ; et aussi-
tôt voulant réparer les forces de leur armée , ils
élurent pour nouveaux commissaires Antoine
Pucci & Bernard Nero , qui allerent à l'armée
avec une grosse somme d'argent , et marquerent
aux chefs la colere où seroit toute la seigneurie ,
l'État et toute la ville , si l'on ne ramenoit pas
l'armée à ce siege ; & ils leur reprocherent l'in-
famie où ils s'exposeroient , si de grands capitaines , avec une si belle armée , qui n'avoit en tête
qu'une petite garnison , ne pouvoient venir à bout
d'emporter une si foible & si misérable bicoque.
Il leur représenterent l'utilité présente , & ce
qu'ils pouvoient espérer à l'avenir s'ils faisoient
cette conquête . Ainsi le courage étant revenu à
toute cette armée , l'on conclut qu'il falloit retourner à ce siege , et que la premiere chose qu'il
falloit faire , étoit d'emporter le boulevart. Ce
fut en cette rencontre qu'on vit combien la douceur , l'honnêteté , le bon accueil et les paroles
obligeantes , ont de force sur l'esprit des soldats ;
car Antoine Pucci encourageant l'un , faisant des
promesses à l'autre , donnant la main à celui - ci ,

embrassant celui-là , il fit tant qu'ils monterent à
l'assaut avec tant de vigueur , qu'ils emporterent
ce boulevard en un moment. Cependant il coûta
cher , car le comte Antoine de Marcian y fut tué
d'un coup de canon.

Ce succès épouvanta tellement ceux qui défendoient la place, qu'ils commencerent à parler
de se rendre. Ainsi afin de terminer l'affaire avec
plus de réputation , Médicis trouva à-propos de
venir au camp ; et après son arrivée , le château
tarda peu à se rendre. Comme l'hiver étoit
déjà venu , les commandans ne jugerent pas qu'il
fallût continuer plus long-tems à se tenir en campagne , mais d'attendre le printems , sur-tout l'air
corrompu de cette automne - là ayant rendu malades beaucoup de soldats. Il y eut même des chefs
qui le furent dangereusement ; sur - tout Antoine
Pucci et Gianfigliazzi le furent à tel point , qu'ils
en moururent au grand regret de tout le monde ,
tant Pucci avoit acquis d'amitié et de considération
dans ce qu'il fit à Pietra Santa.

Après que les Florentins eurent conquis cette
place , les Luquois envoyerent des ambassadeurs
la leur demander, disant qu'elle avoit été autrefois
annexée à leur république ; et ils alléguoient,
que les articles de la paix portoient, que tous les
lieux qu'on prendroit seroient restitués à leurs pre-

miers seigneurs. Les Florentins convinrent des articles de la paix ; mais ils répondirent qu'ils ne savoient pas, si dans le traité qu'ils pourroient faire avec les Génois, ils ne seroient point obligés de leur rendre Pietra Santa ; qu'ainsi ils ne pouvoient pas résoudre cette affaire que dans ce tems-là : que quand même ils ne seroient pas obligés de la restituer aux Génois, la république de Luques devoit penser à rembourser à celle de Florence les frais de la guerre, et à la dédommager de la perte de tant de leurs braves citoyens qui y étoient morts : que [moyennant cela Luques pouvoit s'assurer qu'elle rentreroit aisément dans la possession de cette place.

Tout l'hiver se passa à négocier la paix entre les Génois & les Florentins ; et c'étoit par la médiation du pape qu'on traitoit l'affaire à Rome. Mais comme elle ne se conclut pas, les Florentins seroient allés assiéger Serezane au printems, sans la maladie qui survint à Médicis en ce tems-là, & sans la guerre qui s'alluma entre le pape & le roi de Naples. Médicis outre les goutes qu'il avoit héritées de son pere, étoit encore tourmenté de grands maux d'estomac, qui l'obligerent d'aller aux bains pour s'en guérir. Mais la plus forte raison qui empécha ce siege, ce fut la guerre du pape et du roi dont voici l'origine. La ville d'Aquila dépendoit du royaume de Naples d'une telle maniere, qu'elle étoit comme libre. Le comte de Montorio avoit assez de crédit dans la ville & le duc de Calabre se trouvoit près de la riviere de Tronte, sous prétexte de vouloir appaiser certaines émeutes survenues entre les paysans de ces quartiers-là ; mais en effet, ayant la pensée de réduire entiérement la ville d'Aquila sous l'obéissance du roi, il envoya quérir le comte de Montorio, comme pour l'employer dans ce qu'il disoit vouloir faire-là. Le comte vint sans aucun soupçon, & étant arrivé auprès du duc, il le fit arrêter & envoyer à Naples. Si-tôt que la nouvelle en fut venue dans Aquila, elle mit toute la ville en émotion, & les habitans prenant tumultuairement les armes, ils tuerent Antoine Concinello, commissaire du roi, & y joignirent encore quelques citoyens qu'ils savoient être pastisans de sa majesté. Or les habitans voulant se mettre sous la protection de quelqu'un qui pût les défendre, ils arborerent l'étendard de l'église, & envoyerent des ambassadeurs à Rome pour se donner au pape avec leur ville, le suppliant de les secourir contre la tyrannie du roi, puisqu'ils vouloient être désormais les sujets de sa sainteté.

Le pape embrassa avec chaleur la défense de ces gens-là, parce qu'il haïssoit le roi pour des raisons secrettes & publiques ; & le seigneur de Saint-Séverin se trouvant brouillé avec l'Etat de Milan , & sans emploi alors , le saint-pere le prit pour commander ses troupes , & le fit venir avec une extréme diligence à Rome. Avec cela il pressa tous les parens & tous les amis du comte de Montorio de se soulever comme le roi : desorte que les princes d'Altemura , de Salerne & de Bisignano , prirent les armes contre sa majesté , qui se voyant une si prompte & si grosse guerre sur les bras , eut recours aux Florentins & au duc de Milan pour en être secouru. Les Florentins furent indéterminés sur ce qu'ils avoient à faire , parce qu'ils trouvoient que ce n'étoit pas une chose aisée, que de laisser ses propres affaires pour faire celles d'autrui ; & ils trouvoient qu'il étoit dangereux de reprendre les armes contre l'église. Cependant étant alliés du roi , ils préférerent la fidélité de leurs & le risque dela guerre à leurs propres intérêts , & ils prirent à leurs gages les Ursins. Avec cela, ils envoyerent le comte de Pitiglianeavec toutes leurs troupes, au secours du roi versRome. Ce prince fit donc deux armées , l'une sousle duc de Calabre du côté de Rome, afin de s'opposer à l'armée du pape avec les troupes Florentines ; & avec son autre armée, il devoit s'oppo-

ser en personne aux grands du royaume qui s'é-
toient soulevés. Cette guerre eut différens succès
dans ces différens endroits.

Enfin le roi de Naples ayant remporté l'avantage de tous côtés, la paix fut conclue au mois
d'août mil quatre-cent quatre-vingt six, par l'en-
tremise des ambassadeurs du roi d'Espagne ; & le
pape y donna les mains n'ayant pas été heureux
& ne voulant plus se soumettre aux caprices de
la fortune. Tous les potentats d'Italie entrerent
dans cette paix ; mais on n'y voulut point comprendre les Génois, comme rebelles au duc de
Milan, & usurpateurs des places des Florentins.

Le seigneur de Saint-Séverin après la paix faite,
ayant été peu fidelle ami du pape dans la guerre,
& peu redoutable ennemi des autres, il se retira
de Rome à-peu-près comme s'il en eut été chassé ;
& étant poursuivi par les gens du duc de Milan &
par ceux de la république de Florence, il prit la
fuite lorsqu'il eut passé Césene, parce qu'il voyoit
qu'on l'approchoit de près, & il se sauva à Ravenne avec moins de cent chevaux. Pour le reste
de ses troupes, une partie prit parti dans le service du duc de Milan, & l'autre fut défaite par les
paysans.

Le roi de Naples ayant fait la paix, & s'étant
accommodé avec les grands du Royaume, il fit
mourir

mourir Jean Coppola & Antoinet d'Anvers, avec leurs enfans, parce que pendant la guerre, ils avoient découvert ses desseins au pape.

Le saint-pere ayant vu par cette guerre, avec quelle promptitude & avec quelle affection les Florentins entretiennent leurs alliés, il vint à les aimer & à bien traiter leurs ambassadeurs, autant qu'il les avoit haïs auparavant en faveur des Génois; & à cause du secours qu'ils avoient donné au roi de Naples. Médicis s'étant apperçu de cet heureux changement, il l'entretint & le fomenta de tout son pouvoir, parce qu'il croyoit que s'il pouvoit joindre à l'amitié que le roi de Naples avoit déjà pour lui celle du saint-pere, il augmenteroit par-là considérablement son crédit & sa réputation. Le pape avoit un fils appellé François, & comme il souhaitoit de l'élever par quelque souveraineté & de l'appuyer par des amis qui le soutinssent après sa mort, il ne connoissoit personne en Italie avec qui il pût mieux l'allier qu'avec Médicis. Ainsi le saint-pere obtint de lui une de ses filles pour ce François son fils. Après cette alliance, le pape souhaitoit que les Génois cédassent Serezane aux Florentins, leur faisant voir qu'ils ne pouvoient pas retenir ce qu'Augustin Frégose leur avoit vendu, & que lui-même n'étoit pas en droit de vendre ce qui n'étoit pas à lui. Cependant le pape ne put jamais rien gagner sur eux; au contraire, pendant qu'on négocioit cette affaire à Rome, les Génois armerent plusieurs bâtimens, & ils débarquerent trois mille hommes devant qu'on sût leur dessein à Florence. Avec ces trois mille hommes ils attaquerent le château de Serezanelle, qui est situé au-dessus de Serezane, & qui est possédé par les Florentins; & ils pillerent et brûlerent le bourg qui est à côté de ce château : puis pointant le canon contre la place même, ils la battoient avec toute l'ardeur possible.

Ce coup fut une surprise pour les Florentins à laquelle ils n'avoient garde de s'attendre; desorte qu'ils assemblerent promptement leurs gens à Pise sous la conduite de Virginio des Ursins, & ils se plaignirent au pape, que les Génois leur eussent fait de telles hostilités pendant que sa sainteté négocioit la paix. Ils envoyerent ensuite Pierre Cortini à Luques, afin d'empêcher que cette république ne vînt à rompre les traités. Ils envoyerent aussi Pagolantoine Soderini à Venise pour sonder les intentions du sénat. Ils demanderent du secours au roi de Naples & au seigneur Louis Sforce; mais ils n'en reçurent de personne, car le roi de Naples répondit qu'il avoit peur de la flotte des Turcs, & Louis Sforce trouva d'autres chicanes pour différer d'en envoyer. Ainsi les Florentins sont

presque toujours seuls dans les guerres qu'ils font,
& ils ne trouvent jamais personne qui les secourent avec les autresla franchise qu'ils secourent.

Mais pour être ainsi abandonnés de leurs alliés,
ils n'en prirent pas l'épouvante, parce que ce ne
leur est pas une chose nouvelle; & ayant assemblé
une grande armée sous le commandement de
Jacques Guichardin & de Pierre Vettori, ils l'envoyerent contre l'ennemi, & elle campa sur la
rivière de la Magre. Cependant Serezanelle étoit
fort pressée par les ennemis, qui l'assiégeoient &
le battoient avec des mines, & avec tout ce qu'ils
pouvoient de plus fort. Les commissaires résolurent donc de la secourir, & les ennemis ne
refuserent pas le combat; desorte qu'étant venus
aux mains, les Génois furent battus & Louis de
Fiesque avec plusieurs de leurs commandans,
pris prisonniers.

Cette victoire n'épouvanta pas ceux qui défendoient Serezane; ensorte que bien loin de se rendre;ils s'opiniâtrerent à la défense,& les commissaires Florentins se préparoient de même à l'attaque: ainsi elle fut vigoureusement attaquée &
vigoureusement défendue. Comme ce siege tiroit
de longue, Médicis devoit venir à l'armée; & dès
qu'il fut arrivé, nos soldats augmenterent leur
courage & les ennemis le perdirent; car voyant

l'opiniâtreté des Florentins à battre la place, & la froideur des Génois à la secourir, ils se rendirent à discrétion à Médicis, & les Florentins en étant les maîtres, ils les traitèrent avec douceur à la réserve de quelques rebelles.

Pendant ce siege Louis Sforce avoit envoyé ses gendarmes à Pontremoli, pour faire voir qu'il marchoit à notre secours. Mais ayant une intelligence dans Génes, son parti se souleva contre le gouvernement,& étant appuyé de ses gendarmes, il se mit entre les mains du duc de Milan.

Dans ce tems-là les Allemands faisoient la guerre aux Vénitiens, & Boccolino d'Osimo ayant fait soulever Osino dans la marche d'Ancone contre le pape, il s'en étoit fait le tyran. Cet homme après plusieurs accidens, voulut bien rendre la ville au pape, y étant porté par Médicis; ensuite sous sa parole, il vint à Florence, où il vécut long-tems fort honoré, puis étant allé à Milan où il ne trouva pas la même fidélité, Louis Sforce le fit mourir. Les Vénitiens ayant attaqué les Allemands auprès de la ville de Trente, furent battus & leur général Saint-Séverin fut tué. Après cette défaite, les Vénitiens selon leur bonheur ordinaire, firent un traité avec les Allemands, où ils réussirent comme s'ils eussent été vainqueurs & non pas les vaincus, tant ce traité fut glorieux à leur république.

Il y eut encore en ce tems-là des mouvemens de fort grande conséquence dans la marche d'Ancone. François d'Orso de Fourli, étoit un homme d'une grande autorité dans la ville. Le comte Jérôme vint à avoir de la jalousie contre lui, ce qui fit qu'il le menaça bien des fois. d'Orso vivant dans une grande appréhension, fut conseillé par ses amis & par ses parens de prévenir le comte ; & puisqu'il appréhendoit d'en être tué, il devoit plutôt le tuer lui-même & se mettre à couvert d'un tel risque par la mort de son ennemi. Après que d'Orso eut formé ce dessein avec ses amis, ils marquerent le jour du marché de Fourli pour le tems de le mettre en exécution, parce que beaucoup de leurs amis venant ce jour-là de la campagne dans la ville, ils crurent qu'ils pourroient se servir d'eux sans les faire venir exprès. L'on étoit alors au mois de mai, & dans ce tems-là les Italiens pour la plupart, ont accoutumé de souper au jour. Les conjurés crurent donc que l'heure la plus commode pour tuer le comte seroit après qu'il auroit soupé, parce que ses domestiques soupant dans ce tems-là, il restoit presque seul dans sa chambre. Ce dessein étant formé, d'Orso alla au palais du comte à l'heure marquée, & ayant laissé ses camarades dans les premiers appartemens, il arriva à la chambre où le comte étoit.

& il dit à un de ses valets-de-chambre , qu'il fit avertir son maître que d'Orso lui vouloit parler. Le comte le fit entrer ; & après quelques paroles d'entretien , d'Orso le tua : puis ayant appellé ses camarades , ils tuerent encore le valet-de-chambre. Par hazard le commandant de la ville venoit aussi pour parler au comte ; & comme il fut entré dans la sale avec quelques-uns de ses gens , les conjurés le tuerent aussi.

Après toutes ces exécutions , ils donnerent l'allarme dans la ville , & le cadavre du comte fut jetté par les fenétres , puis ils crierent, LIBERTÉ ET VIVE ROME. Ils firent aussi armer tout le peuple , qui haïssoit le comte à cause de sa cruauté & de son avarice : puis ayant pillé ses maisons , ils firent prisonniere la comtesse Catherine avec tous ses enfans. Il n'y avoit que la forteresse à prendre , afin que toutes leurs affaires se terminassent heureusement. Mais le gouverneur ne voulant point la rendre , ils prierent la comtesse de vouloir bien le disposer à vouloir la remettre entre leurs mains. Elle promit de le faire , pourvu qu'on la laissât entrer dedans , en leur laissant tous ses enfans pour otages. Les conjurés se fierent aux promesses de cette dame & la laisserent entrer dans la citadelle. Mais si-tôt qu'elle fut dedans , elle menaça de faire mourir les conjurés des plus cruels supplices , afin de venger la mort de son mari ; & comme les autres menaçoient de tuer ses enfans , elle leur montra qu’elle avoit les moyens d’en faire d’autres.

Cela étonna les conjurés , qui ne se voyant point secourus par le pape & apprenant que Louis Sforce , oncle de la comtesse , lui envoyoit du se-cours , ils prirent ce qu’ils avoient de meilleur & de plus précieux dans leurs maisons , & se refugie-rent à la ville de Castello. Mais la comtesse étant rentrée en possession de la ville , elle vengea la mort de son mari par toutes sortes de cruautés.

Les Florentins apprenant la mort du comte se servirent de l’occasion pour reprendre la forteresse de Piancaldoli , que le feu comte avoit autrefois prise sur eux ; & ayant envoyé-là du monde , ils reprirent la place qui leur coûta la vie de Cecco , cet architecte si fameux.

Outre ce tumulte de la Romagne , il y en eut encore un autre d’aussi grande conséquence dans la même province. Galiot , seigneur de Fayence , avoit une femme qui étoit fille de Jean Bentivoglio , prince de Bologne. Cette femme haïssoit son mari , soit pour en avoir été maltraitée , soit enfin qu’elle fût d’une humeur déraisonnable ; & elle vint à le haïr à tel point , qu’elle résolut de le dé-pouiller de son Etat & de la vie. Feignant donc je

ne sais quelle indisposition , elle se mit au lit , &
elle ordonna que lorsque son mari viendroit la
voir, certaines gens affidés qu'elle cacha dans sa
chambre , se jettassent sur lui & le tuassent. Cette
femme avoit fait confidence de la chose à son pere,
qui y avoit consenti, parce qu'il espéroit se rendre
maître de Fayence après la mort de son gendre.
Quand le tems destiné à cet assassinat fut venu ,
le mari entra à son ordinaire dans la chambre de sa
femme, & ayant été quelque tems à s'entretenir
avec elle , les assassins sortirent des endroits où
ils étoient cachés , & le tuerent sans qu'il pût se
défendre.

L'allarme fut grande après un tel coup. Sa
femme se retira dans la citadelle avec un jeune fils
qu'elle avoit nommé Astorre; le peuple prit les
armes ; Jean Bentivoglio entre dans la ville , s'é-
tant préparé à ce coup avec assez de troupes & un
homme de Bergame , qui commandoit des troupes
du duc de Milan. Il se trouva encore dans Fayence
Antoine Boscoli , commissaire Florentin. Comme
tous ces chefs se furent assemblés dans une telle
brouillerie, & qu'ils discouroient sur le gouvernement de la ville , les gens de Val-di-Lamone qui
étoient coueus à cette allarme en émeute, tournerent les armes contre Bentivoglio & le commandant des troupes Milanoises qu'ils tuerent , faisant

Bentivoglio prisonnier ; & en criant le nom d'Astorre & des Florentins , ils recommanderent la ville de Fayence au commissaire de Florence. Quand on sut cette affaire dans notre ville , chacun en eut du chagrin. L'on fit pourtant relâcher Bentivoglio & sa fille , & l'on prit soin de Fayence & du jeune Astorre , du consentement de tout le peuple. Outre ces mouvemens , il y en eut encore bien d'autres dans la Romagne , dans la marche d'Ancone , & à Sienne , pendant plusieurs années que les guerres avoient été assoupies entre les grands princes. Mais comme ces mouvemens ne furent pas de grande conséquence , il me semble assez superflu de les rapporter ici. Il est vrai que ceux de Sienne après le départ du duc de Calabre en mil quatre - cent quatre-vingt-huit , furent plus fréquens ; & après plusieurs changemens , pendant lesquels la populace étoit tantôt maîtresse du gouvernement , & tantôt c'étoit la noblesse , enfin les nobles demeurerent les maîtres , dont Pandolfe & Jacques Petrucci furent ceux qui eurent le plus d'autorité ; & l'un par sa prudence , & l'autre par son courage , devinrent comme les princes de cette république.

Pour les Florentins après la guerre de Serezane ils vécurent dans un grand bonheur jusqu'à l'an mil quatre - cent quatre-vingt-douze , que Laurent de Médicis mourut , parce qu'après qu'il eut pacifié toute l'Italie par sa prudence & par son autorité, il tourna toutes ses pensées à augmenter la grandeur de sa ville , & à s'élever lui-même, mariant Pierre de Médicis son fils aîné à Alfonsine , fille du chevalier des Ursins. Ensuite il fit cardinal Jean de Médicis son second fils; ce qui fut d'autant plus remarquable, qu'on n'en avoit point encore vu d'exemple; car il n'avoit pas treize ans quand il fut élevé à cette dignité. Ce fut-là l'échelle qui éleva au ciel la maison de Médicis, comme cela parut dans la suite. Pour son troisieme fils Julien, comme L'aurent de Médicis vécut assez peu, & que l'enfant étoit jeune , le pere ne put pas lui faire une grande fortune. A l'égard des filles, il maria l'aînée à Jacques Salviati , la seconde à François Cibo fils du pape, la troisieme à Pierre Ridolfi ; & afin de tenir sa maison dans une bonne union & dans une bonne intelligence , il maria la quatrieme à Jean de Médicis : mais elle mourut peu de tems après. Pour ses affaires particulieres , Laurent de Médicis fut fort malheureux dans la marchandise, parce que ses effets furent dissipés en bien des endroits par la mauvaise conduite de ses facteurs , qui gouvernoient ses affaires comme celles d'un prince , & non pas comme celles d'un particulier : desorte qu'il eut besoin d'être aidé par le public de grandes sommes d'argent. Ne voulant donc plus s'exposer à de tels hazards , il laissa entiérement la marchandise , & se tourna du côté des terres, comme étant un bien plus ferme & plus assuré. Ainsi il forma des terres dans le Pratese , dans le Pisantin & dans le Val-de-Pise , qui pour leur revenu & la beauté de leurs édifices , étoient si magniques, qu'elles paroissoient plutôt des maisons royales que celles d'un simple bourgeois.

Après cela, Laurent de Médicis s'appliqua à rendre Florence plus belle & plus grande qu'elle n'étoit; & comme il y avoit dans l'enceinte des murailles des espaces sans maisons , il y fit faire des rues nouvelles pour y faire de nouveaux édifices , ce qui rendit la ville plus étendue & plus magnifique : & afin qu'elle fût plus en sureté dans l'état où elle étoit, & qu'elle pût combattre & soutenir ses ennemis loin d'elle , Médicis fit fortifier le château de Firenzuole au milieu de l'Apennin , tirant vers Bologne. Du côté de Sienne il commença à rétablir Poggio Imperiale & à le rendre très-fort. Du côté de Gênes il ferma l'entrée aux ennemis par les conquêtes de Pietra Santa & de Serezane. Ensuite il entretenoit les Baglioni ses amis dans Pérouse avec des pensions & des gages ; aussi-bien que les Vitelli dans la ville de Castello. Pour Fayence , il en avoit le gouvernement en son particulier ; & tous ces lieux-là étoient autant de boulevards de sa ville.

Pendant ces tems de paix, il entretint toujours les fêtes & la joie dans sa patrie, où il faisoit souvent voir des tournois & des représentations d'actions & de triomphes anciens. Son but n'étoit que d'entretenir la ville opulente, le peuple uni, & la noblesse honorée. Il aimoit sur toutes choses, ceux qui excelloient en quelque art. Il favorisoit les savans; & c'est ce dont peuvent rendre bon témoignage Agnolo de Montepulciano, Christofle Landini, & Demetrio Greco. De - là vient que le comte de la Mirandole, qui étoit un homme presque divin, laissant toutes les autres parties de l'Europe qu'il avoit vues, vint fixer sa demeure à Florence, porté à cela par la magnificence de Laurent de Médicis. Il se plaisoit très-particuliérement à l'architecture, à la musique & à la poésie. L'on voit de lui plusieurs ouvrages en vers, qu'il a composés & enrichis de commentaires. Et afin que la jeunesse de Florence pût s'exercer dans les belles-lettres, il forma une université à Pise, où il attira tous les plus grands hommes qui fusseut alors en Italie. Il bâtit un monastere auprès de Florence pour frere Mariano de Quinazano, parce que ce moine étoit un très-excellent prédicateur. Il fut tellement aimé de

Dieu, & favorisé de la fortune, que tous ses desseins eurent un succès heureux & ses ennemis au contraire réussirent tous mal; car outre les Pazzi, Battiste Frescobaldi voulut encore le tuer dans les Carmes et dans sa terre. Baldinot de Pistoïe voulut faire la même chose; mais l'un & l'autre aussibien que leurs complices furent punis très-justement de leurs crimes.

Par cette maniere de vivre, par une si grande prudence, & par une telle fortune, Laurent de Médicis fut en admiration, non-seulement aux princes d'Italie, mais encore à ceux des pays éloignés. Mathias roi de Hongrie, lui donna souvent des marques d'amitié. Le Sultan d'Egypte le fit visiter & régaler par ses ambassadeurs. Le grand Turc lui remit entre les mains Bernard Bandini, qui avoit tué Julien de Médicis son frere : & tout cela le faisoit regarder avec admiration dans l'Italie. Sa réputation augmentoit aussi tous les jours par sa prudence, parce qu'en parlant des affaires, il étoit éloquent & pénétrant; dans la résolution il étoit sage ; & dans l'exécution il étoit prompt & courageux.

Au reste, toutes ces grandes qualités n'étoient point gâtées par aucuns vices, quoiqu'il eût un prodigieux penchant pour l'amour, qu'il aimât les diseurs de bons mots, & ceux qui savoient un peu mordre, & qu'il se plût à badiner avec ses enfans, peut-être un peu plus qu'il n'eût été bienséant à un si grand homme, jusques-là qu'on l'a vu souvent se mêler dans tous les petits jeux de ses fils & de ses filles : desorte que, quand l'on voyoit en lui sa vie badine & sa vie grave, il sembloit qu'il fût composé de deux différentes personnes, incompatibles & impossibles à joindre l'une avec l'autre. Il souffrit de grands maux à la fin de sa vie par sa maladie, qui le tourmentoit horriblement ; car il étoit si oppressé de douleurs d'estomac insupportables, qui le presserent tant qu'enfin il mourut en avril mil quatre-cent quatre-vingt-douze, âgé de quarante - quatre ans.

Jamais il ne mourut personne, ni à Florence, ni dans toute l'Italie même qui remportât une si grande réputation de prudence, & qui laissât tant de regret de lui dans sa patrie : & comme sa mort devoit produire de grands malheurs, le ciel en donna des signes très-évidens, l'un desquels fut, que le plus haut du faîte de l'église de Santa Reparata fut frappé de la foudre avec une telle furie, que la plus grande partie du pinacle en tomba, au grand étonnement de tout le monde. Tous les citoyens de Florence & tous les princes d'Italie furent donc affligés de cette perte ; & tous ces souverains envoyerent leurs

ambassadeurs à Florence en faire leurs condo-
léances. Mais la suite ne montra que trop qu'on
avoit sujet de s'affliger d'une telle mort ; car l'I-
talie étant privée de son conseil, ceux qui resterent
après lui ne parurent trouver aucun moyen de
brider, ni d'assouvir l'ambitition de Louis Sforce,
gouverneur du duc de Milan. C'est pour cela
que, si-tôt que Médicis fut mort, l'on commença de voir naître ces méchantes semences
qui peu après ruinerent & qui ruinent encore
l'talie, parce qu'il ne restoit plus personne dans
ce pays-là, qui sût les étouffer dans leur naissance.

Fin du huitieme & dernier Livre de
*l'*Histoire de Florence.

PRÉFACE

DE NICOLAS MACHIAVEL

SUR LE LIVRE

DE L'ART DE LA GUERRE,

Adressé à LAURENT STROZZI, *Gentil-homme Florentin.*

BIEN des gens sont persuadés qu'il n'y a rien qui soit si opposé que la vie militaire & la vie civile. C'est pour cela que nous voyons tous les jours, qu'un homme qui prend le parti des armes, commence d'abord à changer d'habits, de manieres, de mœurs & de langage même, ne gardant rien qui ait l'apparence de sa premiere vie ; car un homme qui veut être disposé à exécuter promptement quelque expédition vigoureuse, ne croit pouvoir faire le aisément dans un habit de ville ; & il ne faut pas espérer de trouver de la politesse & des manieres honnêtes chez des gens qui croyent que cela ne convient qu'à des efféminés, & qu'il n'y a rien de plus disproportionné à la valeur : ainsi n'attendez pas un extérieur & des discours ordinaires de la part d'un homme qui croit qu'il doit épouvanter tout le monde avec sa barbe & ses blasphêmes. C'est donc cette conduite qui persuade qu'un soldat est extrêmement différent d'un autre homme.

Mais si nous tournons les yeux du côté des anciens, nous trouverons que ces conditions sont extrêmement liées entr'elles par mille rapports, & que par conséquent ceux qui sont engagés dans ces différentes manieres de vivre doivent être fort unis entr'eux ; car tous les arts qu'on a introduits dans la société pour le bien public ; tous les ordres établis pour maintenir le service de Dieu & la soumission aux oix , seroient des choses entierement inutiles, si la république étoit sans défense : & quand les armes sont en bon état, elles peuvent même tenir en sureté un peuple, dont les autres loix ne seroient pas d'ailleurs fort bonnes. Au contraire, les meilleurs réglemens du monde ne tardent gueres à être renversés, s'ils ne sont pas soutenus comme il faut par la force des armes ; à peu près comme les appartemens d'un superbe palais, quand ils seroient enrichis d'or & de pierreries, ne laisseroient pas de périr en peu de tems, si rien ne les tenoit à couvert de la pluie, & de toutes les injures de l'air.

Si donc, dans tous les autres ordres qui composent un Etat, les anciens ont cherché avec beaucoup de soin, tous les moyens imaginables pour retenir les hommes dans les devoirs de la fidélité, de l'amour de la paix, & du respect pour les choses sacrées, ils redoubloient leurs soins pour que leurs guerriers surpassassent le reste des hommes dans ces bonnes dispositions. En effet, de qui une république doit-elle exiger une fidélité plus incorruptible, que de la part d'un homme qui lui jure de mourir pour elle ? Quelles sortes de gens doivent davantage aimer la paix, que ceux qui sont si exposés en tems de guerre ? Enfin, qui est-ce qui doit respecter & aimer la divinité, si ce n'est celui qui, se trouvant tous les jours en mille hasards, a plus de besoin de la protection céleste que les autres hommes ? Les législateurs & les généraux d'armées, s'appliquant à la considération de cette nécessité, où les gens de guerre se trouvent, de s'attirer, autant qu'ils peuvent, la faveur divine, ils ont fait en sorte que la vie des soldats fut en édification aux peuples, & leur put servir de modele pour régler leur conduite.

Mais la discipline militaire étant tombée dans la derniere corruption, & étant devenue comme l'antipode de celle des anciens, la profession des armes n'est plus que l'objet de l'aversion des honnêtes gens, qui fuient ceux qui y sont engagés comme des gens indignes d'avoir part à la société & au commerce des autres hommes. Cependant, après une grande lecture & un véritable examen de la chose, je suis persuadé qu'il n'est pas impossible de ramener l'usage des anciens, & de faire revivre dans le cœur de nos gens quelques mouvemens de la valeur de nos ancêtres. C'est ce qui m'a fait résoudre d'écrire sur l'Art de la Guerre, afin de satisfaire ceux qui aiment les grandes actions des anciens, & afin de ne passer pas dans une continuelle oisiveté le repos dont je jouis à-présent. Et bien que ce soit un dessein hardi, d'écrire sur une matiere que personne n'a traitée de propos délibéré, je ne crois pourtant pas qu'il soit blâmable de prévenir les gens par un simple discours, pendant que d'autres ont eu la témérité de le faire par leurs

N* 3

actions ; car les fautes que je peux commettre dans l'exécution de ce projet, peuvent bien être rectifiées sans faire tort à personne : mais dans la pratique & dans les exécutions militaires, si l'on se trompe ce ne peut être qu'au préjudice d'un Etat.

Vous donc, Monsieur, après avoir examiné cet ouvrage, ayez la bonté d'en déclarer la juste valeur ; car je vous le consacre, afin de vous donner des marques de ma reconnoissance, quoiqu'il ne soit pas en mon pouvoir de m'acquitter de ce que je vous dois, & afin de satisfaire aux justes devoirs, dont on honore ceux qui se distinguent par leur naissance, leurs richesses, leur esprit & leurs largesses. Je sais que vous avez peu d'égaux en opulence & en qualité ; que le nombre de ceux qui vous égalent du côté de l'esprit est encore plus petit ; & que personne n'approche de vous à l'égard de la libéralité.

REMARQUES

OU

AVIS

DU TRADUCTEUR.

Quoique la maniere de faire la guerre soit extrêmement différente aujourd'hui de celle qui étoit en usage du tems de l'Auteur, son livre ne laisse pas d'être d'une très-grande utilité : premierement parce qu'un génie du premier ordre ne peut rien produire qui ne porte son caractere ; que d'ailleurs il y a des principes généraux qui sont de tous les tems ; & qu'enfin, outre le plaisir de voir la différence des tems, cette opposition peut donner d'utiles ouvertures aux habiles.

N* 4

gens, & particulierement à ceux qui
s'appliquent au métier des armes. Il y a
encore dans cet ouvrage un grand nombre
de réflexions, qui plairont sans doute
beaucoup aux connoisseurs ; & sur la fin
du second livre l'Auteur fait une espece
d'épisode, dans laquelle il traite en habile
homme des causes qui font la rareté ou
la quantité des grands capitaines.

Dans cette traduction j'ai, autant que
j'ai pu, accommodé les termes de l'Auteur
aux nôtres sans changer sa pensée. Par
exemple il appelle *batailles* ce que nous
appelons *bataillons* ; & au contraire il
appele *bataillons* ce que nous appelons
régimens. Mais il faut savoir qu'il regle
ces sortes de corps, qu'il appele *bataillons*
ou *grosses batailles*, sur le pied des *légions
romaines*, qui étoient d'environ six mille
hommes, entre lesquels il y avoit trois
cents chevaux ; ce qui n'est pas de l'usage
de nos régimens d'aujourd'hui, qui ne
sont composés que d'une sorte de milice,

et dont le nombre n'est point fixe, comme étoit celui des *légions*.

CEPENDANT, j'ai gardé les noms anciens des choses dont nous n'avons plus l'usage : tel est le terme d'*écuyers*, pour signifier des soldats qui portent un *écu*, ou un *bouclier*; et le mot de *vélites*, qui signifioit des fantassins armés à la légere, et qui ne gardoient point de rang dans le combat. J'ai encore exprimé par le terme de *caporal* celui de *chef de dixaine* de l'auteur. Quand il l'applique à la *cavalerie*, je l'explique par le mot de *brigadier*. Je me sers aussi du terme de *musique militaire*, quoique ce ne soit pas notre maniere de parler, mais je n'ai pu en trouver une plus propre, pour exprimer tout ce que l'auteur entend par celui de *son*, qui comprend les *tambours*, les *fifres*, les *trompettes*, &c.

A L'ÉGARD des noms des pays je les ai laissés comme ils étoient dans mon original; ainsi, je n'ai point changé le *Péloponese* en *Morée* ni les *Iliryens* en *Esclavons*:

je suis même allé plus loin que *Machiavel* sur cet article ; car, il appelle du nom de *Français* les anciens *Gaulois*, jusqu'à ceux qui habitoient cette partie de l'*Italie*, qu'on appelle aujourd'hui la *Lombardie*. Comme il est le seul qui en ait usé de cette maniere, j'ai cru être en droit de pouvoir redonner l'ancien nom à des gens, qui ne me paroissoient pas devoir être mis si fort à la mode.

Je n'ai point voulu, non plus, employer quelques mots, et quelques phrases latines, qui sont dans le texte italien ; comme *tergiductor*, *aggrédi urbem coroná*, &c: cela déplait trop en notre langue, qui ne tolere aucune licence, pendant que des langues étrangeres ont une indulgence charmante pour leurs auteurs, qui ont le prévilege de placer les mots au commencement ou à la fin de la période, comme il leur plaît ; de faire des parentheses ; de donner si bon leur semble des tours équivoques ; d'employer de vieux

mots, quand même ils seroient inintelli-
gibles ; de répéter tant qu'ils veulent les
mêmes termes ; & de prendre enfin toutes
les commodités qu'ils jugent à propos,
soit en vers, soit en prose. Ce sont-là des
prérogatives dont les Français ne jouissent
point ; & un homme qui écriroit les meilleures choses du monde en notre langue,
dans un style aussi antique que celui de
Boccace & de Petrarque, par exemple, il
se rendroit aussi ridicule que s'il alloit à
la cour avec une fraise, une grande barbe,
& un chapeau pointu. Cependant tous les
Italiens admirent encore aujourd'hui ces
deux anciens Auteurs, quoiqu'ils n'en
entendent plus le langage.

J'ai encore à avertir le lecteur, que
le terme de *braccio*, si fréquent dans
l'original, est une mesure de deux pieds-
de-roi ou environ ; c'est-à-dire de 24
pouces. Chaque pouce contient 12 lignes,
qui sont chacune de la largeur d'un grain
d'orge à peu-près. Par la *toise*, j'entens

une mesure de six pieds. J'appele souvent cette mesure de deux pieds, *un pas*, ceux que l'on fait d'ordinaire étant de cette étendue.

A l'égard du terme de *classe* des anciens Romains, il ne veut dire autre chose que des compagnies réglées, composées de ceux qui étoient capables de porter les armes, & qu'on exerçoit à cela. On se sert aujourd'hui de ce terme en France, pour signifier les compagnies de matelots, qu'on éleve & qu'on engage à servir sur les flottes du roi de France quand il lui plaît. Le terme de *cistre* signifie une espece de harpe. Ces mots de *créneaux* & *venteaux*, & ce qu'ils signifient, ne sont plus en usage à-présent. L'expérience de la violence du canon a fait succéder à cet usage celui des *embrasures* & des *gabions* Cette même expérience est cause aussi qu'on ne se sert plus de mille machines d'*arbalettes*, &c. que j'ai cru par conséquent ne devoir ni nommer, ni expliquer, comme étant absolument inutiles aujourd'hui.

Enfin, la *phalange*, qu'on appelloit *macédonienne*, étoit un gros *bataillon quarré*, armé de piques & de boucliers, dont l'ordonnance étoit fort pressée. Il contenoit d'ordinaire huit mille hommes.

NICOLAS MACHIAVEL
AU
LECTEUR.

Pour bien entendre l'ordonnance d'une bataille, celle d'une armée, & la maniere de camper, je crois qu'il est nécessaire de vous en donner des desseins & des plans, qui se rapportent aux endroits où il en est parlé. Mais devant que d'aller plus avant il est à propos de vous marquer ici les différens caracteres avec lesquels je désigne les fantassins, les cavaliers, & toutes les autres parties qui composent un corps d'armée.

EXPLICATION

DES

CARACTERES DES FIGURES.

o   *Représente* les Ecuyers.
d   Les Piquiers ordinaires.
e   Les Piquiers extraordinaires.
x   Les Caporaux des Ecuyers.
*   Les Caporaux des Piquiers.
r   Les Vélites ordinaires.
t   Les Vélites extraordinaires.
C   Les Capitaines d'un Bataillon.
B   Le Commandant d'un Bataillon.
P   Le Colonel ou Commandant d'un Régiment.
G   Le Général de l'Armée.
z   Les Enseignes.
s   Le Son ou la Musique militaire.
g   Les Gendarmes ou Caval. pesamment armée.
Q   Leurs Capitaines.
y   Les Chevaux-Légers.
I   Leurs Capitaines.
OO   L'Artillerie.

Les Figures sont au nombre de huit.

DE L'ART

DE LA

GUERRE.

LIVRE PREMIER.

ETANT persuadé qu'après la mort on peut donner des louanges à qui l'on veut, sans encourir de blâme, parce qu'il ne reste plus aucun soupçon de flatterie, je ne ferai point de difficulté de dire du bien de Cosme Rucellai, que je ne peux jamais nommer sans verser des larmes, l'ayant toujours connu parfait ami & bon citoyen : car pour ses amis, il eut tout sacrifié, jusqu'à sa propre vie ; & pour sa patrie, il n'est point d'entreprise si hardie qui eût pu l'étonner, pourvu qu'il vît qu'il s'agissoit du bien de l'Etat. J'avoue qu'entre tant de grands hommes que j'ai-

connus & fréquentés, je n'en ai jamais trouvé aucun , dont le cœur fût plus porté que le sien aux grandes actions , & à la véritable gloire. Toute la plainte que cet illustre ami fit en mourant fut d'être né pour mourir jeune dans sa propre maison sans gloire , & sans avoir pu servir personne comme il l'eût bien souhaité ; car il croyoit qu'on ne pouvoit dire autre chose , sinon qu'on perdoit en lui un bon ami. Cela n'empéche pas que nous , ou d'autres qui le connoissoient comme nous , ne puissions rendre témoignage de ses bonnes qualités , puisque ses actions ne parlent pas. La fortune ne lui fut cependant pas toujours si contraire, qu'il n'eût l'occasion de laisser quelques marques de la délicatesse de son génie , comme cela paroît par quelques ouvrages & quelques poésies , dont l'amour faisoit le sujet. Il s'exerçoit à cela dans sa premiere jeunesse, quoiqu'il ne fût point amoureux. C'étoit seulement pour n'être pas oisif , & en attendant que la fortune le mît en chemin de faire de plus grandes choses. L'on peut connoître par ces ouvrages combien heureusement il ex rimoit ses pensées , & quelle réputation il auroit acquise dans la poésie, s'il l'eût regardée comme la fin de ses travaux.

Ne possédant donc plus, par notre malheur un

ami d'un si grand mérite, il me semble que nous ne pouvons pas mieux faire pour adoucir notre ennui, que de nous en rafraîchir souvent la mémoire, & de faire une recherche de tout ce qu'il a dit de plus spirituel, & des matieres qu'il a traitées avec le plus d'esprit & de jugement.

Et parce qu'il n'y a rien de plus récent de lui, que la conversation qu'il eut avec le seigneur Fabrique Colonne, dans laquelle ce prince fit un long discours sur les matieres de la guerre, notre ami lui faisant diverses questions spirituelles & qui marquoient beaucoup de pénétration, j'ai jugé à propos de mettre ce discours par écrit, ayant été moi-même de cet entretien, avec quelques-uns de nos amis, afin qu'en le lisant, ces amis qui étoient présens, remettent dans leur esprit l'idée des belles qualités du défunt, & que ceux qui n'y étoient pas ayent en partie du regret de ne s'y être pas trouvés, & en partie, apprennent mille belles choses, non-seulement avantageuses pour la vie militaire, mais aussi fort utiles pour la vie civile, & qui ont été traitées avec beaucoup d'intelligence par un prince très-prudent & très-expérimenté.

Je dis donc que le seigneur Fabrique Colonne, revenant de Lombardie, où il avoit long-tems

& glorieusement fait la guerre pour le roi ca-
tholique, résolut en passant par Flo.ence, de
se délasser quelques jours dans cette ville pour
visiter le grand duc, & renouveler connoissance avec quelques cavaliers, dont il avoit reçu
autrefois des marques d'amitié. Ce fut alors
que notre défunt ami fit la résolution de le régaler dans son jardin ; non pas tant pour satisfaire
son humeur bienfaisante, que pour avoir l'occasion de s'entretenir long-tems avec ce seigneur ;
& par conséquent d'apprendre de lui mille choses
qu'on peut raisonnablement attendre d'un si
grand homme, jugeant qu'il ne pouvoit pas
trouver une occasion plus favorable, pour parler
à fond des choses qui étoient le plus de son
goût. Le seigneur Colonne vint, selon le sou-
hait de monsieur Rucellai, qui le reçut avec
quelques uns de ses meilleurs amis, entre lesquels
se trouverent messieurs *Zanobe Bondelmonte*,
Batiste della Palla, & *Louis Alamanni*, tous
jeunes cavaliers chéris de lui, & ayant les mêmes
inclinations : mais parce que les bonnes qualités
font l'entretien de tous les honnêtes gens, je
me dispenserai d'en parler ici.

Le seigneur Colonne reçut là toutes les marques
d'honneur & de respect qu'il pouvoit attendre
& du lieu, & du tems. Mais après que le

festin fut fini, ce qui se fait d'ordinaire promptement chez les grands hommes, qui ne remplissent
presque jamais leur esprit que de choses dignes
d'eux-mêmes, monsieur Rucellai trouva à propos
pour éviter la chaleur, de mener la compagnie
dans l'endroit le plus ombragé & le plus frais
de son jardin, où tous s'étant rendus, les uns
s'assirent sur l'herbe, qui est fort fraiche en ce
lieu-là, les autres sur des sieges placés à l'ombre de
très-grands arbres. Le seigneur Colonne fit l'éloge
du lieu, & s'attachant à considérer les arbres, il
demeura un peu en suspens, parce qu'il y en avoit
qu'il ne connoissoit pas ; dont monsieur Rucellai
s'étant apperçû, lui dit : peut-être ne connoissez-
vous pas tous ces arbres ici : mais, ne vous en
étonnez pas, puisqu'il y en a quelques-uns qui
ont été plus recherchés chez les anciens, que
parmi nous ; &, après lui avoir dit le nom, &
comment son grand pere s'étoit attaché à les
cultiver, le seigneur Colonne repliqua : je me
figurois bien qu'il falloit que les choses fussent
comme vous dites, parce que le lieu & les arbres m'ont fait souvenir de certains princes du
royaume de Naple, qui ont aussi de l'inclination pour se donner de ces sortes d'ombrages.
Ensuite, s'étant un peu arrêté là-dessus, & demeuré quelque tems comme en suspens, il ajouta :

O 3

si je croyois n'offenser personne , j'en dirois
mon avis : mais je ne dois pas avoir cette appréhension avec des amis, sur-tout ayant plutôt
dessein d'examiner les choses , que de les blâmer. O ! que ces gens-là (ce qui soit dit sans
offenser personne) auroient bien mieux fait de
tâcher d'imiter les anciens dans les choses difficiles et courageuses, que dans les délicates &
les voluptueuses , & dans celles qu'ils faisoient
en plein soleil, & non pas à l'ombre; & à prendre les belles manières de la bonne & de la parfaite antiquité, & non pas celles de la fausse &
de la corrompue , parce que si-tôt que les Romains donnerent dans ces sortes d'inclinations ,
ma pauvre patrie alla en décadence. A quoi
monsieur Rucellai répondit : (mais, pour éviter
le chagrin de répéter souvent, celui-ci dit, l'autre répondit, on mettra seulement le nom des
personnes , sans ajouter autre chose.)

RUCELLAI. Vous avez justement entrepris la
matière que je souhaittois , & je vous prie de
parler sans égards , parce que je suis bien aise
aussi de n'en point avoir à mon tour , en vous
faisant des questions , ou en repondant ; &
si dans l'un ou dans l'autre je blâm ou je dé-
fens quelqu'un , ce ne sera nullement dans la
pensée de paroître homme d'esprit , ou de

critiquer , mais pour apprendre de vous la vérité.

COLONNE. Et moi, je serai ravi de vous dire tout ce que je saurai des choses que vous me-demanderez , de la vérité desquelles je m'en rapporterai à votre jugement. Ce sera quelque chose d'agréable pour moi que vous me fassiez des questions,parce que j'espere autant apprendre de vous dans vos demandes , comme vous pourrez apprendre de moi dans les réponses que je vous ferai ; puisque souvent une personne , qui questionne avec prudence , fait faire des réflexions , & connoître bien des choses , qui ne seroient jamais venues dans l'esprit , si on n'avoit pas été interrogé.

RUCELLAI. Je veux revenir à ce que vous disiez d'abord , que mon grand pere et vos princes Napolitains auroient bien mieux fait d'imiter les anciens dans les choses laborieuses, que dans les délicates ; & moi, je veux défendre la partie où j'ai intérêt , vous laissant le soin de défendre l'autre. Je ne crois pas que dans son tems il y eût un homme qui détestât autant que mon grand pere cette vie voluptueuse dont vous parlez , & qui estimât davantage la vie laborieuse, dont vous faites l'éloge. Cependant il voyoit bien qu'il etoit impossible , & à lui & à ses enfans , de s'y donner entièrement , parce qu'il

O 4

étoit né dans un siècle si corrompu, que si quelqu'un avoit voulu s'éloigner des manieres ordinaires, il auroit sans doute passé pour infame dans l'esprit de tout le monde : car un homme qui en plein midi & au cœur de l'Eté, se seroit roulé sur le sable tout nud à la grande chaleur du soleil, ou un autre qui, comme Diogene, se seroit au cœur de l'hiver roulé sur la neige, auroit sans doute passé pour fol. Si aujourd'hui un homme, selon l'usage des Lacédémoniens, élevoit ses enfans à la campagne, les faisoit dormir au serein, aller nuds pieds & nue tête, se baigner dans l'eau froide, pour les accoutumer à supporter la fatigue, & pour leur diminuer l'amour de la vie & la crainte de la mort, on se mocqueroit sans doute de cet homme, & on le regarderoit plutôt comme une bête féroce, que comme une créature douée de raison. Si l'on en voyoit un autre ne vivre que de légumes, & mépriser l'or, comme faisoit Fabrice, peu de gens en feroient état, & nul ne l'imiteroit. Ainsi mon grand pere étant épouvanté de la maniere de vivre de ces siecles, se vit pourtant obligé d'abandonner celle des anciens, se contentant d'imiter l'antiquité dans les choses où il pourroit le faire avec moins d'éclat.

COLONNE. Vous l'avez vivement défendu

à cet égard, & en vérité ce que vous dites est véritable; mais, je n'entendois pas tant parler de ces manieres de vivre dures & difficiles, comme d'autres plus douces, qui ont plus de rapport aux manieres d'aujourd'hui, & que je crois que les plus considérables personnes d'un Etat pourroient fort bien supporter. Pour moi, il n'y a point d'exemple qui puisse me faire abandonner mes chers anciens Romains. Si l'on considéroit bien leur vie & l'ordre de leur république, on y verroit bien des choses qu'il seroit facile d'introduire dans un Etat qui ne seroit pas tout-à-fait corrompu.

RUCELLAI. Quelles sont les choses qui ont du rapport aux anciens, que vous voudriez ramener aujourd'hui?

COLONNE. Respecter & récompenser le mérite; ne point mépriser la pauvreté; faire état de la maniere & des ordonnances de la discipline militaire; obliger les concitoyens à s'entr'aimer, à vivre sans factions, à préférer le bien public au particulier, & autres choses de cette nature, qu'on pourroit aisément accommoder aux tems présens. Et ces manieres-là ne sont pas difficiles à persuader, lorsqu'on s'y prend comme il faut, & qu'on y apporte de l'attention, parce qu'elles paroissent si conformes à la lumiere naturelle, que l'esprit le plus commun en est très-capable : & ceux qui établiront ces choses, planteront des arbres, dont l'ombre donnera plus de plaisir & plus de véritable bonheur, que ceux sous lesquels nous sommes ici.

RUCELLAI. Je ne veux point repliquer à tout ce que vous avez dit ; mais j'en veux laisser faire le jugement à ceux qui en sont capables ; & je m'adresserai à vous-même, qui êtes l'accusateur de ceux qui n'imitent pas les anciens dans les belles & dans les grandes actions, me figurant que par-là je serai plus aisément satisfait dans ce que je souhaitte. Je voudrois donc savoir de vous, d'où vient que, d'un côté, vous blamez tant ceux qui n'imitent pas les anciens, & que de l'autre vous, dont la guerre est la profession dans laquelle vous avez acquis tant de réputation, n'imitez néanmoins en aucune maniere les anciens dans cet art ?

COLONNE. Vous êtes justement venu où je vous attendois, parce que mon discours me devoit attirer cette question ; & moi, je ne demandois pas mieux qu'on me la fît. Et quoique je pusse sortir de ce pas par une défaite aisée, j'aime pourtant mieux approfondir la chose, pour votre satisfaction, & pour la mienne, d'autant plus que nous sommes fort dans le tems de parler de cette matiere. Les hommes qui entreprennent une chose , doivent employer tous leurs soins pour se trouver bien disposés , dans l'occasion à se bien acquitter de ce qu'ils ont présupposé devoir faire. Et parce que c'est ordinairement hors de la vue du monde qu'on se prépare pour ce qu'on veut entreprendre , on ne peut pas accuser personne de négligence , à moins que cela n'ait paru dans l'occasion , où , lorsqu'on ne remplit pas son devoir, on fait voir ou que l'on ne s'est pas préparé autant qu'il étoit nécessaire , ou même qu'on n'a nullement pensé à la chose. Et parce que je n'ai jamais eu lieu de faire voir comment je m'étois disposé à remettre la milice sur le pied des anciens , si je ne l'y ai pas mise en effet , il me semble, que ni vous, ni d'autres, n'avez juste sujet de m'en blâmer. Je crois que cela seul suffiroit pour me justifier de votre accusation.

RUCELLAI. Cela suffiroit en effet , pourvu que je fusse assuré que vous n'avez jamais eu les moyens de réformer les abus que les modernes ont laissé glisser dans la discipline militaire.

COLONNE. Mais parce que je sais que vous pouvez ignorer si l'occasion s'est présentée ou non ; pourvu que vous ayez la patience de m'écouter , je veux vous expliquer comment il faut se disposer d'abord ; en quelle conjoncture il faut qu'on se trouve ; quelles difficultés empêchent que les dispositions ne servent de rien , & que l'occasion ne se présente pas ; & comment cette chose tout-à-la-fois est fort aisée & fort difficile à faire , quoique cela paroisse contradictoire.

RUCELLAI. Ces Messieurs & moi ne pouvons rien entendre de plus agréable que tout cela ; & si vous ne vous lassez point de parler, nous ne nous lasserons jamais de vous entendre. Mais parce que ce discours doit être long , je vous supplie au nom de mes amis & de moi, que vous ne trouviez pas mauvais si nous vous interrompons quelquefois par quelques questions importunes.

COLONNE. Je serai très-satisfait, monsieur , que vous & ces jeunes messieurs me fassiez des questions parce que je crois que la jeunesse vous donne plus d'inclination pour ce qui regarde la guerre , & plus de déférence à ce que je vous dirai. Il y a bien des gens, qui pour avoir les cheveux blancs & le sang glacé dans les veines , sont en partie ennemis de la guerre , & en partie aussi ils sont incorrigibles, s'imagnant que c'est le siecle & non les mauvaises coutumes, qui font vivre les hommes comme ils vivent. Mais , à mon

égard, demandez moi en assurance, & sans scru-
pule tout ce que vous voudrez ; ce que je vous
prie de faire, tant parce que cela me servira un
peu à prendre haleine, que parce que je serai
bien aise de ne vous laisser aucun doute dans
l'esprit. Je veux commencer par ce que vous
venez de me dire, d'où vient que faisant profession des armes, je n'imitois les anciens en rien ?
A quoi je répons, que la guerre étant un art,
duquel les hommes ne peuvent pas vivre honnê-
tement en tout tems, il n'y a que les monarchis
ou les républiques, qui en puissent faire un métier ; & quand l'un ou l'autre de ces Etats sera
bien gouverné, il ne permettra jamais à ses
sujets d'en faire leur unique profesion. Et aucun homme de bien ne peut jamais la regarder
comme telle, parce que jamais l'on ne sera considéré comme un homme de bien, lorque pour
tirer en tout tems du profit d'une chose, l'on
sera contraint d'être ravisseur, violent, fourbe
& avoir plusieurs qualités, qui empéchent d'ê-
tre honnéte homme. Cependant, tous ceux qui
se font un métier de la guerre, tant grands
que petits, ne peuvent pas faire autrement,
parce qu'elle n'apporte rien pendant la paix.
Ainsi, ils sont contrains d'agir, comme si on
n'étoit point en paix ; ou de faire si bien leur

main en tems de guerre, qu'ils ayent de quoi subsiter lorsqu'elle est terminée. L'une & l'autre de ces manieres n'entre point dans l'esprit d'un homme de bien, parce que, pour pouvoir vivre de ce métier en tout tems, il faut dans l'occasion, piller & faire mille violences, autant aux amis qu'aux ennemis ; & pour éviter la paix, il n'est point de fourberie que les chefs n'imaginent, & ne fassent à leurs supérieurs, pour allonger la guerre. Si, nonobstant cela, la paix revient souvent, il faut que ces chefs, n'ayant plus ni leurs gages ni la liberté de vivre licentieusement, arborent enfin l'étendart de la bonne avanture & comme des bandits, aillent sans aucune humanité, saccager des provinces entieres. Ne vous souvient-il point du tems que l'Italie étant remplie de soldats sans paye, parce que la guerre étoit finie, ces gens firent plusieurs brigades, qu'ils appelloient des compagnies, & alloient rançonnant les bourgs & les villages, & ravageant la campagne, sans qu'on y pût apporter de remede ? N'avez-vous point lu que les soldats Carthaginois sous la conduite de Mathon & de Spendion, deux chefs qu'ils se donnerent tumultuairement, firent aux Carthaginois mêmes, aprés la premiere guerre qu'ils eurent contre les

Romains, une autre guerre plus dangereuse
que celle-là qu'ils venoient de terminer avec
Rome ? Du tems de nos peres, François,
Sforce, afin de pouvoir vivre en grand seigneur
en tems de paix, non-seulement trompa les Mi-
lanois, qui le tenoient à leur solde ; mais, il
leur ôta aussi la liberté, & devint leur souverain.
Tous les autres guerriers d'Italie, qui ont fait
de la guerre leur métier, ressemblent à ce
général ; & s'ils n'ont pas eu l'adresse de devenir tous comme les ducs de Milan, ils n'en
méritent que le blâme, puisque sans parvenir à
quelque chose de si considérable, tous ceux
qui liront leurs vies, verront bien qu'ils n'ont
pas eu l'intention plus droite. Sforce, pere de
François, contraignit la reine Jeanne de se jetter
entre les bras du roi d'Arragon, l'ayant tout
d'un coup abandonnée & laissée sans défense
au milieu de ses ennemis ; le tout seulement
pour satisfaire la passion qu'il avoit, ou de
lui ravir la couronne, ou du moins d'extorquer
d'elle de grands trésors. Braccio employa les
mêmes artifices pour s'emparer du royaume
de Naples ; &, s'il n'eût été défait & tué auprès
d'Aquila, il réussissoit dans la trame qu'il avoit
formée. Tous ces désordres ne venoient que
de ce que ces gens-là ne s'étoient jamais proposé

d'autre métier que celui des armes. N'avez-vous pas ici un proverbe, qui fortifie ma pensée? Car vous dites, la guerre fait les voleurs mais la paix les fait pendre, parce qu'il ne peuvent pas gagner leur vie à un autre emploi, & qu'ils ne trouvent personne qui les fasse subsister dans celui qu'ils ont choisi. D'ailleurs, n'ayant pas assez de vertu pour se réduire à une honnête servitude, la nécessité les contraint de violer les loix, & ceux qui sont établis pour les maintenir contraints de punir ceux qui les violent.

RUCELLAI. Vous nous mettez bien bas cette profession des armes: & moi, je me l'étois figurée comme la plus noble & la plus excellente qui fût au monde, ensorte que je ne peux pas être content si vous ne la relevez davantage; parce que, si ce que vous dites est vrai, je ne sais pas sur quel fondement on publiera tant la gloire des Césars, des Pompées, des Scipions, des Marcellus & de tant d'autres capitaines Romains, dont on parle comme d'autant de divinités.

COLONNE. Je n'ai pas encore achevé de dire tout ce que j'ai proposé d'abord, qui sont deux choses; l'une, qu'un homme de bien ne peut pas s'attacher à cette profession comme à son unique métier; l'autre, qu'une république, ou

une

une monarchie bien gouvernée , n'a jamais permis que ses sujets s'y appliquassent comme à leur seule profession. Sur le premier article j'ai dit tout ce que j'avois à dire ; reste à parler du second , où je répons à votre derniere question , en vous disant que César, Pompée & presque tous ces autres capitaines, qui furent à Rome après la derniere guerre de Carthage , acquirent de la réputation, non comme des gens de bien, mais comme des gens d'une grande valeur & ceux qui avoient vécu avant eux , acquirent la gloire, non-seulement de grands guerriers, mais aussi de gens de probité. Et cela n'est venu que de ce que ceux-ci ne s'attacherent pas à la guerre comme à leur propre métier , au contraire des autres qui la regarderent comme telle. Et tant que la république ne se trouva point dans la corruption, jamais on ne vit aucun de ses citoyens, quelque puissant qu'il fût , se prévaloir de la science de la guerre au milieu de la paix en violant les loix , pillant les provinces, tyrannisant l'Etat, en un mot, se prévalant de la force ; & jamais les petites gens n'eurent la pensée de violer leur serment en suivant la révolte de quelques particuliers ; en méprisant les ordres du senat; ou en faisant des violences , pour pouvoir vivre en tout tems du métier de la guerre, mais les chefs, se contentant de l'honneur du triomphe, recommençoient avec joie à vivre en particuliers. Leurs inférieurs quittoient les armes plus volontiers qu'ils ne les avoient prises, & chacun retournoit à son occupation ordinaire; ainsi, jamais on n'en vit aucun qui se proposât de subsiter toute sa vie, & de guerre, & de pillage. L'on vit une preuve claire de cela dans la personne de Regulus, lequel commandant les armes romaines en Afrique, & ayant presque soumis les Carthaginois, demanda au sénat la permission de retourner chez lui, pour rétablir ses héritages, que les ouvriers avoient gâtés, d'où il paroît plus clair que le jour que si ce capitaine avoit regardé la guerre comme son métier, il auroit pensé à y faire sa maison; & pouvant piller tant de riches pays, il n'auroit pas demandé congé d'aller conserver ses hétitages, ayant pu en un seul jour gagner baucoup plus qu'ils ne valoient. Mais parce que les honnétes gens, qui ne regardent point la guerre comme leur métier, n'en veulent tirer autre avantage, que la fatigue, les périls, & la gloire, lorqu'ils s'en voient comblés ils demandent avec instance de retourner chez eux, & de vivre comme ils vivoient auparavant. Pour ce qui est maintenant des simples soldats, il est clair qu'ils gardoient la même conduite, quittant cet exercice avec joie : car, quand ils n'étoient point sous les armes, ils prenoient parti volontiers ; & lorsqu'ils étoient engagés, ils ne demandoient pas mieux que d'avoir leur congé. L'on voit bien des preuves de ceci & sur-tout, si l'on remarque qu'entre les principaux privileges que le peuple romain accordoit à ceux à qui il donnoit le droit de bourgeoisie, celui-ci tenoit un des premiers rangs, qu'ils n'iroient point à la guerre contre leur volonté. Rome donc, pendant qu'elle fut bien gouvernée, (ce qui dura jusqu'au tems des Gracques) n'eut aucun soldat qui fit de la guerre son métier ; & c'est pour cela qu'elle en avoit si peu de fripons, qui de plus étoient séverement châtiés par les loix. Il faut donc qu'un État bien gouverné en tems de paix regarde les armes comme un exercice ; & qu'en tems de guerre il les mette en usage pour la nécessité & pour la gloire sans permettre que d'autres que le public les regardent comme un véritable métier, & c'est ce que Rome a bien observé ; car tout citoyen, qui dans cet exercice se propose une autre fin, n'est pas homme de bien ; & tout État, qui se gouverne autrement, n'est pas bien gouverné.

RUCELLAI. Je suis satisfait de tout ce que vous avez dit jusqu'à présent. Je trouve fort juste la conclusion que vous en avez tirée ; &, à l'égard d'une république, je la crois véritable ; mais, quant à un roi, je ne sais pas pourquoi il ne devroit point avoir auprès de lui des gens qui s'attachassent particuliérement au métier des armes.

COLONNE. Un royaume réglé par de bonnes loix doit encore plus éviter d'avoir de telles gens, parce qu'eux seuls sont les corrupteurs de leur roi, & toujours les ministres de la tyrannie. Et sur-tout ne m'alléguez point les monarchies d'aujourd'hui, parce que je vous nierai d'abord qu'elles soient bien gouvernées. Les royaumes bien réglés ne donnent point l'autorité souveraine à leurs rois, si - non dans les armées, parce que c'est-là seulement où une - prompte délibération est nécessaire ; & pour cela, il faut qu'il n'y ait qu'une seule autorité. Dans l es autres affaires, le roi ne doit rien faire sans le consentement de l'Etat. C'est pourquoi les sujets ont à craindre qu'il n'y ait auprès de lui des gens, qui en tems de paix, souhaittent la guerre, par la raison qu'ils ne pourroient pas subsister sans elle. Mais je ne veux pas être si exact, ni chercher un royaume dont le gouvernemen soit parfait. Contentons-nous de le présuppose semblable à ceux que nous voyons aujourd'hui

Dans cette disposition même, les rois doivent tenir pour suspects ceux qui n'ont point d'autre métier que la guerre, parce que le nerf & la force des armées, c'est sans doute l'infanterie : de maniere que si un roi ne fait pas ensorte que ses fantassins, en tems de paix, soient contens de retourner chez eux, & de vivre de leur véritable métier, il faut absolument qu'il se ruine, parce qu'il n'y a point de plus dangereuse infanterie, que celle qui est composée de gens, qui regardent la guerre comme leur métier : puisqu'il faut que vous fassiez toujours la guerre, ou que vous les payiez toujours, ou que vous vous mettiez en péril d'être dépouillé de votre autorité par eux. Or, il n'est possible de faire toujours la guerre ; encore moins de payer vos troupes continuellement : vous voilà donc en danger d'être dépossédé de vos Etats. Mes chers Romains, comme j'ai dit, pendant qu'ils furent gens de bien & sages, ne permirent jamais à leurs citoyens de se faire de la guerre un métier, encore qu'ils eussent pu les entretenir en tout tems, parce qu'ils avoient toujours la guerre ; mais pour éviter les accidens qui auroient pu leur survenir de la continuation d'un tel exercice, puisque les tems ne changeoient point, ils changeoient au moins les gens, & disposoient si bien

P 3

les tems de leurs légions, qu'en quinze ans ils
les avoient toutes renouvellées ; & ainsi ils ne
prenoient que des hommes dans la fleur de leur
âge, qui est depuis dix-huit ans jusques à trente-
cinq, dans lequel la vitesse du pied, la vigueur du
bras, & la vivacité de l'œil, répondent fort bien
l'un à l'autre, & ils se donnoient bien de garde
de leur laisser diminuer les forces, & croitre
la malice, comme cela arriva depuis dans les
tems corrompus : car Auguste, & ensuite Tibere
ayant plus de soin d'augmenter & de conserver
leur pouvoir, que de s'attacher au bien public,
commencerent à désarmer le peuple Romain,
pour en être plus aisément maîtres, & à tenir
toujours les armées sur les frontieres de l'empire
& parce qu'ils crurent que ce n'étoit pas encore
assez que cela, pour tenir le peuple & le sénat
en bride, ils mirent sur pied une armée,
qu'on appelloit les troupes prétoriennes, ou
les gardes de l'empereur, qu'on tenoit toujours
près des murailles de la ville, & qui en étoit
comme la citadelle pour la commander. Ensuite
parce qu'alors ils commencerent à donner
pleine liberté à tous ceux qui étoient dans
leurs armées de faire de la guerre leur métier,
ces gens devinrent aussi-tôt insolens, formida-
bles au sénat & maîtres des empereurs mêmes,

dont plusieurs furent assassinés par les mutineries de ces troupes-là, qui donnoient & ôtoient l'empire à qui bon leur sembloit. Quelquefois méme l'on a vu des tems où il y avoit plusieurs empereurs à-la-fois ; l'un étant proclamé par une armée, l'autre par une autre. Ces désordres produisirent bien-tôt la division de l'empire, & ensuite sa ruine. Les rois donc, ayant dessein de vivre en repos de ce côté-là, doivent avoir leur infanterie composée de gens qui en tems de guerre, y allent volontiers, & qui plus volontiers encore s'en retournent chez eux en tems de paix ; ce qui arrive infailliblement lorsqu'ils n'enrôleront que des gens qui sachent bien vivre d'autre chose que de la guerre. Ainsi il est à souhaiter, qu'au retour de la paix les princes reprennent le gouvernement de leurs Etats ; les gentils-hommes, le soin de leurs terres ; les soldats retournent à faire leurs métiers ; & qu'en général tous fassent volontiers la guerre pour avoir la paix, & ne se plaisent point à troubler la paix pour avoir la guerre.

RUCELLAI. Véritablement tout votre discours me paroît bien sensé. Cependant comme j'ai eu jusqu'à présent des pensées bien différentes, je n'ai pas encore l'esprit dégagé de toute difficulté, parce que je vois plusieurs personnes vivre en tems de paix des fruits de la guerre, comme sont les gens de votre sorte, qui ont des pensions, et & des princes, & des républiques. Je vois outre cela, presque tous les soldats demeurer à la garde des places fortes, ensorte qu'il me semble que chacun trouve son emploi même en tems de paix.

COLONNE. Je ne peux croire que vous soyez persuadé de cette pensée, qu'en temps de paix chacun trouve son emploi, parce que quand même on n'auroit pas d'autre chose à vous dire, le petit nombre qui reste à garder les places dont vous parlez, seroit une réponse qui renverseroit votre objection. Quelle proportion y a-t-il de l'infanterie qu'on garde en tems de paix, à celle qui est nécessaire en tems de guerre ? Car on sait que les places qu'on garde en tems de paix, ont besoin de l'être bien davantage dans la guerre, à quoi il faut ajouter le nombre des soldats qui tiennent la campagne, qui sont en grande quantité, mais qu'on licentie tous lorsqu'on a la paix. Touchant ceux qui gardent les Etats, le pape Jule & votre Etat, ont servi d'exemple à tout le monde, pour faire voir combien on doit craindre des gens qui ne veulent se mêler d'autre métier, que de celui des armes ; & à cause de leur insolence, vous avez été contrins de les licentier & de mettre des Suisses en leur place comme étant d'une nation élevée sous les loix, & étant enrôllés par une république dans les formes & selon les bons réglemens de l'art militaire : ainsi ne nous dites plus que dans la paix chacun trouve son emploi. Mais pour les troupes, qui en effet demeurent en tems de paix avec leur solde ordinaire, il est vrai que c'est une difficulté qui paroît plus forte. Néanmoins en examinant bien tout, la réponse est facile, parce que cet usage de conserver des gens armés en tems de paix est mauvaise, & tient du siecle de la corruption. La raison de cela, c'est que ces gens font de la guerre leur métier, d'où il naîtroit mille inconvéniens dans les Etats où ils se trouvent s'ils étoient en assez grand nombre ; mais, étant peu de gens, & ne pouvant seuls former un corps d'armée, ils ne sont pas en état de faire si souvent du désordre. Cependant ils en ont fait quelquefois, comme je l'ai remarqué de François & de Sforce son pere, aussi bien que de Braccio de Perouse ; ensorte que cette coutume de conserver des gens sous les armes ne me plaît pas, étant du siecle de la corruptio n & sujette à de grands inconvéniens.

RUCELLAI. Voudriez-vous que l'on s'en passât tout-à-fait ? Ou, en cas qu'on en conservât, comment les voudriez-vous tenir ;

COLONNE. Comme des troupes d'ordonnance,

non pas comme celles du roi de France, parce
qu'elles sont dangereuses & insolentes autant que
les nôtres, mais comme celles des anciens, qui
faisoient de la cavalerie de leurs sujets, & qui
en tems de paix, les renvoyoient chez eux vivre
de leur métier, comme je le ferai voir plus
amplement devant que de finir ce discours. Si
donc cette sorte de troupes, même en tems de
paix, subsiste encore de son premier exercice,
c'est un désordre dans le gouvernement. Or touchant les pensions qu'on nous conserve à nous
autres généraux, je vous dirai que c'est encore
une fort grande corruption, parce qu'une république prudemment gouvernée ne doit donner
de pensions à personne ; mais elle doit prendre
des généraux entre ses propres citoyens, & en
tems de paix leur ordonner de retourner à leurs
premiers emplois. Un roi aussi qui sera prudent
& sage, ne doit point non plus donner de pensions, si ce n'est pour récompenser quelque belle
action, pour conserver un homme à son service,
soit en paix, soit en guerre ; mais parce que vous
m'avez cité moi-même, je veux bien servir
d'exemple, & je vous dirai que je n'ai jamais fait
de la guerre mon métier, parce que ma véritable
occupation est de bien gouverner mes sujets, &
de les défendre ; enfin pour pouvoir bien les

protéger, j'aime la paix & j'ai tâché de savoir faire la guerre, & mon prince ne me considere & ne me récompense pas tant pour mon savoir faire dans la guerre, comme pour la conseiller en tems de paix. Un roi donc qui se gouverne sagement, n'entretiendra personne auprès de lui qui ne soit de ce caractere, parce que s'il tient des gens près de sa personne qui aiment trop la paix, ou qui aiment trop la guerre, sans doute il lui feront faire des fautes ; suivant mon dessein & touchant cette matiere, je ne peux pas vous dire autre chose, & si cela ne vous suffit pas, cherchez des gens qui vous contentent mieux. Vous aurez pu connoître de ceci quelle difficulté il y a de rétablir l'usage ancien dans les guerres d'aujourd'hui, quels préparatifs un homme prudent doit faire pour cela, & quelles occasions on peut espérer pour les mettre en pratique. Mais si ce discours ne vous ennuie point, il sera plus aisé de vous faire connoître toutes ces choses-là dans le détail, en comparant chaque partie des ordres anciens avec les nôtres.

RUCELLAI. Si d'abord nous souhaitions de vous entendre devant que vous eussiez traité ces matieres, on peut assurer que tout ce que vous en venez de dire a redoublé l'envie que nous en avions déjà. C'est pourquoi en vous rendant graces de ce que vous nous avez donné jusqu'à présent, nous vous conjurons de continuer à nous instruire.

COLONNE. Puis donc que vous le souhaitez, je veux commencer à traiter cette matiere dès le commencement, afin que vous puissiez mieux la comprendre, car par ce moyen, elle pourra s'éclaircir davantage. La fin de celui qui fait la guerre est de pouvoir combattre en campagne toute sorte d'ennemis, & de pouvoir gagner une bataille. Pour en venir à bout, il faut mettre sur pied une armée ; pour la mettre sur pied, il faut trouver des gens, les armer, les dresser, les exercer en petites & en grosses troupes, les loger & ensuite les opposer à l'ennemi, en allant au devant de lui, ou en l'attendant de pied ferme. Voilà tout le secret de la guerre qui se fait en pleine campagne, qui est la plus nécessaire & la plus glorieuse ; & un homme qui sait bien livrer bataille, seroit facilement excusé dans quelques autres fautes qu'il pourroit faire dans cette noble profession ; mais celui qui ignore cette belle partie de l'art militaire ne peut jamais espérer de conduire une guerre avec succès, quoiqu'il ait d'ailleurs beaucoup de connoissance & de conduite, parce que gagnez une bataille, vous effacez par - là toutes les fautes que vous avez faites en d'autres rencontres, & au contraire, si vous la perdez, cela efface toutes les belles actions que vous aurez faites auparavant. Etant donc nécessaire d'abord de trouver des gens, il faut venir ensuite au choix qu'on en doit faire, & pour nous servir d'un terme plus honorable, & plus approchant de celui des anciens, nous les appellerons *Gens d'élite.* Ceux qui ont établi les regles de la guerre, veulent qu'on prenne des gens d'un climat tempéré, afin qu'ils ayent tout ensemble de la prudence & de la force, parce qu'un pays chaud les produit véritablement prudens mais peu courageux, & un pays froid les produit au contraire courageux, mais non pas prudens. Ces regles sont bonnes pour un prince, maître du monde entier, car par-là il peut choisir comme il lui plaît. Mais lorsqu'on veut donner une regle, il faut que chacun la puisse mettre en usage, parce qu'il faut qu'un Etat prenne des gens de son pays, soit qu'il soit froid, chaud, ou tempéré, parce qu'on voit par les exemples des anciens, qu'une bonne discipline fait de bons soldats, de quelque pays qu'ils soient, car l'art supplée au défaut de la nature, qui dans cette occasion le cede à l'art ; & lorsqu'on les choisit en pays étranger, cela ne peut plus s'appeller *Gens d'élite,* parce qu'*élite* suppose qu'on a

le pouvoir de prendre les meilleurs d'une province , de pouvoir distinguer entre ceux qui sont
de bonne volonté , & ceux qui ne le sont pas.
On ne peut donc faire cette élite que dans un
pays a soi , ne pouvant pas prendre ceux qu'il
vous plaît dans un pays étranger , mais seulement ceux qu'on veut bien vous donner.

RUCELLAI. Cependant de ceux qui veulent
bien venir, on peut en prendre & en laisser : &
par conséquent, on peut appeller cela l'*élite.*

COLONNE. Vous dites vrai à le prendre en
un sens ; mais il faut considérer les défauts aux-
quels est sujette une telle élite , parce que bien
souvent il arrive que ce n'est pas une véritable
élite. La premiere chose, c'est qu'ils ne sont
pas vos sujets, & les volontaires qui s'enrôlent
ne sont pas les meilleurs d'une province : au
contraire , ce sont les pires ; parce que s'il y en a
de scandaleux, de fainéants, de réfractaires, de
libertins, d'échappés de la maison paternelle, de
blasphémateurs, de joueurs, en un mot, de mal
élevés ce sont ceux-là qui veulent aller à la guerre,
et tous ces défauts font une fort méchante milice.
Quand il se présente de cette sorte de gens plus
que vous n'en voulez, vous pouvez faire un
choix ; mais le tout n'en valant rien , il est impossible d'en faire une bonne élite. De plus il

arrive souvent qu'il ne s'en présente pas la quantité que vous souhaitez, ainsi étant contraint de les enrôler tous, il arrive que cela ne peut plus s'appeller faire une élite, mais seulement une levée de gens au hazard. C'est avec ce désordre qu'on met des armées sur pied en Italie & ailleurs, excepté en Allemagne, parce que dans ces autres pays on n'y enrôle personne par ordre du prince, mais seulement du consentement de ceux qui veulent bien servir. Pensez donc, après cela, quelles manieres des anciens on peut introduire dans une armée composée d'un tel amas de gens.

RUCELLAI. Quelle route faudroit-il donc prendre ?

COLONNE. Celle que je vous ai dite ; les prendre d'entre ses sujets, & par l'autorité du prince.

RUCELLAI. Pourroit-on introduire l'ancienne discipline parmi des gens ainsi choisis ?

COLONNE. Vous ne devez pas en douter, pourvu que celui qui les commanderoit fût leur prince, ou un seigneur ordinaire, ayant le titre de prince, ou même un citoyen, mais fait général pour le tems, s'agissant d'une république, autrement il est difficile de faire quelque chose de bon.

Rucellai. Pourquoi ?

Codonne. Je vous le dirai dans son tems ; pour l'heure, qu'il vous suffise qu'on ne peut pas réussir par d'autres moyens.

Rucellai. Ayant donc à faire cette élite dans son propre pays, de quel endroit croyez-vous qu'il fut plus à propos de les prendre ? Est-ce de la ville, ou de la campagne ?

Colonne. Tous ceux qui ont écrit conviennent qu'il vaut mieux les prendre de la campagne, les paysans étant des gens endurcis aux incommodités, élevés dans la fatigue, accoutumés d'être au soleil, de fuir l'ombre, de savoir manier les outils de fer, de faire un fossé, de porter un fardeau, & d'être sans finesse & sans malice. Mais mon avis seroit, que les troupes étant composées de cavalerie & d'infanterie, on prit les cavaliers dans les villes, & les fantassins à la campagne.

Rucellai. A quel âge les voudriez-vous enrôler ?

Colonne. Si j'avois à faire de nouvelles troupes, je les choisirois depuis dix-sept ans jusqu'à quarante ; & quand les troupes seroient déjà formées, je ne ferois des recrues que de ceux de dix-sept ans.

Rucellai. Je ne comprend pas bien cette distinction.

Colonne.

COLONNE. Je vous l'expliquerai. Si j'avois à mettre ur pied d s troupes dans un État où il n'y en auroit point, il faudroit bien que je prisse tous ceux qui y seroient les plus propres, pourvu qu'ils fussent en âge, qu'on pût les dresser, comme je dirai. Mais lorsque j'aurois à faire l'élite dans des lieux où il y auroit déjà des troupes sur pied, je ne prendrois que des gens de d x-sept ans pour en faire les recrues, parce qu'il s'en trouveroit assez de plus âgés qui seroient d. jà enrôl s.

RUCELLAI. Vous voudriez donc mettre les troupes sur le pied qu'elles sont dans notre pays?

COLONNE. Fort bien. Il est vrai que je les armerois, je les commanderois, je les exercerois, & je les ordonnerois, d'une man ere, qui peut-être seroit différente de la vôtre.

RUCELLAI. Vous approuvez donc nos milices réglées.

COLONNE. Pourquoi les blâmerois-je ?
RUCELLAI. Parce que plusieurs personnes sages les ont blâmées.

COLONNE. C'est dire une chose contradictoire de dire qu'un homme blâme des troupes réglées. Il peut bien passer pour sage, mais c'est à tort.

RUCELLAI. Les mauvais succès qu'elles ont toujours eu nous attirerent cette réputation.

Tome VI.   Q

COLONNE. Prenez bien garde que ce ne soit votre défaut, & non pas celui de ces troupes ; ce que vous pourrez appercevoir avant la fin de ce discours.

RUCELLAI. Vous me ferez fort grand plaisir. Cependant je veux vous dire les défauts qu'on trouve en elles, afin que vous puissiez mieux les justifier. Voici donc ce qu'ils disent : ou elles ne valent rien, & par conséquent, se fiant sur elles, on perdra l'État ; ou elles sont bonnes, & partant, celui qui les commandera pourra l'usurper. Et pour cela, ils citent les Romains, qui, avec leurs propres troupes, perdirent la liberté. Ils allèguent les Vénitiens, & le roi de France, entre lesquels ceux-là, pour ne pas obéir à un de leurs concitoyens, se servent de troupes étrangeres ; & le roi a désarmé ses sujets, afin d'en être mieux le maître. Mais ce qu'ils craignent le plus, c'est que ces troupes réglées soient de méchantes troupes, dont ils apportent deux raisons ; l'une parce qu'elles sont san expérience, & l'autre parce qu'elles vont à la guerre par force. *Car*, disent-ils, *ce n'est point des grands dont on apprend les choses, & par la force on ne fait jamais rien de bien.*

COLONNE. Toutes ces raisons que vous allé- guez, sont de gens dont les vues sont courtes,

comme je le prouverai clairement. Et premierement , pour ce qui regarde leur inutilité , je
vous soutiens qu'on ne peut avoir de meilleures
troupes, que celle du pays même ; & l'on ne
peut pas les établir autrement, que de la maniere que nous avons dite. Et parce que cela
est hors de conteste, je n'y veux pas perdre
beaucoup de tems, tous les exemples de l'histoire ancienne faisant pour nous. Mais pour ce
qu'ils allèguent le manque d'expérience, & la
contrainte, je dis qu'il est vrai que le manque
d'expérience empêche d'avoir du cœur, & la
contrainte fait des mécontens ; mais on leur
donne & du cœur & de l'expérience, selon la
maniere de les armer, de les commander, & de
les exercer, comme vous verrez par la suite de
ce discours. A l'égard de la contrainte , il faut
que vous sachiez que les gens qu'on mene à la
guerre par le commandement du prince n'y doivent point être menés, ni tout à-fait par force,
ni tout-à fait de leur bon gré, parce que l'entiere
liberté d'aller, ou de n'aller pas, produiroit les
inconvéniens que j'ai remarqués ci-dessus ; ainsi
ce ne seroit pas des gens d'élite, & l'on en trouveroit peu qui voulussent aller. D'autre part ,
une entiere contrainte produiroit de méchans
effets. Il faut donc prendre une route entre les

deux , qui ne soit pas tout-à-fait volontaire , ni tout-à-fait forcée ; mais il faut que les gens qu'on choisit , marchent par respect qu'ils ont pour le prince, appréhendant plus d'encourir sa disgrace, que de s'exposer à la fatigue & au péril ; & ainsi il arrivera que ce sera une contrainte tellement mêlée de bonne volonté , qu'il n'en naîtra jamais de mécontentement capable de produire de mauvais effets. Je ne dis pourtant pas qu'une telle armée soit invincible , puisqu'on a vu celles des Romains défaites tant de fois , aussi bien que celles d'Annibal. Ainsi il ne faut pas présumer qu'on puisse faire une armée qui ne puisse jamais être mise en déroute. C'est pourquoi vos habiles raisonneurs ne doivent point conclure l'inutilité d'une armée, de ce qu'elle aura eu du pire une fois ; mais ils doivent croire que comme ils peuvent perdre ils peuvent aussi gagner, en se précautionnant contre ce qui les a fait perdre. Et quand ils viendroient à en faire recherches , ils trouveroient que ce n'étoit pas par la faute de cette sorte de milice, mais manque d'une conduite plus parfaite. Ainsi, comme je l'ai dit, ils doivent y pourvoir, non en blâmant cet ordre-là , mais en le corrigeant. Dans peu de tems je vous enseignerai comment il s'y faut prendre. Pour ce qui est de l'appréhension qu'on a , que cette sorte

de troupes , étant débauch'es par un général
infidele , ne vienne à vous dépouiller de votre
État , je vous répondrai que les armes mises à
la main des citoyens ou des sujets , avec ordre ,
& selon la disposition des loix , n'apporterent
jamais aucun dommage ; au contraire , on en a
tiré toujours un grand avantage , & les républiques se conservent plus long - tems en leur
entier par cette sorte de troupes , que sans elles.
Rome demeura libre quatre cens ans , & elle
étoit armée. Lacédémone s'est conservée huit
cens ans dans cet état. Plusieurs autres républiques ont été sans armes , & ne sont pas demeurées
libres quarante ans; car il faut que les républiques
soient armées , & quand elles ne le peuvent être
de leurs propres sujets , il faut qu'elles prennent
des étrangers , qui sont moins affectionnés au
bien public , que les sujets & bien plus aisés à
corrompre : par conséquent , un citoyen puissant
& ambitieux s'en peut mieux prévaloir , outre
qu'il tire un grand avantage de ce qu'il n'a que
des peuples désarmés à opprimer. Une république doit plus craindre deux ennemis , qu'un
Celle qui se sert d'étrangers , doit craindre tout-
à-la-fois , & l'étranger quelle paye , & le citoyen ;
& pour preuve que cette crainte est bien fondée ,
vous n'avez qu'à vous souvenir de ce que j'ai

dit tantôt de François Sforce. Pour une république qui ne se sert point d'autre milice que de ses sujets, elle n'a au moins que ceux là à craindre. Mais au lieu d'alléguer toutes les raisons qui se peuvent dire sur ce sujet, je me servirai seulement de celle-ci : c'est que tous ceux qui ont établi des républiques ou des monarchies, ont cru que ceux qui les habitoient, étoient obligés à les défendre ; & si les Vénitiens eussent été aussi sages en cela comme dans tous les autres réglemens, ils auroient établi un cinquieme Empire dans le monde ; en quoi ils méritent d'autant plus de blâme, que leurs premiers législateurs les avoient armés. Mais n'ayant point d'État en terre ferme, ils étoient seulement armés sur mer, où ils firent leurs guerres avec valeur, & augmenterent leur république les armes à la main ; mais quand il fallut faire la guerre en terre ferme pour défendre Vicence, au lieu qu'ils devoient y envoyer un de leurs citoyens pour commander leurs troupes, ils prirent à leurs gages, pour leur général, le marquis de Mantouë. Ce fut ce malheureux choix qui les empêcha de s'élever & de s'accroître ; & s'ils le firent par la défiance qu'ils eurent, que sachant seulement la guerre de mer, ils n'entendoient rien à celle de terre, cette défiance n'étoit pas de gens sages, parce qu'un général de mer qui est accoutumé de combattre les vents, les vagues & les hommes, deviendra plus facilement général de terre, où il n'y a que des hommes à combattre, qu'un général de terre ne pourra devenir général de mer. Et mes bons amis les Romains, qui savoient se battre sur terre & non sur mer, étant obligés de faire la guerre aux Carthaginois, qui étoient puissans sur mer, ne s'aviserent pas de soudoyer des Espagnols ou des Grecs accoutumés à la mer; mais ils imposerent ce soin à leurs citoyens, qui commandoient d'ordinaire sur terre, & ils remporterent la victoire. Si d'ailleurs les Vénitiens prirent ce parti, pour empêcher qu'un de leurs citoyens ne s'emparât du pouvoir absolu, sans répéter ce que j'ai dit ci-dessus à ce sujet, est-il à croire, que si jamais aucun de leurs citoyens, disposant des forces maritimes, ne s'est rendu maître d'une ville située dans la mer même, ces mêmes citoyens pussent mieux réussir dans ce projet avec les armées de terre? Si donc ils eussent fait ces réflexions, ils auroient bien connu, que ce n'est pas dans le tems que les citoyens ont les armes entre leurs mains qu'il faut appréhender l'usurpation de l'autorité souveraine, mais seulement lorsque le gouverne-

ment est mauvais. Or les Vénitiens ayant un bon
gouvernement, ils n'avoient rien à craindre des
armes de leurs sujets. C'est pourquoi ils prirent
un méchant parti, qui diminua beaucoup leur
gloire & leur bonne fortune. Quant à la faute
que fait le roi de France, de n'exercer pas ses
peuples à la guerre, ce que nos gens citent
comme un exemple à suivre, il n'est aucun
(excepté ceux qui sont menés par quelque passion particuliere) qui ne juge que c'est un défaut
dans ce royaume-là & que cette seule négligence
l'affoiblit. Mais j'ai fait une trop grande digres-
sion, & peut-être ai-je abandonné mon dessein.
Cependant, je ne l'ai fait que pour vous répondre, & pour vous faire voir qu'on ne peut
point faire fond sur d'autres milices, que sur
celles de son pays, & ces troupes-là ne peuvent être mises sur pied que par voie d'ordonnance, n'y ayant point d'autre moyen pour établir de bonnes armées dans un pays, ni pour y
introduire une bonne discipline militaire. Si vous
avez bien lu les réglemens que les premiers
rois firent à Rome, sur-tout Servius Tullius,
vous trouverez que l'établissement des classes (1)

---

(1) *Voyez les remarques sur classe.*

n'étoit autre chose, qu'une ordonnance pour pouvoir mettre promptement une armée sur pied capable de défendre la ville. Mais, pour revenir à nos troupes d'élite, je vous répete, qu'ayant à faire une corps d'armée tout nouveau, je les prendrois de tous âges, entre dix-sept & quarante ans, pour pouvoir m'en servir tout aussi-tôt.

RUCELLAI. Mais dans le choix que vous en feriez prendriez-vous donc garde aux métiers qu'ils feroient?

COLONNE. La plupart des auteurs font de la différence ; car ils ne veulent point qu'on prenne d'oiseleurs, de pécheurs, de cuisiniers, de ces gens qui font un sale commerce de femmes impudiques, & tout ceux dont le métier ne regarde que la volupté : mais il veulent, qu'outre les gens qui travaillent à la terre, on prenne encore des forgerons, des maréchaux, des charpentiers, des bouchers, des chasseurs, & autres semblables. Mais, pour moi, j'en ferois peu de différence quand il s'agiroit de juger de la bonté de l'homme par son métier: & si j'en faisois, ce seroit par rapport au besoin que j'en aurois. C'est pour cette raison que les payans, qui sont accoutumés à la terre, sont plus propres que tous les autres à la guerre, parce que de tous les métiers celui-là est le plus nécessaire de tous dans les armées. Après les paysans, je voudrois des forgerons, des charpentiers, des maréchaux, des tailleurs de pierre, dont il est besoin d'avoir un bon nombre, parce qu'il est fort avantageux d'avoir un soldat dont on puisse tirer double service.

RUCELLAI. Comment peut-on connoître ceux qui sont propres à la guerre d'avec ceux qui ne le sont pas ?

COLONNE. Je veux d'abord vous entretenir du moyen de faire de nouvelles levées, pour en composer ensuite une armée, parce qu'il se trouvera en même tems l'occasion de discourir du choix qu'il faut faire pour les recrues des vieux corps. Je dis donc, que la bonté d'un homme, dont vous voulez faire un soldat, se connoît ou par l'expérience, lorsqu'il a fait quelque belle action, ou par conjecture. La preuve du mérite ne se trouve pas dans les levées de gens qui n'ont jamais été enrôlés, car pour les vieux routiers, il s'en trouve fort peu, ou point du tout, dans les nouvelles troupes qu'on fait. Il est donc nécessaire, quand on n'a pas cette expérience, de recourir à la conjecture, qui se forme sur l'âge, le métier, & la taille. Nous avons parlé des deux premieres qualités, il reste à parler de la troisieme.

Je vous dirai donc, que quelques-uns ont voulu que le soldat fût grand, & c'étoit la pensée de Pyrrus. D'autres les choisissoient seulement à la force du corps, comme faisoit César, & cette force du corps & du courage se juge de la proportion de la taille & de la bonne mine. C'est pourquoi ceux qui en écrivent disent, qu'il faut qu'il ait les yeux vifs & gais, le col nerveux, la poitrine large, les bras avec de gros muscles, les doigts longs, peu de ventre, les côtes rondes, la jambe & le pied secs. Toutes ces parties ainsi disposées marquent d'ordinaire un homme agile & fort, qui sont les deux plus belles qualités que puisse avoir un soldat. L'on doit sur-tout regarder aux mœurs, & qu'il y ait en lui de la modération & de l'honnêteté ; autrement, c'est prendre un instrument de désordres, & un modele de débauche ; car personne ne se persuadera, que dans une éducation mal-honnéte, & dans un cœur bas & sale, il se puisse jamais rencontrer aucune bonne qualité. Et il me semble qu'il n'est pas inutile, pour vous faire mieux entendre l'importance de ce choix, de vous dire la méthode que les consuls Romains, en entrant dans leurs charges, observoient pour faire les légions. Dans cette élite, ceux qu'on devoit choisir étant mêlés de vétérans & de jeunes soldats, à cause des guerres continuelles que la république étoit obligée de soutenir, l'on pouvoit choisir les vieux par l'expérience, & les jeunes par la conjecture. Mais il faut remarquer ceci, que cette élite se fait ou pour s'en servir aussi-tôt, ou pour les discipliner & s'en servir à l'accasion. J'ai déjà parlé, & je parlerai encore, de tout ce qu'il faut faire pour s'en servir dans le besoin après qu'ils sont levés, parce que j'ai dessein de vous montrer comment on peut établir une armée dans un pays où il n'y en a point. Or, dans ces sortes de pays, l'on ne peut pas faire une élite pour s'en servir sur le champ. Mais dans le pays où l'on a accoutumé de faire des armées par l'autorité du prince, on peut bien en faire pour les employer sur l'heure, comme cela se pratiquoit à Rome, & comme il se pratique encore aujourd'hui chez les Suisses, parce que dans ces élites, s'il y a des novices, il y en a tant d'autres qui sont accoutumés à la discipline militaire, que les novices & les disciplinés, mêlés ensemble, font un corps uniforme & de très-bon service. Nonobstant cela, les empereurs après qu'ils eurent commencé à tenir des soldats dans les garnisons fixes, ils y établirent des maîtres d'exercice pour les nouveaux soldats, qu'ils appelloient Apprentifs, comme

cela se voit dans la vie de l'empereur Maxime;
ce qui, pendant que Rome fût libre, étoit établi,
non pas dans les armées, mais dans les villes;
& les jeunes gens étant forcés à l'exercice dans
les lieux où ils l'apprenoient, lorsqu'ensuite on
les enrôloient pour aller à la guerre, ils étoient
tellement dressés à la faire en peinture, pour
ainsi dire, qu'ils n'avoient pas de peine à la
faire d'abord en campagne contre leurs plus
redoutables ennemis. Or, les empereurs ayant
dans la suite aboli ces exercices - là on fut obligé
d'employer les moyens que je vous ai expliqués.
Mais enfin, revenons à la maniere de faire l'élite
romaine. Après que les consuls destinés à commander les troupes, étoient entrés dans leurs
charges, comme les armées romaines devoient
avoir pour fondement & pour nerf deux légions
de Romains naturels, ces généraux en les mettant
sur pied, créoient d'abord vingt-quatre tribuns
militaires, & ils en mettoient six dans chaque
légion, qui faisoient la fonction que font aujour-
d'hui ceux qui commandent des bataillons. Ensuite ils faisoient assembler tous les Romains
capables de porter les armes, & mettoient les
tribuns de chaque légion éloignés les uns des
autres. Après cela, on tiroit au sort les tribus
du peuple, dans lesquels on devoit faire l'élite;

& dans la tribu sur laquelle le sort tomboit, on choisissoit quatre des meilleurs hommes, desquels les tribuns de la premiere légion en choisissoient un ; dans les trois hommes de reste, les tribuns de la seconde légion en choisissoient aussi un ; ensuite ceux de la troisieme légion choisissoit ; & le dernier étoit pour la quatrieme légion. Après ces quatre-là, l'on en faisoit l'élite de quatre autres, dont les tribuns de la quatrieme légion avoient le choix ; ensuite ceux de la troisieme légion en remontant, & la premiere légion recevoit celui qui restoit des quatre. Après, on faisoit encore une élite de quatre autres hommes ; & c'étoit la troisieme légion qui avoit le choix, ensuite la quatrieme ; après, la premiere prenoit le troisieme de ces hommes, & le dernier étoit pour le second. Ainsi, l'on varioit successivement le droit de choisir, en telle sorte que chacun l'avoit à son tour, & que les légions étoient égales. Et comme nous avons dit ci-dessus, on pouvoit dès l'heure même faire servir une telle élite, parce qu'on la faisoit de gens, dont la plupart avoient du service, & les autres étoient au moins disciplinés ; ainsi cette élite se pouvoit faire, & par expérience, & par conjecture. Mais s'il falloit établir des milices tout de nouveau, qui, par conséquent, ne pourroient servir qu'après un tems, on ne pourroit faire cette élite, que par conjecture, qu'on peut faire sur l'âge & la taile, &c.

RUCELLAI. Je ne doute nullement de tout ce que vous venez de dire ; mais, devant que vous traitiez quelqu'autre matiere, je veux vous demander une chose, de laquelle vous m'avez fait souvenir, en disant que s'il falloit faire une élite dans un pays, où l'on ne trouvât personne qui eût porté les armes, il faudroit la faire par conjecture. Ce qui me fait vous interrompre, c'est que j'ai entendu blâmer en plusieurs lieux notre milice, & particulierement sur le nombre, parce que plusieurs disent, qu'il faudroit en prendre moins, dont on tireroit cet avantage, qu'ils seroient meilleurs & mieux choisis. De plus, on ne fatigueroit pas tant de gens à-la-fois. On pourroit, outre cela, leur donner quelque chose, moyennant quoi ils seroient plus satisfaits & plus soumis. Je voudrois donc bien savoir votre avis là-dessus, si vous aimeriez mieux le petit nombre que le grand, & de quelle maniere vous voudriez vous y prendre pour en faire l'élite, soit pour le petit, soit pour le grand nombre ?

COLONNE. Sans doute, les grosses troupes valent toujours mieux que les petites, & même, pour dire la vérité, on ne peut pas faire de bonnes

milices dans un pays , où l'on ne peut en avoir
beaucoup ; sur quoi j'espere facilement faire voir
la foiblesse des raisons de vos gens. Je dis donc
en premier lieu , que là où il y a bien du peuple,
comme en votre Toscane par exemple , le petit
nombre ne fait rien pour la bonne élite ; car si
vous les prenez sur l'expérience , il s'en trouvera
trop peu , votre pays manquant de gens qui ayent
porté les armes ; & encore parmi ce petit
nombre , vous aurez peine à en trouver quelques uns qui ayent donné des marques de valeur,
& par conséquent , qui méritent d'être préférés
aux autres. Il faut donc que ceux qui voudront
faire des milices' réglées dans un pays comme
le vôtre , ne s'attachent point à l'expérience des
gens , se contentant de les choisir sur les appa-
rences. Cela étant, je voudrois bien qu'on me
dise comment je devrois faire , s'il se présentoit
devant moi vingt jeunes hommes , tous bien
tournés. Je crois qu'il est hors de doute , que
le meilleur seroit de les prendre tous , de les
armer , & de leur faire faire l'exercice , puisqu'il
est impossible de connoître les meilleurs ; & les
ayant gardés jusqu'à ce qu'ils fussent bien disciplinés , alors on pourroit faire une bonne élite,
en ne prenant que les plus adroits & les plus
vigoureux. Ainsi tout bien compté , il est faux
qu'on

qu'on les eût meilleurs, en n'en prenant qu'un
petit nombre. Pour ce qui regarde le plus ou
le moins de fatigue des gens d'un pays, je dis
que la milice réglée, en petit ou en grand nombre,
ne leur donne aucune peine, parce que cet ordre
ne détourne personne de son ouvrage, ne lie
personne, ensorte que cela les empêche d'aller
& de venir à leurs affaires, parce qu'on exige
d'eux de s'assembler seulement dans les jours
ou l'on ne travaille point ; ce qui ne porte aucun
préjudice ni au pays ni aux gens ; au contraire,
c'est un divertissement pour les jeunes, qui, au
lieu de croupir dans l'oisiveté les jours de fêtes
dans les lieux où ils se rencontrent, ils iroient
se divertir à ces exercices ; car, comme le maniement des armes & l'exercice militaire font un
beau spectacle, l'on peut dire aussi qu'il plaît
beaucoup aux jeunes gens. Pour ce qu'ils disent,
qu'on pourroit payer le petit nombre, ce qui
les contenteroit davantage, & les rendroit plus
soumis, je réponds que l'on ne peut pas faire
une milice réglée d'un si petit nombre, qu'on
puisse les contenter en les payant continuellement. Par exemple, supposons une milice de
cinq mille hommes, qui voudroit leur donner
ce qu'on croiroit les devoir contenter, il faudroit que cela allât du moins à dix mille ducats

par mois. Mais premierement, cinq mille hommes ne suffisent pas pour garder le pays ; de plus cette paye lui seroit insupportable ; & d'ailleurs elle ne seroit pas suffisante à contenter les gens, & à les mettre sur le pied qu'on pût s'en servir comme l'on voudroit. Ainsi en faisant ce qu'ils disent, on dépenseroit beaucoup & on auroit peu de gens capables de défendre un pays, ou d'attaquer les ennemis. Si vous leur donniez une plus grosse paye, ou que vous en prissiez un plus grand nombre, il vous seroit encore plus impossible de les entretenir. Mais si vous en preniez moins, ou que vous leur donnassiez une plus petite paye, vous les contenteriez encore moins, & vous en tireriez moins de service. Donc ceux qui parlent de faire des milices réglées, & de les payer pendant que chacun a le pouvoir de demeurer chez soi, ceux-là nous disent des choses, ou impossibles, ou inutiles. Il faut pourtant bien les payer quand on les leve pour les mener à la guerre. Mais supposez qu'un tel reglement fatiguât un peu en tems de paix ceux qu'on auroit enrólés, ce que je ne vois pas qui pût arriver, n'est-on pas bien dédommagé de ce petit mal par toute l'utilité qui revient à un pays d'avoir des milices réglées, parce que, sans cela, on ne peut pas être en sûreté ? Je con-

clus donc, que ceux qui ne veulent qu'un petit
nombre pour pouvoir les payer, ou pour les autres raisons qu'ils alléguent, n'entendent rien
dans cette affaire; car j'ai encore une forte raison
à dire, c'est que le nombre diminue toujours par
mille inconvéniens qui surviennent aux hommes,
ensorte que souvent votre petit nombre deviendroit à rien. Après tout, quand vos milices réglées
sont nombreuses, vous pouvez vous servir du
grand nombre ou du petit, selon votre besoin.
De plus, ces milices vous servent, & pour la nécessité, & pour la réputation. Or le grand nombre
vous fera bien plus respecter que le petit. Ajoutez
à cela, que si vous n'enrôlez qu'un petit nombre
dans un grand pays, afin de leur apprendre
l'exercice, ils sont si loin les uns des autres, que
ce leur est une grande fatigue de s'assembler dans
les jours destinés à cela; & pourtant, si vous ne
leur faites pas faire l'exercice, ces milices sont
inutiles, comme nous dirons en son lieu.

RUCELLAI. Je suis content de tout ce que vous
venez de répondre à ma derniere question; mais
il faut, s'il vous plaît, que vous résolviez une
autre difficulté. C'est que ces gens-là disent, que
le grand nombre de gens armés fait de la confusion
& du désordre dans un pays.

COLONNE. C'est encore-là une erreur, comme

je vais vous le faire voir. Ces gens armés ne peuvent apporter du désordre qu'en deux manieres ; ou entr'eux, ou contre les autres. Mais, il est aisé de remédier à ces deux inconvéniens, pourvu que l'ordre qu'on auroit établi fût assez bon, pour n'y être pas lui-même un obstacle ; parce que, touchant les désordres qui peuvent arriver entr'eux, cet établissement les assoupit bien loin de les entretenir : car en mettant ces gens sur pied vous leur donnez des armes & des chefs. Si le pays où vous faites vos milices réglées est si peu aguerri que les habitans n'ayent aucunes armes, & s'ils sont si unis ensemble, qu'ils n'aient aucuns chefs, l'ordre que vous établirez les rendra bien plus courageux contre l'ennemi, mais non pas plus désunis entr'eux ; parce que des gens bien gouvernés craignent les loix, soit qu'ils aient les armes à la main ou qu'ils soient désarmés ; & ils demeureront toujours disposés de la sorte, si les chefs que vous leur donnez n'y apportent du changement. Or nous dirons tantôt comment il s'y faut prendre pour l'empécher. Mais, si le pays où vous faites vos milices est aguerri & partagé en factions, cet ordre seul est capable de les ruiner, parce que ces gens-là ont des armes & des chefs, qu'ils se sont fait eux-mêmes. Mais leurs armes sont inutiles pour la guerre, & leurs chefs

ne sont propres qu'à entretenir les querelles : au-
lieu que l'ordre que nous disons, leur donne des
armes propres pour la guerre, & des chefs qui
assoupissent les dissensions ; car les gens d'un pays
ainsi divisé, sitôt qu'ils ont quelques mécontente-
temens, s'en vont trouver leur chef de parti, qui,
pour se maintenir en réputation, les anime à la
vengeance, & ne les porte jamais à l'accommode-
ment, au lieu qu'un chef établi par l'ordre public
fait le contraire ; ensorte que, par ce moyen, on
ôte tout lieu à la mé-intelligence, & l'on ramene
les gens à l'union. Ainsi, les pays où regne la
mollesse & la mésintelligence, perdent par ces
bons ordres leur poltronnerie, & conservent l'u-
nion ; & ce même bon ordre, dans les pays où
regnent les querelles & les violences, fait tourner
à l'avantage & au bien public cette férocité, qui
étoit la cause de tant de désordres. Pour ce qui
est de ce qu'on dit, qu'ils ne sont pas propres
contre les étrangers, il faut savoir que, si cela
arrive, c'est la faute des chefs qui les commandent. Pour ne rien craindre de la part de ces
chefs-là, il faut faire ensorte qu'ils n'aient point
trop d'autorité sur leurs gens ; & cette autorité
s'acquiert, ou naturellement, ou par accident.
Pour ce qui regarde le premier moyen d'acquérir
de l'autorité sur les milices, & pour y remé-

dier, il faut empêcher qu'un homme né dans un pays commande les gens qu'on y aura levés ; mais il faut lui donner la conduite des endroits où il n'a aucune relation naturelle. Pour prévenir les accidens, il faut établir les choses ensorte que les commandans changent tous les ans de troupes, parce que le commandement trop continué sur les mêmes gens fait naître entr'eux une si grande intelligence, qu'elle pourroit se tourner aisément au préjudice du prince. Et pour voir combien ces changemens sont utiles à ceux qui les pratiquent, & préjudiciables à ceux qui les négligent, il n'y a qu'à regarder le regne des Assyriens, & l'Empire des Romains, où l'on voit que ce regne-là dura mille ans sans troubles & sans aucune guerre civiles ; ce qui n'est venu d'autre cause, que de ce que l'on changeoit tous les ans les commandans de leurs troupes. C'est pour une raison opposée que dans l'empire romain (après l'extinction de la maison de César) on vit naître tant de guerres civiles entre les chefs des armées, & tant de conjurations des mêmes chefs contre les Empereurs : & si quelques-uns de ces Empereurs, & même de ceux qui gouvernerent l'Empire avec réputation, comme Adrien, Marc-Aurele, Sévers & autres, eussent eu assez de prudence pour introduire l'usage de changer les chefs dans cet Empire, sans doute qu'ils l'eussent rendu & plus tranquille & plus durable; parce que les chefs auroient moins eu d'occasion d'exciter des troubles; les empereurs moins de sujet de crainte; & le Sénat, dans les successions vacantes, auroit eu plus de pouvoir à élire les empereurs, & par conséquent, ces élections auroient été plus judicieuses. Mais les méchantes coutumes ne se changent point, ni pour les mauvais, ni pour les bons exemples, soit que cela vienne de l'ignorance, ou de la négligence des hommes.

RUCELLAI. Je ne sais si mes questions sont cause que vous ayez quitté votre premier dessein parce que du chapitre de l'élite nous sommes passés à un autre discours; & si je n'en avois d'abord fait mes excuses, je croirois avoir donné lieu à m'en faire des reproches.

COLONNE. Ne vous mettez point en peine à cet égard, parce que tout ce discours étoit nécessaire, ayant dessein de parler de vos milices d'ordonnance, lesquelles étant désaprouvées de bien des gens, il falloit que je les justifiasse, pour faire valoir tout ce qui regarde l'élite. Mais devant que de venir aux autres parties, raisonnons premierement de l'élite des gens de cheval.

Chez les anciens on la faisoit des gens les plus
rich s ; mais on regardoit à l'âge & aux qualités
personnelles du cavalier, & on en élisoit trois
cens pour chaque légion ; ensorte que dans les
armées consulaires, le nombre des cavaliers
romains ne passoit pas six cens.

RUCELLAI. Feriez-vous de la cavalerie pour
lui apprendre l'exercice chez vous, & la faire
servir dans l'occasion ?

COLONNE. Cela est nécessaire, & on ne peut
faire autrement, si vous voulez avoir des gens
à vous, & non pas de ces gens qui font métier
de servir tout le monde.

RUCELLAI. Comment vous y prendriez - vous
pour en faire l'élite ?

COLONNE. J'imiterois les Romains. Je prendrois des plus riches ; je leurs donnerois des
officiers, comme on fait aujourd'hui aux autres ;
je les armerois, & leur apprendrois l'exercice.

RUCELLAI. Pour ceux-là ne faudroit - il point
leur donner quelque paye ?

COLONNE. Ouï bien ; mais seulement pour
nourrir le cheval, parce que les sujets auroient
lieu de se plaindre, si on les obligeoit à faire
de la dépense. C'est pourquoi il faudroit leur
payer le cheval & sa nourriture.

RUCELLAI. Quelle quantité en voudriez-

vous mettre sur pied , & comment les armeriez-
vous ?

COLONNE. C'est passer à une autre matiere.
Je vous le dirai en son lieu, c'est-à-dire, après
que je vous aurai dit comment il faut armer les
fantassins , & comment il les faut instruire pour
les rendre propres au combat.

Fin du premier Livre.

DE L'ART

DE LA

GUERRE.

LIVRE DEUXIEME

Colonne. Je crois qu'il est nécessaire, si-
tôt qu'on a des soldats, de penser à leur donner
des armes; & quand cela est résolu, il faut aussi
examiner de quelles armes les anciens se servoient, & en choisir celles qui conviennent le
mieux aujourd'hui. Les Romains partageoient leur
infanterie en soldals pesamment armés, & en
ceux qui étoient armés à la légere. Sous ces derniers étoient compris tous ceux qui tiroient de la
fronde & de l'arbalette, & qui lançoient le jave-

lot ; & la plupart d'entr'eux , pour armes défensives , avoient le casque en téte , & une rondache au bras. Ceux-ci combattoient hors des rangs, & éloignés des gens pesamment armés , qui, de leur coté , portoient un casque, qui descendoit jusques sur les épaules , une cuirasse, qui avec ses bastes (1) descendoit jusqu'aux genoux, & ils avoient les bras & les jambes couvertes de brassarts & de jambieres , avec un écu qui étoit de la longueur de quatre pieds,& de la largeur de deux, ayant un cercle de fer au haut,pour l'affermir contre la violence des coups, & un autre au bas, pour l'empêcher de s'user , en frottant contre terre. Pour armes offensives, ils avoient une épée au côté gauche, longue de trois pieds, & au côté droit un poignard. Ils avoient aussi un dard à la main, qu'ils lançoient à l'ennemi au commencement du combat. C'étoit-là toute la force des armes des Romains, avec lesquelles ils conquirent l'Univers ; & quoique quelques - uns des anciens auteurs leur donnent, outre les armes ci-dessus, encore une halebarde à la main, faite en quelque manière comme un épieu, je ne sais pas comment , portant un bouclier, on peut avec cela

---

(1) *Voyez Remarques.*

manier un arme si pesante; car, le bouclier empêche qu'on ne la puisse manier à deux mains,
& il est impossible de se servir d'une arme si pesante avec une seule main, outre que c'est une
chose inutile de combat're avec des armes à
hampe dans les rangs, si ce n'est dans le premier, où
l'on a l'espace libre, pour donner toute l'étendue
nécessaire au mouvement de telles armes, ce qui
ne peut se faire dans les rangs du milieu, l'ordre, dans une bataille, étant (comme je vous dirai lorsqu'il s'agira de son ordonnance) de se res-
serrer toujours, parce qu'il y a bien moins à craindre, quoiqu'il y ait de l'inconvénient, qu'à se
mettre trop au large, où le danger est tout évi-
dent. Ainsi, toutes les armes qui ont plus de quatre pieds de longueur sont inutiles dans la mêlée,
parce qu'ayant cette sorte d'armes, (supposé
que le bouclier ne vous embarasse pas) vous ne
pouvez pas en offenser un ennemi qui est sur
vous. Si vous la prenez avec une main afin de
vous servir de votre bouclier, il faut que vous la
preniez par le milieu, & alors vous en avez tant
de reste par derriere, que ceux qui y sont vous
empêchent de la manier. Mais, afin de vous faire
voir que les Romains n'avoient point cette sorte
d'armes, ou que l'ayant ils s'en servoient fort
peu, lisez toutes les batailles qui sont rapportées

dans Tite-Live, & vous y apprendrez qu'il y est fortrarement parlé d'halebardes ; au contraire, il dit toujours que si-tôt qu'on avoit lancé le javelot, on mettoit l'épée à la main. Je veux donc qu'on laisse-là cette sorte d'armes, & je veux m'en tenir avec les Romains à l'épée, pour armes offensives, & au bouclier avec le reste mentionné ci-dessus, pour armes défensives. Les Grecs ne s'armoient pas si pesamment pour la défense comme les Romains ; mais pour l'attaque, ils faisoient plus de fond sur la pique que sur l'épée, particulièrement la falange ou infanterie macédonienne, laquelle étoit armée de piques qui étoient bien longues de vingt pieds ; & c'est avec ces armes qu'ils ouvroient les rangs des ennemis, en se conservant en ordre dans leur bataillon. Et bien que quelques auteurs disent, qu'ils portoient encore avec cela le bouclier, c'est ce que j'ai peine à croire, pour les raisons que j'ai alléguées ci-dessus. Outre cela, je me souviens que dans la bataille que Paul-Emile livra à Perses, roi de Macédoine, il n'est point parlé de boucliers, mais de cette sorte de piques, qui donnerent tant de peine aux Romains. Je me figure donc, que les falanges macédoniennes étoient à-peu-près ce que sont aujourd'hui les bataillons suisses, qui ont toutes leurs forces dans leurs piques. Les Romains, outre les armes, ornoient leurs fantassins de panaches; & cela sert à rendre la vue de troupes plus belle aux amis, & plus terrible aux ennemis. Les armes de la cavalerie romaine, dans cette premiere antiquité, étoient un bouclier rond, avec la tête couverte, & le reste étoit sans défense. Ils avoient l'épée & une javeline longue & menue, qui étoit ferrée par un des bouts. Cette arme les empêchoit de tenir le bouclier ferme. Elle se rompoit même en se tournant & en se remuant, & étant ainsi découverts, ils demeuroient exposés aux coups. Ensuite avec le tems, ils s'armerent comme l'infanterie, mais ils avoient le bouclier plus court & quarré, la javeline plus solide & ferrée par les deux bouts, afin que, l'un se déferrant, ils pussent se servir de l'autre. Avec toutes ces armes, tant à pied qu'à cheval, mes illustres ancêtres conquirent tout le monde: d'où il est aisé de croire, vu le succès, que leurs armées étoient en meilleur ordre qu'aucunes qu'on eût jamais vues. Tite-Live le marque assez dans son histoire, où, en parlant des armées des ennemis, il dit: *Mais les Romains, par leur bravoure, par la sorte d'armes dont ils se servoient, & par leur discipline, l'emportoient sur eux.* C'est pourquoi j'ai plus parlé des armes des vainqueurs que de celle des vaincus. Il faut parler à cette heure

séparément des armes d'aujourd'hui. Les fan.
tassins ont, pour armes défensives, une cuirasse de
fer sur l'estomac, & pour offensives, une pique
longue de dix-huit pieds, avec une épée au côté,
moins pointue que ronde. Voilà comme on arme
l'infanterie à présent pour l'ordinaire, parce qu'il
y en a peu qui aient le dos & les bras couverts,
& pas un la tête; & ce petit nombre, dont on
couvre les bras & le dos porte, au lieu d'une pique, une halebarde, dont la hampe est longue
de six pieds, & le fer a la figure d'une hache d'armes. Ils sont entremêlés de mousquetaires, qui,
avec la furie du feu, font ce que faisoient ancien-
nement les tireurs de fronde & d'arbalette. Cette
maniere de s'armer a été inventée par les peuples
d'Allemagne, sur-tout par les Suisses qui, étant
pauvres, & voulant vivre en liberté, étoient &
sont encore obligés de se défendre contre l'ambition des princes d'Allemagne, qui étant riches
peuvent entretenir de la cavelerie, ce que ces
peuples-ici n'ont pas le moyen de faire; ainsi
étant à pied, & voulant se défendre de leurs ennemis qui étoient à cheval, il a fallu qu'ils aient
recherché chez les anciens, & trouvé l'ordonnance & les armes propres pour se défendre contre l'impétuosité de la cavalerie. Cette nécessité
leur a fait conserver, ou renouveller, cette ancienne

cienne méthode, sans laquelle, comme des gens expérimentés l'assurent, l'infanterie est tout-à-fait inutile. C'est donc pour cela qu'ils ont pris les piques, armes très-propres, non-seulement pour soutenir la cavalerie, mais aussi pour la vaincre. Et les Allemands, en vertu de ces armes, sont devenus si assurés, que quinze ou vingt mille de leurs fantassins attaqueroient quelque nombre que ce fût de cavalerie, dont on a vu bien des preuves depuis vingt-cinq ans. Les exemples de leur valeur, fondée sur ces armes & sur cette ordonnance, ont été si grands, que depuis que Charles VIII passa en Italie, toutes les nations les ont imité ; ensorte que par-là les armées espagnoles ont acquis une grande réputation.

RUCELLAI. Quelle maniere approuvez-vous le plus, ou celle-ci des Allemands, ou celle des anciens Romains ?

COLONNE. C'est celle des Romains assurément, & je vais vous dire le fort & le foible de l'une & de l'autre maniere. L'infanterie allemande peut soutenir & même défaire la cavalerie. Ils sont plus propres pour la marche & pour se mettre en ordre de bataille, n'étant point chargés d'armes. D'autre côté, ils sont exposés à tous les coups, & de près, & de loin, n'étant point couverts d'armes défensives. Ils sont inutiles pour attaquer les places, & pour tout combat où la résistance est vigoureuse. Au contraire, les Romains soutenoient & défaisoient la cavalerie comme les Allemands. De plus, étant couverts d'armes défensives, ils étoient à couvert de coups de près & de loin. Ils pouvoient bien mieux donner le choc & le soutenir, ayant des boucliers. Dans la mêlée ils pouvoient se servir plus aisément de l'épée, que les Allemands de la pique; & même, quoique ceux-ci ayent aussi l'épée, elle ne leur sert de rien, n'ayant point de boucliers. Les Romains pouvoient bien mieux donner l'assaut aux places, ayant le corps couvert, & se pouvoient encore mieux couvrir avec de bouclier. Ainsi, ils n'avoient point d'autre incommodité, que la pesanteur des armes, & la fatigue de les porter, ce qu'ils surmontoient, en se formant aux incommodités, & en s'endurcissant à la fatigue; car, vous savez que les choses accoutumées nous font bien peu de peine. De plus, l'infanterie peut avoir affaire, ou à d'autre infanterie, ou à la cavalerie, & ceux qui ne peuvent qu'à peine soutenir la cavalerie auront encore à craindre de l'infanterie mieux armée, & mieux commandée qu'eux, & l'on peut dire que ce sont des troupes qui ne servent souvent de rien. A présent, si vous examinez l'infanterie allemande & celle des Romains, vous trouverez que l'allemande est propre à défaire la cavalerie; mais en revanche, elle a un grand désavantage quand elle a affaire à une infanterie ordonnée comme la leur, & armée comme la romaine : ensorte que la différence de l'une à l'autre sera que les Romains pourront vaincre & l'infanterie & la cavalerie, mais les Allemands pourront seulement vaincre la cavalerie.

RUCELLAI. Je voudrois bien que vous vinssiez à quelque exemple plus particulier, afin de mieux comprendre la chose.

COLONNE. Je dis donc que vous trouverez en mille endroits de l'histoire romaine, que leur infanterie a défait bien des fois la cavalerie, mais jamais vous ne verrez qu'ils ayent été battus par d'autre infanterie, quelque défaut qu'ils eussent dans leurs armes, ou quelque avantage que les ennemis eussent dans les leurs. Car, si leur maniere de s'armer avoit eu quelque défaut, il falloit qu'il s'en suivît de deux choses l'une, ou que, trouvant des gens mieux armés qu'eux, ils ne fissent plus de conquêtes, ou qu'ils laissassent leur maniere pour prendre celle des étrangers; & parce qu'il n'arriva ni l'une ni l'autre

de ces deux choses-là, il est facile de conjecturer
que leur méthode étoit meilleure que celle de tous
les autres. Mais il n'est pas arrivé la même chose
à l'infanterie allemande, parce qu'ils ont eu de
mauvais succès toutes les fois qu'ils ont eu à combattre d'autre infanterie aussi ferme qu'eux, &
qui suivoit la même ordonnance; ce qui n'est
venu que de l'avantage que leurs ennemis ont eu
par le moyen de leurs armes. Philippe Visconti
duc de Milan, étant attaqué par dix-huit mille
Suisses, leur opposa le comte Carmignole son
général, qui avec six mille chevaux & peu d'infanterie, alla à leur rencontre, & étant venu aux
mains avec eux, il fut repoussé avec grande perte :
de sorte que ce comte, qui étoit un homme sage,
connut d'abord la force des armes de ses ennemis,
quels avantages ils avoient sur la cavalerie, &
combien la cavalerie étoit peu de chose contre de l'infanterie en telle ordonnance. Ainsi,
après avoir rallié ses gens, il retourna à la charge
contre les Suisses, dont étant proche, il fit
mettre pied à terre à ses gendarmes, & les combattant de cette derniere façon, il les tailla tous
en pieces, à la reserve de trois mille, qui se rendirent en mettant bas les armes, parce qu'ils se
voyoient tous détruire, sans y pouvoir apporter
de remede.

RUCELLAI. D'où peut venir un si grand désavantage ?

COLONNE. Il n'y a pas long-tems que je vous
l'ai dit ; mais, puisque vous ne l'avez pas entendu, je le répéterai. L'infanterie suisse, (comme
vous avez vu n'a gueres) n'ayant presque point
d'armes défensives, a pour armes offensives l'épée
& la pique ; &, marchant avec ses armes, & dans
son ordonnance, elle vient à la rencontre de l'ennemi, qui, étant aussi bien muni d'armes défensives
comme étoient les gendarmes de Carmignole qu'il
fit mettre pied à terre, n'a qu'à mettre l'épée à la
main, en gardant bien ses rangs, & toute la difficulté qu'il a, c'est de joindre les Suisses ; car,
dès qu'il les a joint, il les combat en toute sureté, parce que le Suisse ne peut se servir de la
pique, qui est trop longue contre un ennemi si
près de lui : desorte qu'il faut qu'il mette l'épée
à la main, de laquelle il ne tire aucun avantage,
étant tout découvert, & son ennemi armé de
toutes pieces. Si donc vous examinez bien le fort
& le foible de l'un & de l'autre, vous verrez que
celui qui n'a point d'armes offensives n'a point de
ressource, & un corps bien armé n'aura point
de peine à surmonter le premier choc, & à passer
les prémieres pointes des piques, ; car, les corps
de bataille marchent toujours, (comme vous le

verrez mieux lorsque je vous aurai enseigné comment on les dispose) & en marchant ils s'approchent les uns des autres si près, qu'ils se prennent effectivement au corps; & si les piques en renversent quelques-uns, ceux qui restent sont en si grand nombre, qu'ils suffisent pour remporter la victoire. C'est ce qui fit que Carmignole vainquit avec si peu de perte de son côté, & une si grande boucherie du côté des Suisses.

RUCELLAI. Faites réflexion que les gens de Carmignole étoient des gendarmes, lesquels, encore qu'ils fussent à pied, étoient tous couverts de fer; ainsi ils n'eurent pas de peine à faire ce qu'ils firent. Je penserois donc que pour faire la même chose qu'eux, il faudroit armer l'infanterie de la même maniere.

COLONNE. Si vous vous souveniez comment je vous ai dit que les Romains s'armoient, vous n'auriez pas cette pensée, parce qu'un fantassin, qui a le casque en tête, le corps défendu par la cuirasse & le bouclier, ayant de plus les bras & les jambes couvertes, est plus propre pour se défendre contre les piques, & passer au travers, que n'est un gendarme qui a mis pied a terre. Je veux vous en donner quelque exemple moderne. On avoit débarqué de Sicile dans le royaume de Naples de l'infanterie espagnole, qu'on envoyoit à Consalve, qui étoit assiégé dans Barlette par les François. Monsieur d'Aubigni leur alla au-devant avec les gendarmes, & avec environ quatre mille fantassins suisses. Les Suisses vinrent aux mains, & avec leurs piques basses firent jour au travers de l'infanterie espagnole ; mais ceux-ci, à l'aide de leur rondache, & par leur agilité, se mêlerent avec les Suisses, ensorte qu'ils pouvoient les joindre avec l'épée : d'où s'ensuivit la défaite de ceux-ci, & la victoire des Espagnols. Chacun sait combien furent tués des mêmes Suisses à la bataille de Ravenne, ce qui arriva pour la même raison, parce que l'infanterie espagnole vint l'épée à la main sur eux, & ils auroient été tous taillés en pièces, s'ils n'eussent pas été secourus par la cavalerie françoise. Cependant, les Espagnols, s'étant bien resserrés ensemble, se retirerent en lieu de sureté. Je conclus donc, qu'une bonne infanterie doit, non-seulement soutenir la cava-lerie, mais elle ne doit pas non plus craindre d'autre infanterie ; ce qui ne dépend que de la ma-niere de l'armer & de la mettre en ordonnance, comme je l'ai déjà dit bien des fois.

RUCELLAI. Dites-nous donc comment vous les armeriez ?

COLONNE. Je prendrois des armes des Romains & de celle des Allemands, & je voudrois que la moitié fût armée comme les derniers, & l'autre moitié comme les Romains. Car, si dans six mille fantassins (comme je vous dirai bien-tôt) j'en avois trois mille avec les boucliers à la romaine, & deux mille piquiers, & mille mousquetaires à l'allmande, j'en aurois assez, parce que je placerois mes piquiers de front, ou dans l'endroit où je craindrois le plus la cavalerie, & j'épaulerois ces piquiers de l'autre infanterie, afin de gagner la bataille, comme je vous montrerai : car, je crois qu'une infanterie en telle ordonnance pourroit vaincre aujourd'hui toute autre infanterie.

RUCELLAI. Tout ce que vous avez dit jusqu'ici nous suffit pour l'infanterie. Mais pour la cavalerie, nous voudrions bien savoir quelle maniere d'armer vous paroît la meilleure, ou la nôtre, ou l'ancienne.

COLONNE. Je crois que dans ce tems-ici, eu égard aux selles qui ont des arçons, & aux étriers, inconnus aux anciens, l'on est plus ferme à cheval que dans ce tems-là. Je crois même que les armes sont plus assurées; ensorte qu'à présent un escadron de gendarmes, pesant beaucoup, est plus difficile à soutenir que la cavalerie ancienne. Cependant je ne crois pas qu'on doive faire plus de fond sur la cavalerie, qu'autrefois, parce que, comme je l'ai remarqué ci-devant, elle a souvent perdu son honneur dans nos jours contre l'infanterie ; & ils le perdront toujours contre l'infanterie armée & ordonnée comme je l'ai dit. Tigrane, roi d'Arménie, avoit cent cinquante mille chevaux, dont plusieurs étoient armés de toutes pieces, comme nos gendarmes ; Lucullus qui commandoit l'armée romaine n'avoit que six mille chevaux & quinze mille fantassins : ensorte que Tigrane, les voyant, dit : *Voilà assez de chevaux pour une ambassade.* Cependant, étant venu aux mains, il fut défait ; & celui qui fait l'histoire de cette bataille en donne le blâme à cette cavalerie pesamment armée, qui parut inutile, *parce*, dit-il, *que ces gens-là ayant le visage couvert, ils étoient peu propres à voir & à attaquer l'ennemi ; & étant chargés d'armes, ils ne pouvoient pas se relever étant tombés, ni se manier eux-mêmes en aucune sorte.* Je soutiens donc, que les Etats qui considéreront plus la cavalerie que l'infanterie, seront toujours plus foibles que les autres, & plus exposés aux pertes, comme cela s'est vu de notre tems en l'Italie, qui a été ravagée par les étrangers, non pour autre défaut, que pour avoir négligé l'infanterie & fait trop d'état de la cavalerie. Il faut pourtant avoir de la cavalerie, non pour premier, mais pour second fondement de

son armée, parce que la cavalerie est fort propre
à faire les découvertes, à courir & ravager le pays
ennemi, à fatiguer ses troupes & les tenir en allarme, à couper les convois, & à d'autres choses
semblables. Mais, pour les batailles, ou les combats en rase campagne, qui font tout ce qu'il y
a de considérable à la guerre, & pourquoi on
met des armées sur pied, la cavalerie est plus
propre à poursuivre un ennemi défait, qu'à faire
autre chose dans les rencontres, où elle est in-
férieure de beaucoup à l'infanterie.

RUCELLAI. Il me vient deux difficultés dans
l'esprit. L'une, que je sais que les Parthes faisoient toutes leurs expéditions militaires avec de la
cavalerie ; & cependant ils partagerent l'empire
du monde avec les Romains. L'autre, que je voudrois bien que vous me disiez comment l'infanterie
peut se défendre contre la cavalerie, & d'où vient
que la premiere est si excellente, & l'autre si peu.

COLONNE. Je vous ai dit, ou du moins j'ai
eu dessein de vous dire, que je ne prétendois
point traiter des affaires de la guerre, qu'à l'é-
gard de ce qui se passe en Europe ; & cela étant,
je ne suis pas obligé de vous rendre raison de ce
qui se passe en Asie. Cependant, j'ai à vous dire,
que la maniere de combattre des Parthes étoit
toute contraire à celle des Romains, parce que les

Parthes combattoient tous à cheval, & dans le combat ils marchoient sans ordre & comme des gens en déroute ; & cette maniere n'étoit ni stable ni réglée. Les Romains, au contraire, étoient presque tous à pied, & combattoient serrés ensemble & de pied ferme ; &, selon que le terrein étoit large ou étroit, ils avoient, tantôt les uns, & tantôt les autres, l'avantage chacun à leur tour : car, dans un terrein étroit, les Romains avoit du meilleur ; & dans un autre, c'étoit les Parthes qui pouvoient faire des merveilles par rapport au pays qu'ils avoient à défendre ; car, il est extrèmement large, étant éloigné de la mer d'environ quatre cens lieues. Les rivieres sont distantes l'une de l'autre de deux ou trois journées, les villages aussi, & les habitans sont rares : desorte qu'une armée romaine pesante & lente ne pouvoit pas y faire des courses sans grand péril, parce que ce pays-là étoit défendu par de la cavalerie légere & prompte, desorte qu'elle étoit un jour proche, & le lendemain à vingt lieues. Ainsi les Parthes pouvoient tirer de grands avantages par leur cavalerie, comme il paroît par la défaite de Crassus, & par les périls qu'a courus Marc-Antoine. Mais comme je vous ai dit, je ne prétens point parler dans tout ce discours de ce qui regarde la milice qui est hors de l'Europe ; c'est pourquoi

je m'en tiens à ce qu'en ont établi les Grecs & les
Romains, & à ce que pratiquent aujourd'hui les
Allemands. Mais venons à votre autre question,
à savoir par quel bon ordre, ou par quelle valeur
naturelle, l'infanterie l'emporte sur la cavalerie ?
Je vous dirai d'abord, que les cavaliers ne peuvent pas aller partout comme les fantassins. Ils
sont plus lents à exécutet les ordres, lorsqu'il en
faut donner plusieurs différens, que ne sont les
fantassins : car s'il est nécessaire, en marchant
avant, de retourner bride; ou quand on a tourné
le dos de faire face; ou de faire des mouvemens
lorsqu'on a fait halte; ou en marchant de faire
ferme ; il est sans doute que la cavalerie ne le fera
pas si à point nommé, que l'infanterie. Lorsque
la cavalerie est en désordre par quelque forte attaque, quoique cette attaque cesse, elle ne repren-
dra ses rangs qu'avec peine ; ce qui arrive fort rarement à l'infanterie. Il arrive outre cela qu'un
homme de courage sera souvent monté sur un
méchant cheval, & un lâche aura un cheval de
cœur, & cette disproportion fera sans doute du
désordre. Il ne faut pas s'étonner qu'un peloton
de fantassins soutienne le choc d'une troupe de
cavaliers, parce que le cheval étant un animal qui
sent le péril, il ne sy jette pas volontiers ;
car, si vous regardez bien à ce qui le fait reculer

vous verrez que ce qui l'arrête est plus fort que
ce qui le pousse, puisque ce n'est que l'éperon
qui le pousse, mais ce sont les piques & les épées
qui l'arrêtent : ensorte qu'on a vu, & dans notre
siecle & dans celui des anciens, qu'un peloton
d'infanterie est en sûreté, ou même insurmonta-
ble à la cavalerie. Et si vous m'opposez à cela
que la fougue avec laquelle il vient le rend plus
furieux à tomber sur ceux qui prétendoient le soutenir, & à mépriser davantage la pique que l'é-
peron, je répons que si le cheval, quoiqu'en
haleine, commence à voir qu'il faut se jetter sur
les pointes des piques, de lui-même il rallentira
son impétuosité, ensorte qu'il s'arrétera tout
court lorsqu'il se sentira piqué; ou enfin étant
tout près, il tournera à droite ou à gauche. Mais
si vous en voulez faire l'expérience, poussez un
cheval contre un mur, vous en trouverez fort peu,
de quelque fougue qu'ils marchent, qui veuillent
bien y donner. César, ayant à combattre les Suisses dans les Gaules, mit pied à terre, & le fit mettre à tout le monde, faisant éloigner les chevaux
des escadrons, comme étant plus propres à fuir
qu'à combattre. Mais pourtant quoique les chevaux ayent naturellement ces défauts, un chef qui
conduit de l'infanterie, doit encore choisir ses
marches par des lieux où il y ait le plus qu'il se

pourra d'embarras pour la cavalerie ; & difficilement arrivera-t-il que le fantassins ne se puisse
couvrir par la qualité du pays. Si vous marchez
en pays de collines, la situation vous met à couvert de ce que vous appréhendez. Si vous marchez en pays uni, vous trouverez peu de plaines
qui ne vous fournissent quelque moyen de vous
défendre de la cavalerie , ou par des buissons, ou
par des lieux plantés ; car , le moindre taillis , ou
une levée quoique petite, rallentit la fougue du
cheval, & tout lieu planté de vignes & d'arbres
l'embarasse. Dans un jour de bataille vous avez
tous les mêmes avantages que dans la marche ;
parce que le moindre obstacle que trouve un cheval, cela lui rallentit sa fougue. Il faut pourtant
que je vous dise, que les Romains faisoient tant de
fond sur leur belle ordonnance , & se confioiten si
fort dans la bonté de leurs armes, que , s'ils étoient
en pouvoir de se poster dans un lieu assez fort
pour se garder contre la cavalerie, mais où ils
n'auroient pas pu étendre leurs bataillons, & qu'ils
eussent pu en même tems prendre un autre poste ,
où ils auroient eu plus à craindre de la cavalerie ,
mais où ils auroient pu étendre & mieux disposer
leur infanterie , ils ne manquoient jamais de préférer ce dernier à l'autre. Mais, puisqu'il est tems
de revenir à l'éxercice , après avoir armé l'infan-

terie & à la moderne & à l'antique, nous verrons quels exercices lui faisoient faire les Romains avant que de la mener en campagne pour donner bataille. Quoiqu'on ait fait une bonne élite, & qu'elle soit encore mieux pourvue de toutes sortes d'armes il faut pourtant, outre cela, leur apprendre l'exercice avec beaucoup de soin, parce que sans cela jamais on ne peut tirer bon service d'un soldat. Il faut diviser ces exercices en trois. L'une, pour endurcir le corps, le rendre plus capable de supporter toutes sortes d'incommodités, & lui donner plus d'agilité & d'adresse. L'autre, pour apprendre aux soldats à bien manier les armes. Le troisième, pour lui apprendre à bien exécuter le commandement à l'armée, soit dans la marche, dans le combat, ou dans le campement, & lorsqu'il se loge. Ce sont là les trois principales actions que les troupes doivent faire; car, pourvu qu'une armée marche, campe & combatte, en gardant ses rangs & observant bien ce qu'elle a appris, le général ne laisse pas d'en remporter de l'honneur, encore qu'il n'eût pas d'avantage dans la bataille. C'est donc pour cela que toutes les anciennes républiques ont si bien pourvu à ces exercices & par la pratique & par les bonnes ordonnances qu'elles faisoient, ensorte qu'on n'en a jamais négligé la moindre partie. Les anciens donc exerçoient leur

jeunesse, pour leur donner la vitesse du corps,
l'adresse à sauter, la force à arracher les pieux
d'une palissade, ou à faire la lutte. Ces trois qualités sont presque nécessaires dans un soldat; car
la vitesse le rend propre à prévenir l'ennemi dans
la prise d'un poste, à être sur lui lorsqu'il vous croit
loin, & à le poursuivre lorsqu'il est une fois en
déroute. L'adresse le rend propre à parer le coup,
à sauter un fossé, à monter une digue. La force
le rend propre à porter les armes & le bagage ,
& à bien donner ou à bien soutenir le choc.
Mais sur-tout pour leur former le corps à supporter de grandes fatigues, il les faut accoutumer
à porter de grands fardeaux. Cette coutume est
fort nécessaire, parce que dans les expéditions
difficiles, il faut que le soldat, outre ses armes,
porte encore de quoi vivre plusieurs jours; & si
on ne l'avoit formé à cette fatigue, il y succom-
beroit, & cela seul seroit cause qu'on ne pourroit
sortir d'un mauvais pas, ou acquérir la gloire
d'une victoire. Pour ce qui est de la méthode dont
les anciens se servoient pour instruire leur jeunesse à manier les armes, voici comment ils s'y
prenoient. Ils vouloient que les jeunes gens se
couvrissent d'armes plus pesantes au double que
celles qu'ils portoient à la guerre; & pour épée,
ils leur donnoient un bâton garni de plomb, qui

pesoit

pesoit bien davantage. Ils leur faisoient ficher chacun un pieu en terre, qui en sortoit à la hauteur de six pieds; mais, ce pieu devoit être si solide, que les coups ne devoient, ni le rompre, ni le renverser. Le jeunes soldat donc s'exercoit contre ce pieu avec le bouclier & le bâton, comme si c'eût été contre l'ennemi, & tantôt il lui portoit une botte, comme pour le blesser à la tête ou au visage, tantôt comme pour le prendre en flanc, quelquefois comme pour le frapper par les jambes; tantôt il reculoit, ensuite il avançoit. Et dans cet exercice il falloit qu'il observât tout à-la-fois à se rendre adroit à porter le coup, & à se mettre à couvert de celui de l'ennemi; & comme leurs fausses armes étoient bien plus pesantes, cela leur faisoit paroître les véritables fort légeres. Les Romains vouloient que leurs soldats frappassent d'estoc & non de taille; tant parce que le coup est plus dangereux, & le défaut des armes plus aisé à trouver, que parce que celui qui porte une estocade se découvre moins, & peut porter plus de coups, que s'il frappoit du tranchant. Ne vous étonnez pas si les anciens descendoient dans tout ce menu détail, parce que quand on pense que des hommes ont à en venir aux mains, l'on sait que le plus petit avantage est de grande conséquence, & souvenez-vous que les auteurs en disent encore plus que

je ne vous en enseigne ici : car les anciens croyoient qu'il n'y avoit point de plus grand bonheur
pour une république, que de la voir remplie de
gens bien exercés aux armes, puisque ce n'est pas
l'éclat de l'or & des pierreries qui fait que vos
ennemis se soumettent à vous, mais la terreur des
armes. De plus les fautes que l'on fait ailleurs,
se peuvent quelquefois réparer ; mais non pas celles que l'on fait à la guerre, parce que la peine s'ensuit sur le champ. Outre cela, rien ne rend les
gens plus courageux, que de savoir comment il
faut combattre, parce que personne ne craint de
faire mettre en pratique un chose où il s'est fort
exercé. Et c'est pour cela que les anciens vouloient
que leurs sujets s'exerçassent dans tous les exercices militaires. Pour cela, ils leur faisoient darder
des javelots contre ce pieu plus pesans que les véritables, parce qu'outre l'adresse qu'ils acqué-
roient en tirant souvent, cette pesanteur augmentoit la force de leurs bras, & les dénouoit mieux.
Ils leur apprenoient encore à tirer de l'arc & de la
fronde, & sur tout cela ils avoient établi des maîtres d'exercice ; ensorte que, quand il étoit question d'aller à l'armée, ils étoient déjà soldats, &
de cœur & d'adresse. Ils n'avoient donc plus rien
à apprendre, qu'à marcher dans leurs rangs, &
à les garder, soit dans la marche, soit dans le

combat ; ce qu'ils apprenoient aisément en se mê-
lant avec ceux qui ayant plus de service, savoient
mieux ce qu'il falloit faire pour cela.

RUCELLAI Quels exercices leur feriez-vous
faire à présent ?

COLONNE. Plusieurs de ceux dont nous venons
de parler, comme de les faire courir, de les faire
lutter, de les faire sauter, de les accoutumer à la fatigue avec des armes plus pesantes que les ordinares,
de les faire tirer de l'arc & de l'arbalette. J'y join-
drois le mousquet, qui est une nouvelle invention
comme vous savez, & qui est nécessaire, & j'accou-
tumerois toute la jeunesse d'un Etat à de tels exercices. Mais je m'appliquerois ien d'avantage à celle
dont j'aurois fait l'élite pour remplir les milices
d'ordonnance, & je leur ferois faire l'exercice
tous les jours de fête. Je voudrois aussi qu'ils ap-
prissent à nager, ce qui est une chose fort utile ;
car, on ne trouve pas toujours des ponts pour passer les rivieres, & on n'a pas toujours les batteaux
nécessaires pour le faire, ensorte que vos gens ne
sachant pas nager, votre armée perd e grands
avantages, & de belles occasions de faire quelque
grande expédition. C'est pour cela que les Romains vouloient que leur jeunesse s'exerçât dans le
champ de mars, parce que le Tibre étant proche,
lorsqu'ils étoient las de s'exercer sur terre, ils se

rafraîchissoient dans l'eau, & par occasion ils s'exerçoient à la nage. Je ferois encore comme les anciens en exerçant la cavalerie, ce qui est fort nécessaire; car, outre qu'ils apprenoient à manier un cheval, cet exercice les accoutumoit encore à être maîtres d'eux-mêmes quand ils étoient montés. C'est donc pour cela qu'ils avoient fait dresser des chevaux de bois, sur lesquels ils se forsmoient, voltigeans dessus armés & désarmés, sans avantage, & à toutes mains. Ainsi, au premier ordre du commandant la cavalerie étoit en un moment toute à pied, & à un autre ordre elle étoit aussi-tôt remontée. Or, comme ces exercices à pied & à cheval étoient aisés alors, à présent aussi un Etat, qui voudroit les faire pratiquer aux jeunes gens d'entre ses sujets, en viendroit aisément à bout, comme cela se voit par expérience ne quelques villes du couchant, où on la pratique comme il suit. Ils mettent tous leurs habitans en plusieurs compagnies, & à chaque compagnie ils donnent le nom de l'espèce d'armes dont chacune se sert à la guerre; & parce qu'ils y emploient des *piques des halebardes*, des *arcs*, & des *mousquets*, ils disent, *les compagnies de piquiers, d'halebardiers, mousquetaires, & d'archers*. Il faut donc que chaque habitan déclare dans quelle compagnie il veut prendre parti. Mais, parce que tout le monde n'est

pas capable de porter les armes, soit à cause de la
veillesse, ou de quelqu'autre raison, ils font, pa -
mi cet enrôlement général, une élite de chaque
sorte, qu'ils appellent des jurés, qui aux jours
de fête sont obligés de s'exercer avec cette sorte
d'armes dont ils ont pris leur dénomination, ayant
tous leurs lieux d'exercices marqués par le public, & ceux qui sont de la même compagnie,
mais non pas des jurés, contribuent de leurs bourses pour les frais qu'il faut faire dans ces exercices.
Donc, ce que ces gens-là font ne pourroins-nous
pas le faire aussi? Mais, notre peu de prudence
ne nous permet pas de prendre aucun bon parti.
Ces exercices étoient cause que les anciens avoient
de bonne infanterie, & qu'aujourd'hui les nations
du côté du couchant en ont de meilleure que nous,
parce que les anciens dressoient leurs gens chez eux
comme les républiques, ou dans les armées comme
les empereurs, pour les raisons que nous avons
dites ci-dessus. Mais pour nous, nous ne vou-
lons pas leur apprendre l'exercice chez nous; &
en campagne nous ne pouvons le faire, parce que,
n'étant pas nos sujets, nous ne pouvons pas leur
faire faire d'autre exercice, que celui qu'ils veulent
bien faire eux-mêmes. Et tout ceci a été cause
qu'enfin en négligeant les exercices & les ordres
mêmes, il est arrivé que les Etats, & sur-tout

ceux d'Italie, sont tombés dans une si grande foiblesse. Mais revenons à nos milices d'ordonnance ;
& poursuivant cette matiere des exercices , je
dis que ce n'est pas assez, pour faire de bonnes armées , d'avoir endurci les hommes , de les
a oir rendu forts , adroits , & vites ; il faut encore
qu'ils apprennent à garder leurs rangs , à obéir aux
commandemens des officiers , à suivre le drapeau
& le tambour même , & sur-tout à faire bien tout
cela, en faisant ferme, en faisant retraite, en marchant avant, & en combattant, & même jusques
dans la marche ordinaire ; parce que sans cette
discipline très-diligemment observée & pratiquée,
une armée ne peut pas être bonne : car rien n'est
si vrai, que les gens les plus braves, mais sans
règle & sans discipline, sont plus foibles que les
timides qui sont bien disciplinés, parce que le bon
ordre donne de la confiance ; & la confusion, au
contraire, abbat le courage. Mais afin que vous
compreniez mieux ce que j'ai à dire ci-après, vous
devez savoir, que chaque nation dans ses milices, a toujours fait des corps principaux, qui
quoiqu'ils leur ait imposé différens noms, étoient
pourtant composés à-peu-près du même nombre,
parce que presque tous les ont formés de six à huit
mille hommes ; & c'est ce que les Romains appelloient légion, les Grecs phalange, les Gaulois d'un

terme, qui en latin revient à celui de caterve, &
les Suisses d'aujourd'hui, qui sont les seuls qui
aient retenu quelque ombre de l'ancienne ordonnance, l'appellent en leur langue d'un terme, qui
dans la nôtre, revient à celui de régiment. Il est
vrai qu'après cela ces peuples l'ont partagé en
plusieurs troupes, propres aux desseins qu'ils
avoient. Il me semble donc que nous devons former notre discours sur ce terme qui est plus connu
(1); ensuite nous donnerons à ce corps de milice
la meilleure forme que nous pourons, suivant
les meilleures dispositions des anciens & des modernes. Et parce que les Romains partageoient
leur légion, qui étoit composée de cinq à six mille
hommes, en dix cohortes, je veux aussi que nous
partagions notre régiment (qui sera composé de
six mille hommes de pied) en dix bataillons, de
quatre cens cinquante hommes chacun, dont il y
en aura quatre cens pesamment armés & cinquante
armés à la légère. De ces quatre cens il y en aura
trois cens avec l'épée & le bouclier, qu'on ap-
pellera écuyers (1), ou gens de bouclier; & les
cent autre porteront la pique, & seront appellés

---

(1) *Voyez les Remarques.*
(2) *Voyez les Remarques.*

T 4

piquiers ordinaires. Les gens légerement armés porteront des mousquets, des arbalettes, des pertuisannes, des rondaches, & ils conserveront leur ancien nom de vélites (1): par conséquent, les dix bataillons feront trois mille écuyers, mille piquiers ordinaires, & cinq cens vélites aussi ordinaires ; ce qui en tout fera quatre mille cinq cens. Mais parce que nous avons dit que nous ferions notre régiment de six mille hommes, il faut ajouter à tout ceci mille piquiers extraordinaires, & cinq cens vélites aussi extraordinaires : ainsi toute mon infanterie seroit composée moitié de gens à bouclier, ou écuyers, & moitié de piquiers & autres milices. A chaque bataillon je donnerois un commandant, quatre capitaines, & cinquante caporaux (1); & de plus, aux vélites ordinaires je donnerois un capitaine avec cinq caporaux. Pour les mille piquiers extraordinaires, j'établirois trois commandans, dix capitaines, & cent caporaux ; & aux vélites extraordinaires je leur donnerois deux commandans, cinq capitaines, & cinquante caporaux. Enfin, par-dessus tout cela, je mettrois un chef géné al de tout le

---

(1) *Voyez les Remarques.*
(2) *Voyez les Remarques.*

régiment. Je voudrois que chaque commandant de bataillon eût un drapeau & la musique militaire (1). Partant un régiment seroit composé de dix bataillons , de trois mille écuyers, de mille piquiers ordinaires , d'autant d'extraordinaires, de cinq cens vélites aussi ordinaires, & de cinq cens autres extraordinaires : tout cela feroit votre nombre de six mille fantassins, entre lesquels il y auroit six cens caporaux, quinze commandans, avec chacun son drapeau & sa musique militaire, soixante-cinq capitaines , & par-dessus tout cela, le colonel avec son drapeau particulier & aussi sa musique. Je vous ai répété volontiers toute cette ordonnance, afin que vous ne confondiez rien quand je viendrai à vous enseigner comment il faut ranger les armées en bataille. Je dis donc , qu'un prince, ou une répu' lique, devroient régler de cette manière tous leurs sujets , dont ils voudroient faire des milices d'ordonnance ,& faire autant de régimens dans leur pays qu'il s'en pourroit faire ; & après qu'on les auroit établi selon l'ordre ci-dessus, voulant les former au comman'ement, il suffiroit de les exercer bataillon après bataillon. Et encore que le nombre de chacun de ces

____

(1) *Voyez les Remarques.*

bataillon, ne pût pas faire la figure d'une juste armée , chaque soldat cependant peut apprendre
tout ce qui le regarde en son particulier, parce que
dans les armées il y a deux ordres à observer. L'un,
ce que chaque soldat doit faire dans son bataillon ;
et l'autre, ce que chaque bataillon doit faire quand
il est en corps d'armée ; & les gens qui savent bien
le premier, observent aisément le second : mais
on ne peut jamais observer ce dernier sans savoir
l'autre. Chaque bataillon donc, comme j'ai déjà
dit, peut apprendre lui seul à garder les rangs &
les files dans toute sorte de mouvemens & de
lieux ; & ensuite il apprendoit à se serrer, à entendre & à bien discerner ce qu'on sonne sur le
tambour, ou autre instrument ; car c'est par-là
que se fait le commandement pendant que l'on est
aux mains : de sorte qu'il faut discerner par le tambour (comme sur les galeres par le sifflet) ce qu'on
doit exécuter, soit que l'on commande de faire
ferme, ou de marcher avant, ou arriere ; de tourner
à droite, ou à gauche. Ainsi, lorsqu'on sait tenir
les files de maniere qu'elles ne tombent point dans
la confusion, ni par le terrein ni par le mouvement ; lorsqu'on entend bien les ord es du commandant par le moyen du tambour , & lorsqu'on
sait reprendre promptement son poste, ces gens-là
peuvent ensuite facilement apprendre tout ce qu'ils

sont obligés de savoir, lorsqu'ils sont ensemble en assez grande quantité pour une juste armée. Mais parce qu'une pratique générale n'est nullement à mépriser, on pourroit, en tems de paix, assembler une ou deux fois par an tout le régiment, & lui donner la figure d'une armée, en lui faisant faire l'exercice quelques jours, comme s'il avoit à donner bataille, en mettant le front, les flancs & le corps de réserve, chacun dans son poste. Or, parce qu'un général met son armée en bataille, ou selon l'ennemi qu'il voit, ou selon celui qu'il soupçonne, il faut dresser une armée, selon l'une & l'autre de ces vues, ensorte qu'elle puisse marcher, & dans la marche même combattre en cas de besoin, en montrant à vos soldats ce qu'ils auroient à faire en cas qu'ils fussent attaqués par tel ou tel côté. Mais lorsqu'on leur apprend à livrer bataille à l'ennemi qu'ils voient, il faut leur montrer comment le combat doit commencer; où ils doivent faire retraite, s'ils sont repoussés; qui sont ceux qui doivent rentrer dans les postes abandonnés; à quels ordres & quelles touches d'instrumens militaires cela se doit faire; à quelles voix ils ont à obéir; en un mot, il faut les exercer si bien aux batailles & aux attaques feintes, que cela leur fasse naître l'envie de se trouver aux véritables. Car si une armée est remplie de courage, ce n'est pas parce qu'elle est remplie de gens déterminés, mais parce qu'elle est bien disciplinée & bien commandée ; parce que si je suis des premiers à combattre, & que je sache où je dois faire retraite lorsque j'aurai du pire, & qui doit reprendre mon poste, je combattrai toujours avec courage, sentant le secours si près de moi ; si je suis du second rang des combattans, je ne perderai point la tramontane pour voir les premiers répoussés, parce que je m'y serai préparé, & je l'aurai même souhaité, afin d'avoir la gloire de faire remporter la victoire à mon prince, sans que ceux-là y contribuent. Ces exercices sont d'une nécessité absolue lorsqu'on met sur pied une armée toute nouvelle, & ils sont nécessaires dans les vieilles troupes ; car on voit, qu'encore que les Romains sussent l'exercice dès leur enfance, cependant leurs généraux, devant que de se présenter à l'ennemi, le leur faisoient continuellement répéter. Et Joseph dit dans son histoire, » que les continuels exercices, qu'on » faisoit dans les armées romaines, rendoient » utile dans la bataille même cette racaille, qui » ne suit le camp que pour gagner quelque » chose, parce qu'ils savoient tous garder leurs » rangs & combattre sans les perdre «. Mais pour

les armées composées de nouvelles levées, soit
que vous les ayez mises sur pied pour combattre
aussi-tôt, ou que vous en fassiez des milices
d'ordonnance pour l'occasion, si elles ne sont
point dressées à ces exercices-là, vous n'en ferez
jamais rien, soit en vous servant des bataillons
séparés, ou de toute l'armée en corps ; parce
que, comme il est impossible de se passer de
la connoissance de l'exercice, il faut entretenir
ceux qui le savent déjà, & prendre double peine
pour l'enseigner aux autres ; ainsi qu'on voit,
que plusieurs excellens généraux se sont donnés
des peines excessives, & pour l'un, & pour
l'autre.

RUCELLAI. Il me semble que ce discours
vous a un peu éloigné de votre matiere, parce
que n'ayant point encore déclaré les moyens de
discipliner les bataillons, vous vous êtes mis
à traiter des armées entieres & des batailles.

COLONNE. Vous dites vrai, & ce qui en est
cause, c'est la forte passion que j'ai pour ces
réglemens, & le chagrin que j'ai de voir qu'on
ne les met pas en pratique ; cependant ne doutez
pas que je ne retourne sous mon drapeau. Comme
je vous ai déjà dit, le point le plus important
qu'on doit observer dans l'exercice des bataillons,
c'est de leur faire bien garder leurs files ; & pour

bien faire cela, il faut les exercer selon l'ordre qu'on appelle de Limaçon. Mais parce que je vous ai dit, que chaque bataillon doit être composé de quatre cens hommes pesamment armés, je m'arrêterai sur ce nombre. Il faut donc les mettre en quatre-vingt files, de cinq à chaque file. Ensuite soit que vous marchiez vîte, ou doucement, il faut les lier ensemble, & les séparer : mais pour bien faire comprendre comment cela se fait, il faudroit plutôt le faire voir à l'œil que le dire. Cependant cela n'est pas fort nécessaire, parce que tous ceux qui ont un peu d'expérience, savent comment cela se pratique ; ce qui n'est bon à autre chose, qu'à apprendre aux soldats à bien tenir les files. Mais mettons ensemble un de ces bataillons. Je dis qu'on leur donne trois formes principales. La premiere & la meilleure est de le faire épaix, en lui donnant une forme qui fasse la valeur de deux quarrés. La seconde est de faire le quarré avec le front cornu. La troisieme est de le faire avec un vide au milieu, qu'on appelle la place. Le moyen de l'assembler sous la premiere forme peut être de deux sortes. L'une c'est de faire doubler les rangs ; c'est-à-dire, que le second entre dans le premier, le quatrieme dans le troisieme ; le sixieme dans le cinquieme, & ainsi de suite, ensorte qu'au lieu de quatre-vingt files, à cinq soldats par file, elles soient reduites à quarante, de dix hommes par file. Ensuite il faut les doubler encore une fois de la même maniere, en mettant un rang dans l'autre ; & ainsi vous avez vingt rangs à vingt hommes par file. Cela fait la valeur de deux quarrés à-peu-près, parce qu'encore qu'il y ait autant d'hommes d'un sens que de l'autre, cependant ils se touchent par les côtés : mais de l'autre sens, ils sont éloignés l'un de l'autre de la longueur au moins de quatre pieds ; desorte que votre quarré est plus long de l'épaule au front, que d'un flanc à l'autre. Mais parce que nous aurons souvent à parler du devant, du derriere, & des côtés de ce bataillon, & de toute l'armée ensemble, souvenez - vous que quand je dirai la tête ou le front, je voudrai dire la partie de devant ; quand je dirai l'épaule, j'entendrai le derriere ; & quand je dirai les flancs, ce sont les côtés. Les cinquante soldats armés à la légere, ou les vélites ordinaires du bataillon, ne se mêlent point dans les autres rangs ; mais ils s'étendent sur les ailes du bataillon, quand il est rangé en bataille. L'autre maniere pour ranger ces corps-là en bataille est la suivante ; & comme elle est la meilleure, je veux vous représenter au juste de quelle maniere on doit

s'y conduire. Je crois que vous vous souvenez
de combien d'hommes & de quels officiers le
bataillon est composé, & quelle sorte d'armes
nous lui avons données. La forme donc qu'il
doit avoir étant rangé en bataille, est comme
je l'ai déjà dit, de vingt files, de vingt hommes
chacune ; c'est-à-dire, de cinq files de piquiers
& quinze d'écuyers pour le reste : deux capitaines seront à la tête, & deux à la queue ; le
commandant avec son drapeau & ses tambours
sera entre les cinq files de piquiers & les quinze
d'écuyers ; les caporaux doivent être sur les deux
flancs, un à chaque file ; ensorte que chacun ait
ses dix hommes à côté de lui ; les caporaux,
qui seront à gauche, auront leurs hommes à
leur main droite, & ceux qui seront à droite
les auront sur leur gauche. Les cinquante vélites
seront sur les flancs & à la queue de la bataille.
Si vous voulez à présent, que l'infanterie allant
sa marche ordinaire, le bataillon se mette dans
la forme que nous venons de voir, il faut faire
ainsi : ayant reduit les fantassins en quatre-vingt
files, comme nous avons dit ci-dessus, à cinq
pour file, & laissant les vélites ou à la tête
ou à la queue, mais hors des rangs, il faut commander à chaque capitaine de se mettre à la tête
de chaque compagnie, ayant immédiatement der-
rière

fiere lui cinq files de piquiers, & le reste d'é-
cuyers; que le commandant avec le drapeau &
le tambour, soit dans l'espace qui est entre les
piquiers & les écuyers du second capitaine, &
qu'ils occupent le terrein de trois écuyers : des
caporaux, vingt demeureront sur les flancs des
files du premier capitaine à sa main gauche, &
les vingt autres sur les flancs des files du dernier
capitaine à sa main droite. Remarquez qu'un
caporal qui a la conduite des piquiers, doit porter
la pique ; & ceux qui ont des écuyers à conduire doivent avoir les mêmes armes que les
écuyers. Les files étant donc en cet ordre, &
voulant dans la marche les mettre en bataille
pour faire face, il faut que vous ordonniez que
le premier capitaine fasse ferme avec ses vingt
files, & que le second continue sa marche, en
tournant sur la droite ; qu'il aille sur les flancs
des vingt files qui ont fait ferme, jusqu'à ce
qu'il se rencontre sur la même ligne du premier
capitaine, & alors il sera ferme comme le premier; que le troisieme aussi, continuant sa marche,
tourne de même sur la droite des rangs qui ont
fait ferme, & marche jusqu'à ce qu'il soit en
même ligne que les deux autres capitaines ; que le
quatrieme fasse encore la même chose, en tournant aussi sur la droite des autres rangs, jusqu'à

ce qu'il arrive sur la même ligne que les autres capitaines, où il fera ferme comme eux ; & que tout aussi-tôt les deux capitaines des deux extrémités de la face quittent la tête d bautaillon pour aller à la queue ; & alors il sera dans l'ordre de bataille que nous vous avons démontré n'a gueres. Que les vélites s'étendent sur ses flancs, comme nous avons fait dans la premiere maniere de ranger en bataille. Or, cette premiere maniere s'appelle doubler les rangs en ligne droite ; & celle-ci s'appelle doubler les rangs par les flancs. La premiere maniere est la plus aisée, la seconde est plus dans les regles & plus à propos, & vous pouvez mieux l'accommoder selon votre intention. Car dans la premiere il faut s'assujettir au nombre ; cinq vous produisant dix ; dix produisant vingt, vingt quarante : ensorte qu'en doublant en ligne droite, vous ne pouvez pas faire une face de quinze, ni de vingt-cinq, ni de trente, ni de trente-cinq, mais il faut aller comme le nombre vous mene. Cependant il arrive tous les jours dans les factions particulieres, qu'il faudra faire une tête de six ou huit cens fantassins ; ensorte que si vous doubliez les rangs en ligne droite, cela vous mettroit én confusion : c'est pourquoi cette seconde ordonnance me plaît plus que la premiere, au défaut de

laquelle on peut remédier par la pratique &
l'exercice de celle-ci. (*I. Figure.*)

Je vous recommande donc, comme une chose
qui importe plus que tout le reste, d'avoir des
soldats qui sachent prendre leurs rangs promptement, & il faut les tenir en ces bataillons, les
y exercer, & les faire marcher vîte, soit en avant
soit en arriere ; les faire passer par des lieux
difficiles, sans perdre rangs; car les soldats qui
savent bien faire cela, sont des troupes expéri-
mentées; & quoiqu'ils n'aient jamais vu l'ennemi
en face, ils peuvent passer pour être aguerris.
Au contraire, ceux qui ne savent pas observer
tous ces ordres passeront toujours pour novices.
C'est-là la maniere de mettre les soldats en corps
de bataille, quand ils sont en marche par petites
files : mais lors qu'étant ainsi disposés ils viennent
à étre rompus par quelque accident, ou par
l'ennemi, ou par le mauvais terrein, si l'on veut
leur faire reprendre promptement leurs rangs,
c'est-là où se trouve la difficulté, & ce qu'il y a
de plus important, & où il faut bien posséder
l'exercice, & l'avoir bien des fois pratiqué;
c'est aussi à quoi les anciens s'attachoient beaucoup. Pour cela il faut faire deux choses. La
premiere, d'avoir chaque bataillon rempli de
marques pour se reconnoître. L'autre d'observer

toujours cet ordre, que les mêmes fantassins aient
à prendre toujours les mêmes rangs. Par exemple,
si un soldat a commencé d'être une fois dans la
seconde file, qu'il continue toujours d'y être,
& non-seulement dans la même file, mais encore
dans le même poste qu'il a commencé d'occuper;
& pour cela comme je l'ai déjà dit, il faut beaucoup de marques particulieres. Premierement il
faut que le drapeau soit tellement contremarqué,
qu'en convenant avec ceux des autres bataillons
pour le principal, il puisse pourtant être distingué
d'avec eux par les soldats qui doivent le suivre.
Secondement que le commandant & les capitaines
aient des plumes au chapeau différentes de celles
des autres, & aisées à reconnoître; & ce qui est
encore de plus grande conséquence, il faut
ordonner que les caporaux soient aussi recon-
noissables. C'est ce que les anciens observoient
avec tant d'exactitude, que les soldats n'avoient
rien autre chose marqué sur leur casque que
leur nombre, s'appellant premier, second,
troisieme, &c. Mais outre cela, ils avoient encore écrit sur leur bouclier, non - seulement la
file, mais aussi le rang même qu'ils devoient
tenir dans cette file. Tous les soldats donc étant
ainsi contremarqués, & accoutumés à garder
chacun ces rangs-là, il ne sera pas difficile, étant

rompus, de les rallier auss-tôt, parce que le
drapeau étant fixé en un même lieu, les capitaines & les caporaux peuvent à l'œil connoître
leur poste, & ceux de la gauche s'étant remis
à gauche, & ceux de la droite à droite, dans
les distances qu'ils ont accoutumé d'avoir, les
soldats aussi, étant réglés par leurs contremar-
ques, peuvent incontinent reprendre leurs postes, a-peu-près de la même maniere que si vous
défaites un tonneau, dont vous aurez marqué
les douves, il vous sera facile de le refaire, ce
qui vous sera fort difficile si vous ne les marquez
pas. Ces choses-là, avec un peu de soin & de
pratique, se montrent aisément, & s'apprennent
de même; & étant une fois apprises, elles s'ou-
blient difficilement, parce que les jeunes soldats
sont conduits par les vieux; & avec le tems,
tout un pays, en faisant l'exercice de cette façon,
deviendroit adroit au métier de la guerre. Il
faut encore leur apprendre à tourner tout d'un
tems, & à faire quand il faudra, des flancs &
de la queue la tête, & de la tête les flancs ou
la queue. Rien n'est plus facile; car chaque
soldat n'a qu'à se tourner du côté qu'il est
commandé, & là où ils font volte face, là est
la tête. Il est vrai que quand ils tournent par les
flancs les rangs viennent à perdre leur proportion,

V 3

parce qu'un homme a plus de largeur d'un côté
à l'autre que d'épaisseur , ce qui produit un effet
tout contraire à celui qui est ordinaire dans une
ordonnance de bataille : ainsi il faut que ce soit
l'usage & le jugement qui les rajustent. Et ce n'est
pas à un grand désordre, parce que les soldats y
remédient fort bien d'eux-mêmes. Mais ce qui est
de plus grande importance, & où il faut une plus
grande pratique , c'est quand un corps de bataille
se veut tourner tout d'un coup , comme si ce
n'étoit rien qu'un corps solide. C'est ici qu'il
faut avoir bien de l'usage & du jugement, parce
que par exemple , si vous le voulez tourner sur
la gauche , il faut que l'aile gauche ne fasse pas
le moindre mouvement, & ceux qui sont les
plus proches de ceux qui font ferme ; doivent
marcher si doucement, que ceux qui sont à
l'aile droite ne soient obligés de courir , parce
qu'autrement tout tomberoit dans la confusion.

Mais parce qu'il arrive toujours , lorsqu'une
armée est en marche pour aller d'un lieu à l'autre,
que les corps qui ne sont pas de front, sont
obligés de combattre, non de front, mais de
flanc ou de queue, ensorte qu'un bataillon est
obligé de faire en un instant, ou de la queue,
ou du flanc, la tête ; si vous voulez que ces
bataillons gardent l'ordonnance que nous avons

marquée ci-dessus, il faut placer les piquiers du côté qui doit être la tête, & les caporaux, les capitaines, le commandant, chacun dans son poste à la même proportion de la premiere ordonnance. Or, pour faire cela, lorsque vous formez votre bataille, il faut faire vos quatre-vingt files, de cinq hommes chacune, mettre tous les piquiers sur les vingt premieres files, & de leurs caporaux vous en mettrez cinq à côté des cinq premiers rangs, & les cinq autres à côté des cinq derniers ; les autres soixante files, qui viennent ensuite, sont toutes d'écuyers, qui font trois cens hommes. Il faut donc que la premiere & la derniere file de chaque compagnie soient composées de leurs caporaux ; le commandant avec le drapeau & le tambour doit être au milieu de la premiere compagnie des écuyers, & les capitaines rangés chacun à la tête de sa compagnie. Tout étant en telle ordonnance, si vous voulez que les piquiers tournent sur le flanc à gauche, il faut que vous doubliez les rangs dans chaque compagnie du côté du flanc à droite, si vous voulez qu'ils viennent sur la gauche. Ainsi tout ce corps de bat ille marche, ayant sur un des flancs les piquiers, & les caporaux à la tête & à la queue,

V 4

les capitaines étant à la tête de leurs compagnies, & le commandant au milieu. C'est donc
dans cette ordonnance que le bataillon marche.
Mais lorsque l'ennemi paroît, & qu'on veut faire
du flanc la tête, tout ce qui est nécessaire,
c'est de faire faire volte face à tous les soldats
du côté où sont les piquiers, & alors tout le
corps tourne avec les files, & les caporaux de
la maniere qu'on a vu ci-dessus, parce que
chacun se trouve dans son poste, excepté les
capitaines, qui les reprennent promptement &
sans peine.

Mais lorsque ce même bataillon doit combattre de la queue, il faut mettre les files d'une
telle ordonnance, que lorsqu'on les mettra en
bataille, les piquiers se rencontrent à la queue; &
pour en venir à bout, il n'y a qu'à faire ensorte
que chaque compagnie ait cinq files de piquiers
en queue, au lieu de les avoir en tête, selon
l'ordonnance ordinaire ; & pour le reste il faut
observer le même ordre que j'ai déjà marqué.

RUCELLAI. Je me souviens bien que vous
avez dit, que cette maniere d'exercice est pour
pouvoir réduire tous ces bataillons en corps
d'armée, & cette pratique sert à pouvoir les
mettre en ordonnance pour cela. Mais si le cas
arrivoit que ces quatre cens ciquante hommes

eussent à se battre étant séparés des autres corps, comment les disposeriez-vous ?

COLONNE. Le commandant doit en tel cas, regarder où il doit placer les piquiers, & les y placer ; ce qu'il faut entierement exécuter comme ci-dessus, parce qu'encore que ce soit la maniere qu'on observe pour donner bataille quand on est joint avec les autres corps, c'est cependant aussi une regle qui s'observe dans toutes les rencontres où il en faut venir aux mains. Mais lorsque je vous montrerai les deux autres moyens que j'ai proposés pour faire l'ordonnance d'un bataillon, je satisferai encore mieux à votre question, parce que ces moyens ne se pratiquent jamais ; ou s'ils se pratiquent, c'est quand un bataillon est seul. (*II. Figure.*)

A présent pour se mettre en bataille avec deux ailes, il faut former vos quatre-vingt files de cinq hommes chacune ; mettre au milieu un capitaine, & après lui vingt-cinq files, qui soient de deux piquiers sur la gauche, & de trois écuyers, sur la droite ; & après les cinq premieres, vous mettrez sur les vingt autres vingt caporaux, tous postés entre les piquiers & les écuyers, excepté ceux des caporaux qui portent la pique, qu'on peut poster avec les piquiers. Après ces vingt-cinq files mises en telle ordonnance il faut poster un autre

capitaïne, qui aura derriere lui quinze files d'é-
cuyers. Entre ceux-ci sera le commandant, entre
son drapeau & son tambour, qui aura encore
derriere lui quinze autres files d'écuyers. Après
le commandant vous posterez le troisieme capitaine, qui doit avoir derriere lui vingt-cinq
files, dans chacune desquelles il y aura trois
écuyers sur la gauche, & deux piquiers sur la
droite; & à la queue des cinq premieres files,
postez sur les vingt autres, vingt caporaux, qui
seront entre les piquiers & les écuyers. Après
ces files vous placerez le dernier capitaine. Si
donc vous voulez mettre en corps de balaille,
qui ait deux ailes, toutes ces files ainsi disposées,
il faut que le premier capitaine avec ses vingt-
cinq files fasse ferme. Ensuite il faut que le second
capitaine avec ses quinze files d'écuyers se mette
en mouvement, en tournant sur la droite des
vingt-cinq premieres files, & qu'il marche jusqu'à
ce qu'il arrive à la hauteur des quinze, & que
là il fasse halte. Après cela, le commandant, avec
les quinze files d'écuyers qu'il a en queue, doit
en tournant sur la droite des quinze files qui
viennent de marcher, marcher aussi lui, jusqu'à
ce qu'il soit venu à leur tête, où il doit faire
halte. Enfin que le troisieme capitaine, avec ses
vingt-cinq files, & le quatrieme capitaine qui étoit

à leur queue , marche auss en t urnant à droite
en flanc des quinze files d'écuyers,qui ont marché
les derniers ; & sans faire halte à leur tête , qu'il
marche jusqu'à ce que les dernieres files de ses
vingt-cinq , soient en même ligne que les dernieres de ces quinze-là. Quand cela sera fait , que le
capitaine qui étoit à la tête des quinze premieres
files d'écuyers , quitte son poste , & s'en aille
à la queue de l'angle à gauche. Ainsi on aura un
corps de bataille de vingt-cinq files fermes, à
vingt fantassins par file , avec deux ailes a x deux
angles de la face , & chacune de ces ailes aura
dix files , de cinq hommes chacune ; & il restera
entre les deux ailes un espace assez grand , pour
que dix hommes de front y puissent tourner. A
chaque angle de la que e du bataillon il y aura
encore un capitaine. Il y aura encore deux files de
piquiers, & vingt caporaux à chaque flanc. Ces
deux ailes servent à tenir au milieu l'artillerie ,
quand on en a, le bagage et les fou gons. Il faut
que les vélites soient sur les flancs à couvert des
piquier . Mais si vous voulez de cet espace
faire une place dans le bataillon, prenez trois
files des quinze, qui ont vingt hommes par file ,
& les postez entre les angles des deux ailes ,
qui par là deviendront les flancs de la place dont
ils étoient avant cela les ailes. C'est dans cette

place où se poste le commandant & la ban-
niere, avec l'équipage & les fourgons ; mais non
pas l'artillerie, qu'on place, ou en tête, ou en
flanc. Ce sont - là les manieres d'ordonner un
bataillon, quand il a à passer seul dans des lieux
suspects. Cependant il est mieux de n'avoir, ni
place, ni ailes, à moins que ce ne soit pour mettre
à couvert ceux qui ne sont pas en état de combattre. Les Suisses donnent encore plusieurs
formes à leurs bataillons, entre lesquelles il y
en a une en forme de croix, parce qu'ils tiennent
leurs mousquetaires à couvert du choc des ennemis dans les espaces que forment les bras de la
croix. Mais parce que ces ordonnances-là sont
bonnes pour combattre séparément, & que mon
intention est de vous faire voir comment plusieurs corps ensemble combattent l'ennemi, je
ne veux pas me donner la peine de vous en faire
une démonstration exacte.

Rucellai. Il me semble avoir assez bien compris la méthode qu'on doit tenir pour exercer
les gens dans ces bataillons ; mais si je m'en
souviens bien, vous avez dit, qu'outre les dix
bataillons, vous ajoutiez au régiment mille piquiers
extraordinaires & cinq cens vélites aussi extraordinaires. Ne voudriez - vous pas aussi faire
faire l'exercice à ceux-ci ? (*III. Figure.*)

COLONNE. Sans doute & avec un soin extrême;
& pour ces piquiers-là, je les exercerois au
moins par chaque drapeau, dans la même ordonnance que les bataillons, comme les autres
piquiers, parce que je prétendrois m'en servir
plus que des bataillons mêmes dans toutes les
fonctions extraordinaires., comme à faire
escorte, à faire pillage, & choses semblables.
Mais pour les vélites, je les exercerois chez eux,
sans les mettre en corps, parce que leur fonction étant de combattre séparés, il n'est pas
nécessaire qu'ils aient aucun rapport avec les
autres dans leurs exercices. Il faut donc comme
je vous l'ai dit, & comme il me semble le
devoir répéter ; il faut, dis-je, exercer ces gens
dans les bataillons, ensorte qu'ils sachent garder
leurs rangs, connoître leurs postes, se rallier
promptement, si l'ennemi, ou le terrein, les
met en désordre : car quand on sait bien faire
tout cela, on apprend aisément quel poste doit
tenir un bataillon, & ce qu'il doit faire quand
il est en corps d'armée. Et toutes les fois qu'un
prince, ou une république, prendra la peine
d'établir ces ordres & ces exercices avec soin,
ils s'appercevront bien-tôt qu'il y aura de bonnes
troupes dans leurs pays, qu'ils seront plus
puissans que leurs voisins, & en état de donner

& non de recevoir , la loi des autres hommes.
Mais comme je vous ait dit ; le peu d'ordre
dans lequel on vit , fait qu'on néglige cela ; &
c'est pour cette raison que nos armées sont si
peu de chose ; car quand même on auroit eu
un chef expérimenté , ou des soldats naturellement braves , ils ne pourroient pas y remédier.

RUCELLAI. Combien de fourgons donneriez-
vous à chaque bataillon ?

COLONNE. Avant que d'en marquer le nombre , je vous dirai que je ne voudrois pas
qu'aucun capitaine ni subalterne , montât à
cheval ; & si le commandant vouloit y aller , je
voudrois qu'il montât un muelt , & non pas un
cheval. Pour lui , je lui accorderois deux fourgons , à chaque capitaine un , & à trois subal-
ternes j'en accorderois deux , parce qu'à chaque
logement nous en mettons trois ensemble , comme
nous dirons tantôt. Ainsi chaque bataillon aura
trente-six fourgons , qui devroient porter les
tentes , les ustensiles de cuisine , les coignées ,
les pics pour faire les logemens , ensuite , tout
ce qu'on pourroit y mettre commodément.

RUCELLAI. Je crois bien que les officiers que
vous établissez dans chaque bataillon sont à-peu-
près nécessaires : mais ne seroit-il point à craindre
que la quantité n'apportât de la confusion ?

COLONNE. Cela arriveroit s'ils n'étoient pas soumis à un seul ; mais y étant soumis, ils apportent l'ordre, & l'on ne pourroit pas conduire le bataillon sans cela ; car une muraille qui panche de tous côtés a plus besoin de plusieurs petits appuis, que d'un petit nombre de gros, parce que la force de l'un ne peut pas remédier à un endroit éloigné. C'est pour cela qu'il est nécessaire dans une armée, entre chaque dixaine de soldats, qu'il y en ait un de plus de force, de plus de courage, ou au moins de plus d'autorité que les autres, qui de cœur, de paroles, & d'exemple, tienne les autres dans le devoir, & disposés à combattre. Mais pour montrer que tout ce que j'ai dit est nécessaire dans une armée, comme les officiers, les drapeaux & les tambours, c'est que nous avons tout cela dans les nôtres, mais pas un ne fait son devoir. Premierement les caporaux, afin qu'ils fassent le dû de leur charge, il faut comme j'ai dit, qu'ils soient à côté de leurs soldats, qu'ils logent avec eux, qu'ils aillent en faction, qu'ils se tiennent dans les files avec eux, parce que lorsqu'ils sont dans leurs postes, ils servent de regle pour tenir les lignes droites. Ainsi il est impossible, qu'étant rompues elles ne se rallient aussi-tôt. Mais nous ne nous en servons aujourd'hui que pour leur donner plus de paye qu'aux autres, & à leur faire faire quelque faction différente. C'est la même chose des enseignes, parce qu'on les tient plutôt pour la belle apparence, que pour aucun usage militaire. Mais les anciens s'en servoient comme de guides & pour être en état de servir aux soldats à se rallier, parce que l'enseigne faisant ferme, chacun savoit le poste qu'il occupoit auprès de lui, & il y retournoit toujours. On savoit encore si on avoit à faire un mouvement, ou à faire ferme, selon qu'on voyoit l'enseigne être en mouvement, ou être fixe. Il est donc nécessaire que dans une armée il y ait plusieurs corps, & que chaque corps, ait son drapeau, parce qu'avec cela il a assez d'ame, & par conséquent assez de vie. Ainsi les fantassins doivent suivre les mouvemens de l'enseigne, & l'enseigne celui du tambour : car quand il bat juste, il commande à l'armée, laquelle marchant dans cette cadence, tous marchent également, & par conséquent, tous gardent leurs rangs. C'est pour cela que les anciens avoient des flutes, des fifres, & autres espèces de musique militaire parfaitement réglée ; parce que comme celui qui danse marche selon les tons des instrumens, ce qui l'empêche de faire de faux pas, ainsi une armée ne perd jamais ses rangs, quand

elle

elle sait les mouvemens du tambour. C'est aussi pour cela qu'ils varioient les tons selon qu'ils vouloient animer, appaiser, ou arrêter le courage de leurs gens. Et comme les sons étoient différens, ils leur donnoient aussi différens noms. Le son dorique faisoit naître la fermeté ; le frigien, la furie : d'où l'on dit qu'Alexandre étant à table, & entendant battre la frigienne, il se sentit si animé, qu'il mit les armes à la main. Il faudroit tâcher de trouver toutes ces manieres-là ; & s'il étoit trop difficile, il ne faudroit pas au moins oublier ces sons, qui apprendroient au soldat à obéir. Chacun les peut varier & accommoder à son goût, pourvu qu'il forme l'oreille de ses soldats à les distinguer. Mais aujourd'hui, tout ce qu'on retire de ces sons militaires, ce n'est rien que le bruit des fanfares.

RUCELLAI. Je voudrois savoir de vous, si jamais vous y avez fait réflexion, d'où vient une si grande lâcheté, un si grand désordre, & une si grande négligence de l'exercice dans ces tems-ici ?

COLONNE. Je vous dirai volontiers ce que j'en pense. Vous savez qu'il y a eu d'excellens guerriers, & en grande quantité, en Europe ;

peu en Afrique ; encore moins en Asie. Cela vient de ce que ces deux dernieres parties du monde ont été sous une ou sous deux monarchies , & ont eu peu de républiques. Mais l'Europe n'a eu que quelques monarchies, & beaucoup de républiques. Or les hommes ne deviennent habiles gens , & ne montrent leur valeur , que selon qu'ils sont employés & animés par leur prince , ou par leur république. Il faut donc qu'-là où il y a plusieurs puissances , il y naisse plusieurs grands hommes , & où il y en a peu qu'il s'y produise aussi peu de braves ge s. Dans l'Asie vous avez *Ninus* , *Cyrus* , *Artaxerxes* , *Mithridate* , & peu d'autres qui leur tiennent compagnie. En Afrique , sans parler des *Antiquités Egyptiennes* , vous avez *Massinisse* , *Jugurta* , & les autres généraux , produits par la république de Carthage ; mais qui sont en fort petit nombre, en égard à ceux de l'Europe : car en Europe , il y a eu une infinité de grands hommes , dont le nombre seroit encore plus grand , si l'injure des tems n'en avoit point enséveli plusieurs dans l'oubli, parce que dans les pays , où il y a eu plus d'Etats pour élever le mérite , soit par nécessité , ou par quelque autre motif, là il s'est trouvé plus d'habiles

gens. Il est donc sorti peu d'hommes distingués
d'Asie, parce que ce pays étant soumis à un
seul empire, qui la plupart du tems, à cause
de son étendue, croupissoit tout-à-fait dans
l'oisiveté, il ne pouvoit s'y former des gens
propres pour les grandes actions. Dans l'Afrique
il est arrivé la même chose, mais il y en a eu
pourtant un peu plus, à cause de la république
de Carthage, car les républiques produisent plus
de grands hommes que les monarchies, parce
que chez elles le plus souvent on reconnoît le
mérite; mais dans les monarchies, on le craint:
d'où il arrive, que dans un république on éleve
les grands hommes, & dans les monarchies on
s'en défait. En considérant donc l'Europe,
on verra qu'elle a été remplie de républiques
& de monarchies, lesquelles étant en jalousie les
unes des autres, étoient obligées de se tenir
sur leurs gardes, & de faire cas de cette sorte
de gens qui excelloient le plus pour la guerre.
Car en Grece, ou le royaume de Macédoine,
il y avoit plusieurs républiques, qui toutes
produisirent de très-grands hommes. Dans l'Italie
il y avoit les Romains, les Samnites, les Toscans,
& la Gaule Cisalpine. La France & l'Allemagne
étoient pleines de républiques & de princes.

X 2

L'Espagne de même. Et quoiqu'en comparaison des Romains on ne voye pas qu'il y ait eu dans ces trois pays-là beaucoup de gens illustres, cela vient de la malice des auteurs, qui suivent la fortune, & souvent il leur suffit d'honorer les vainqueurs. Mais il n'y a point de raison de dire, que parmi les Samnites & les Toscans, qui eurent la guerre cent-cinquante ans avec les Romains devant que d'être vainçus, il n'y ait pas eu un grand nombre de braves gens. Il en est de même de la France & de l'Espagne. Mais les belles qualités que les historiens ne louent point dans les particuliers, ils les louent fort dans les peuples entiers, lorsqu'ils elevent jusqu'aux cieux l'opiniâtreté avec laquelle ils défendoient leur liberté. Puis donc qu'il est vrai, que là où il y a plus de puissances, il s'y produit aussi plus de grands hommes, il s'ensuit de nécessité, que quand ces Etats viennent à s'abolir, le mérite vient incontinent à s'y éteindre aussi, les occasions qui font les grands hommes étant moins fréquentes. C'est ce qui a été cause que l'Empire Romain s'étant accru, & ayant aboli toutes les républiques & les autres Etats d'Europe & d'Afrique, & grande partie de ceux d'Asie, il n'est plus resté de porte ouverte à la vertu, que Rome seule. D'où il s'ensuivit, que les grands hommes commencerent à être rares en Europe, comme en Asie, & le mérite vint eusuite dans une grande décadence, parce qu'étant enfermé dans l'enceinte de Rome, lorsqu'elle vint à se corrompre, tout le monde tomba aussi dans la corruption : desorte que les Scythes n'eurent pas de peine à venir ravager cet Empire, qui ayant éteint la vertu de tous les autres, n'eut pas force de conserver la sienne. Ensuite quoique cet Empire se vît démembré en plusieurs morceaux par l'inondation de ces barbares, la vaillance pourtant ne s'y renouvella pas, tant parce qu'on est long-tems à reprendre les ordres, lorsqu'on est dans la confusion, que parce que la maniere de vivre d'aujourd'hui, fondée sur la religion chrétienne, n'oblige pas les gens à se défendre comme on faisoit autrefois : car on tuoit les vaincus, ou on les faisoit esclaves pour toujours ; ce qui rendoit leur vie misérable. Les pays conquis étoient désolés, ou les habitans en étoient chassés, dépouillés de leurs biens, & envoyés vagabons par le monde ; ensorte qu'un peuple surmonté en guerre avoit à souffrir les dernieres miseres. Cette terreur faisant une forte impression sur l'esprit des gens, cela les

X 3

rendoit très - vigilans dans tous les exercices de
la guerre , & leur faisoit beaucoup respecter ceux
qui y excelloient. Mais aujourd'hui , cette terreur
est presque dissipée ; car de ving' à peine en tue-
t-on un , & aucun ne garde long-tems la prison ,
parce qu'on les délivre aisémen'. On ne détruit
plus les villes qui se révoltent ; on laisse les
gens dans leurs biens , & le plus gra d mal qu'ils
ont à craindre , c'est une contribution : tellement
qu'on ne veut plus se soumettre aux ordres de
la guerre , ni en souffrir toutes les fatigues , pour
éviter un péril qui n'épouvante pas beaucoup.
De plus ces provinces d'Europe sont assujetties
à un petit nombre de souverains , eu égard au
tems passé. Car toute la France est soumise à
un seul roi ; toute l'Espagne à un autre ; l'Italie
n'est pas fort partagée ; desorte que les petits
Etats se défendent en s'appuyant sur le plus fort ,
& les grands Etats ne craignent pas une dernicre
désolation , par les raisons que nous avons
dites.

RUCELLAI. On a pourtant vu depuis vingt-
cinq ans beaucoup de lieux saccagés , & des
royaumes perdus ; & cet exemple devroit bien
apprendre aux autres à vivre , & à remettre un
peu sur pied les anciens réglemens.

COLONNE. Ce que vous dites est vrai, mais si vous remarquez bien quels lieux ont été saccagés, vous verrez que ce ne sont pas les principales villes des Etats, mais plutôt les dépendances : ainsi l'on voit que Tortone fut saccagée, & non pas Milan; Capoue, & non pas Naples; Bresce, & non pas Venise; Ravenne, & non pas Rome. Ces exemples-là ne font point changer les mesures de ceux qui ont l'autorité en main ; au contraire cela les affermit dans leur opinion, par ce qu'ils esperent se dédommager par les contributions qu'ils feront payer aux autres : & c'est pour cela qu'ils ne veulent point se soumettre à la peine de faire faire les exercices militaires, qui leur semblent, d'un côté, peu nécessaires, & de l'autre, un embarras qu'ils n'entendent pas. Les autres qui sont dans la dépendance, & à qui de si terribles exemples devroient faire peur, n'ont pas le pouvoir d'y remédier. A l'égard des princes qui ont perdu leur Etat, il n'est plus tems de penser aux moyens de le conserver ; & ceux qui en sont encore les maîtres, savent, & ne font pas, parce qu'ils veulent, sans se donner aucune peine, dépendre de la fortune, & non pas de leur valeur; car ils voyent, qu'y ayant peu de

X 4

mérite dans le monde , c'est la fortune qui gouverne tout ; desorte qu'ils veulent en dépendre
& non pas qu'elle dépende d'eux. Mais pour vous
montrer que tout ce que je vous ai dit est vrai ,
regardez l'Allemagne qui , pour être remplie de
différens Etats , est en possession de beaucoup de
valeur ; & tout ce qu'en a de bon dans la milice
aujourd' hui vient de l'exemple de ces peuples ,
qui étant tous jaloux de leurs Etats , ils se pré-
cautionnent contre l'esclavage , qu'on n'appré-
hende pas assez ailleurs ; ils se maintennent
libres , & ils se font respecter. Or cela doit
suffire , selon mon sens, pour faire voir la cause
de la lâcheté d'aujourd'hui. Je ne sais pas si vous
étes de mon sentiment , ou si vous avez quelque
doute sur tout ce discours.

RUCELLAI. Aucun. Au contraire , j'entens parfaitement bien tout cela. Je souhaitte seulement ,
qu'en reprenant notre principal sujet , vous me
disiez comment vous disposeriez la cavalerie avec
ces bataillons ; combien vous en metrriez sur
pied ; quels officiers , & quelles armes vous leur
donneriez.

COLONNE. Croyez-vous que je les aie laissez-
là ? Cependant je vous en parlerai peu , pour
deux raisons. La première , c'est que la force

d'une armée est dans l'infanterie : la seconde , c'est que cette partie de la milice n'est pas gâtée comme l'autre ; car , si elle n'est pas plus forte que celle des anciens, elle va du moins au pair. J'ai pourtant parlé ci-devant des moyens de lui faire faire l'exercice : mais pour ce qui regarde les armes je n'en voudrois point d'autres , que celles qu'on a aujourd'hui , tant dans la cavalerie légere que dans les gendarmes. Je voudrois pourtant que les chevaux légers fussent tous arbalétiers , avec quelques mousquetons entr'eux : car quoique ces armes soient presque inutiles dans toutes les autres expéditions militaires , elles sont fort nécessaires ici pour épouvanter les paysans, & les chasser d'un passage qu'ils garderoint ; car un mousquetaire leur fera plus de peur que vingt autres soldats. A l'égard du nombre, puisque nous avons pris à tâche d'imiter la milice romaine, je ne voudrois pour chaque régiment (1), que ces trois cens chevaux dont il faudroit qu'il y eut cent cinquante chevaux légers ; & à chaque sorte de cavalerie je donnerois un chef, faisant ensuite entr'eux quinze dixe-

____

(1) *Ce terme est expliqué dans les remarques.*

niers par chaque troupe , en donnant à chacune
un guidon & un trompette. Je voudrois que
chaque dixaine de gendarmes eût cinq fourgons , & que chaque dixaine de chevaux légers
n'en eût que deux , qui comme ceux des fantassins , servissent à transporter les tentes , les ustensiles de cuisine , les haches , & les pics ; & en
cas qu'il y eût de la place de reste , on y mettroit
encore leur bagage. Ne vous imaginez pas que
tout cet équipage soit un désordre ; car cela
ne se peut autrement , les gendarmes ayant chacun
quatre chevaux pour leur service. Il est vrai ,
que c'est un abus , puisque nous voyons en
Allemagne un gendarme marcher seul , n'ayant
que son cheval , & vingt n'avoir qu'un seul
fourgon , qui traîne après eux ce dont ils ont
besoin. Les cavaliers romains en usoient de même.
Il est vrai que les fantassins , qu'on appelloit
Traires , logeoient , auprès d'eux , & étoient
obligés de panser & de gouverner leurs chevaux ;
ce que nous pourrions aisément imiter , comme
je ferai voir en parlant des logemens. Ce que
les Romains donc faisoient , & ce que font encore
les Allemans , nous pouvons le faire aussi , &
même c'est un défaut de ne le pas faire. Cette
cavalerie ainsi établie se pourroit aussi mettre

en escadrons dans le tems qu'on exerceroit les bataillons, & leur faire faire quelque sorte d'attaque, plutôt pour apprendre à se connoître les uns les autres, que pour aucune nécessité. Mais en voici assez pour l'heure ; il faut à présent former une armée pour pouvoir livrer bataille, & pouvoir se promettre la victoire, qui est la fin de ceux qui établissent des milices, & qui apportent tant de soin à les mettre en bon état.

Fin du second Livre de L'Art *de la* Guerre, *&*
du sixieme Volume.